Die nächste Öffentlichkeit

Olaf Hoffjann · Hans-Jürgen Arlt

Die nächste Öffentlichkeit

Theorieentwurf und Szenarien

Olaf Hoffjann
Salzgitter
Deutschland

Hans-Jürgen Arlt
Berlin
Deutschland

ISBN 978-3-658-09372-3 ISBN 978-3-658-09373-0 (eBook)
DOI 10.1007/978-3-658-09373-0

Die Deutsche Nationalbibliothek verzeichnet diese Publikation in der Deutschen Nationalbibliografie; detaillierte bibliografische Daten sind im Internet über http://dnb.d-nb.de abrufbar.

Springer VS
© Springer Fachmedien Wiesbaden 2015
Das Werk einschließlich aller seiner Teile ist urheberrechtlich geschützt. Jede Verwertung, die nicht ausdrücklich vom Urheberrechtsgesetz zugelassen ist, bedarf der vorherigen Zustimmung des Verlags. Das gilt insbesondere für Vervielfältigungen, Bearbeitungen, Übersetzungen, Mikroverfilmungen und die Einspeicherung und Verarbeitung in elektronischen Systemen.
Die Wiedergabe von Gebrauchsnamen, Handelsnamen, Warenbezeichnungen usw. in diesem Werk berechtigt auch ohne besondere Kennzeichnung nicht zu der Annahme, dass solche Namen im Sinne der Warenzeichen- und Markenschutz-Gesetzgebung als frei zu betrachten wären und daher von jedermann benutzt werden dürften.
Der Verlag, die Autoren und die Herausgeber gehen davon aus, dass die Angaben und Informationen in diesem Werk zum Zeitpunkt der Veröffentlichung vollständig und korrekt sind. Weder der Verlag noch die Autoren oder die Herausgeber übernehmen, ausdrücklich oder implizit, Gewähr für den Inhalt des Werkes, etwaige Fehler oder Äußerungen.

Lektorat: Barbara Emig-Roller

Gedruckt auf säurefreiem und chlorfrei gebleichtem Papier

Springer Fachmedien Wiesbaden ist Teil der Fachverlagsgruppe Springer Science+Business Media
(www.springer.com)

Inhaltsverzeichnis

1	**Einleitung**	1
	Literatur	6
2	**Öffentlichkeit als Funktionssystem**	7
2.1	Zur Wortbedeutung des Öffentlichen	7
2.2	Funktion, Code und Leitwert der Öffentlichkeit	9
2.3	Leistungsebene und Binnendifferenzierung	20
2.4	Die vier Leistungssysteme der Öffentlichkeit	23
2.5	Öffentlichkeitsorganisationen als Medienorganisationen	25
2.6	Die Verbreitungsmedien der Öffentlichkeit	27
2.7	Funktionssystem Öffentlichkeit vs. Funktionssystemöffentlichkeiten	30
2.8	Fazit	33
	Literatur	34
3	**Leistungssysteme der Öffentlichkeit – ein Überblick**	37
3.1	Journalismus: Leitdifferenz Aktualität	39
3.2	Unterhaltung: Leitdifferenz angenehmes Erleben	42
3.3	Exkurs: Selbstdarstellungen – eine Einordnung	47
3.4	Werbung: Leitdifferenz Verführen	54
3.5	Öffentlichkeitsarbeit: Leitdifferenz Überzeugen	57
3.6	Fazit	59
	Literatur	61

4	**Evolution des Journalismus**	65
4.1	Publikumsspiele	66
4.2	Führungsspiele	69
	4.2.1 Journalismus versus Unterhaltung	70
	4.2.2 Journalismus versus Öffentlichkeitsarbeit	71
	4.2.3 Journalismus versus Werbung	72
4.3	Domänenspiele	74
4.4	Fazit	79
	Literatur	80
5	**Evolution der Öffentlichkeitsarbeit**	83
5.1	Publikumsspiele	83
	5.1.1 Was wird veröffentlicht: Transparenz vs. Intransparenz	84
	5.1.2 Wie wird es veröffentlicht: Konsistenz versus Kontingenz	89
5.2	Führungsspiele	91
	5.2.1 Öffentlichkeitsarbeit und Journalismus	92
	5.2.2 Öffentlichkeitsarbeit versus Werbung	97
	5.2.3 Öffentlichkeitsarbeit versus Unterhaltung	98
5.3	Domänenspiele	99
5.4	Fazit	103
	Literatur	105
6	**Evolution der Öffentlichkeit**	111
6.1	Publikumsspiele: Populär und elitär	111
6.2	Führungsspiele: Der Boom der Öffentlichkeitsarbeit	117
6.3	Domänenspiele: Politismus und die Hochzeit von Aufmerksamkeit und Geld	120
	Literatur	127
7	**Der Extremismus der Online-Öffentlichkeit**	129
7.1	Ein Medium für alle Zeichen	130
7.2	Polarisierte Potentiale	134
7.3	Operativ eigensinnig, kommunikativ verantwortungsvoll	138
	Literatur	141

Einleitung 1

Die nächste Öffentlichkeit ereignet sich auf der Grundlage digitalisierter Zeichen, ihr Leitmedium ist der Computer. Der Verdrängungsprozess der analogen Print- und Funkmedien ist seit dem Ende des 20. Jahrhunderts in vollem Gang. Transitorische Verhältnisse laden zu Hoffnungen und Warnungen ein. Das kennt man, es erledigt sich durch Zeitablauf.

Übergänge sind zugleich gute Gelegenheiten, das Zurückliegende in einem neuen Licht zu sehen und sich dem Kommenden mit Neugier zu nähern. Deshalb wollen wir diese Übergangszeit nutzen, uns eine fundierte Vorstellung von der Öffentlichkeit zu machen. Denn genau das sind Theorien: Elaborierte Vorschläge für brauchbare Vorstellungen, sich in der Welt zurecht zu finden. Im real existierenden Wissenschaftsbetrieb führt eine Theoriephobie das Wort, die es aufgegeben hat, mehr sehen und verstehen zu wollen als die Trampelpfade des Alltagsgeschäfts.

Gesellschaftstheorien bleiben auch dann Selbstbeschreibungen und damit Simplifizierungen der Gesellschaft, wenn sie auf Komplexität Wert legen. Auch sorgfältige Beobachter sehen nur etwas, weil sie nichts anderes sehen. Die Herausforderung besteht darin, nicht wegzuschauen, wo sich Unübersichtlichkeit, Mannigfaltigkeit und scheinbare Unvereinbarkeiten zeigen. Überhaupt dürfte es eine der schwierigsten Lektionen moderner Gesellschaften sein, Vielfalt und Widersprüchlichkeit nicht nur tagtäglich zu ertragen, sondern sie auch noch schätzen zu lernen. Spontan kann jedes Individuum Vieles benennen, das sie gerne anders, er am liebsten gar nicht hätte.

Das Moderieren von Widersprüchen ist anstrengend und die mit Konflikten verbundene Niederlage ist für den Unterlegenen besonders schwer zu ertragen. In der Wirtschaft werden Vielfalt und Widersprüchlichkeit im Gewand des Wettbewerbs von den meisten geschätzt. In Politik, Kunst, Wissenschaft wird der Wettbewerb der Ideen und Konzepte sogar angemahnt. Und in der Öffentlichkeit? Der Eindruck überwiegt, dass Vielfalt und Widersprüchlichkeit hier nicht als Chance und Stärke, sondern als Risiko oder gleich als Versagen empfunden werden. Das bezieht sich weniger auf die Pluralität der Standpunkte, die in Demokratien als hohes Gut angesehen wird, sondern mehr auf die Frage, *welche* Themen und Meinungen *wie* öffentlich darzustellen seien. Am Journalismus entzündet sich die Kontroverse exemplarisch. In Deutschland zum Beispiel zählen zu den „Guten" Qualitätsmedien wie *Tagesschau,* S*piegel, Zeit, FAZ* und *SZ*; zu den „Bösen" die Nachrichten vieler Privatsender und vor allem die *Bild*. Zu den „Guten" werden investigativ recherchierende und räsonierende Journalisten gezählt, zu den „Bösen" Verlautbarungs- und Roboterjournalismus. Die „Guten" sind Journalisten, die mit ihrer Arbeit die Mächtigen kontrollieren wollen, als „böse" gelten Journalisten, die nur an Auflage und Reichweite denken. So wichtig eine solche Qualitätsdiskussion für einen Berufsstand und eine Gesellschaft ist, so sehr droht mit ihr der Blick für Realitäten verloren zu gehen und der Verzicht auf eingehende Analyse einer zu gehen. Daher soll hier der Versuch unternommen werden, Mannigfaltigkeit, Widersprüche und Paradoxien in der Öffentlichkeit nicht nur zu beschreiben. Es soll auch gezeigt werden, warum eine Öffentlichkeit, in der sich Vielfarbigkeit und Kontroverse nicht nur auf Meinungen, sondern auf jegliche öffentliche Mitteilungen beziehen, für eine Gesellschaft normal sein kann. Die Onlinekommunikation, die wir abschließend mit der Extremismus-These charakterisieren, wäre anders überhaupt nicht mehr zu fassen.

Öffentlichkeit ist weit vielfältiger und widersprüchlicher als die Summe von „guten", „bösen", mediokren und anderen Journalisten. Richtig ist: Journalismus erbringt zentrale Leistungen für die Öffentlichkeit, gerade auch in seiner investigativen Form. Ohne ihn könnten politische, wirtschaftliche oder medizinische Akteure leichter korrupten Geschäften nachgehen und ohne dessen Aufdeckungspotenzial würde es wohl noch mancher Andere bunt treiben. Daher weisen auch wir dem Journalismus eine Leitrolle zu. Und wir vermuten zudem, dass der Journalismus heute gefragter ist denn je. Wir halten es jedoch für plausibel, dass Unterhaltungsangebote vom „Musikantenstadl" bis zum „Satiregipfel" ebenfalls zur Öffentlichkeit gezählt werden können. Und auch strategische Kommunikation wie Werbung und Öffentlichkeitsarbeit verorten wir in der Öffentlichkeit. Sie richten sich mit ihren Mitteilungen wie der Journalismus an Publika – wenn auch mit unterschiedlichen Motiven, Strategien und Selektionskriterien. Schließlich setzen selbst journalistische Leuchttürme wie *FAZ* oder *Süddeutsche Zeitung* auch Unterhaltung, Öffentlichkeitsarbeit und Werbung ein, um öffentliche Aufmerksamkeit zu schaffen und mit ihr Geld zu verdienen. Oder wie lässt es sich anders erklären, wenn

1 Einleitung

im Feuilleton der *SZ* neue CD-Editionen oder Buchreihen des Verlages ausführlich und positiv besprochen werden? Im Umkehrschluss heißt das aber auch, dass sich in Deutschlands auflagenstärkster Zeitschrift, der *ADAC Motorwelt*, neben zahlreichen Mitteilungen der Öffentlichkeitsarbeit eben auch Journalismus findet.

Journalismus neben Unterhaltung, Öffentlichkeitsarbeit und Werbung; ‚feine' Unterhaltung neben Boulevardtheater; reflektiert argumentierender politischer Journalismus neben patriotisch gefärbtem Sportjournalismus. Eine solche Vielfalt und Widersprüchlichkeit der Öffentlichkeit soll im Folgenden beschrieben werden. Eine solche erweiterte und analytisch nüchterne Perspektive ermöglicht einen differenzierteren Blick auf aktuelle Fragen: Wie verändert das Internet die Öffentlichkeit und hier vor allem den Journalismus?

Belege für eine Krise des Journalismus scheint es genug zu geben. Die Auflagenzahlen der Tageszeitungen sind seit Jahren im Sinkflug – erste Titel wurden bereits bis zur Unkenntlichkeit fusioniert oder gleich ganz eingestellt. Nachdem man sich an werbliche Programmhinweise in den Nachrichten-Sendungen bei *RTL* und *SAT.1*, später bei *ARD* und *ZDF* schon gewöhnt hatte, findet man in zunehmend mehr Medien kaum verhüllte Jubelbeiträge zur „Volksbibel", zur *ZEIT-Edition* und zu *Handelsblatt*-Veranstaltungen. Und zum Auftritt von Mario Barth kommen mehr Menschen als zur Wahlkampfveranstaltung von Angela Merkel. Es gäbe also gute Gründe für den Abgesang eines seriösen Journalismus und einer aufgeklärten Öffentlichkeit. So sind Analysen des Journalismus geprägt von einer depressiven Stimmung: Zu den optimistischeren Lesarten zählt, dass ‚nur' die große Zeit des Journalismus vorüber sei (vgl. Weischenberg 2010, S. 34) oder ‚nur' eine Krise der Leuchttürme beobachtet werden könne (vgl. Blum et al. 2011). Mit welchen Maßstäben werden hier Öffentlichkeit bzw. Journalismus bewertet? Wird nicht eine semantische Überlast mitgeschleppt, die aus dem Journalismus mehr macht, als er jemals war? Werden der Journalismus und die Öffentlichkeit der vergangenen Offline-Zeiten nicht überhöht und damit verklärt? Zugleich besteht die Neigung, aktuelle Änderungen mit einer einzigen Ursache zu erklären: dem Internet.

Wir öffnen den Horizont der Darstellung und schlagen eine andere Ordnung der Vorstellungen von der modernen Öffentlichkeit vor. Dazu spannen wir einen Rahmen auf, der hervortreten lässt, was zu Veränderungen der Öffentlichkeit beiträgt. In diesem Sinn ist auch der Titel „Die nächste Öffentlichkeit" zu verstehen. Es kann nicht darum gehen, die nächste Öffentlichkeit im Detail beschreiben zu wollen. Ein solcher Anspruch wäre vermessen, um nicht zu sagen: naiv. Unser Ziel ist es, Verstehensvorschläge zu machen, indem wir System-Umwelt-Beziehungen fokussieren, Entwicklungslinien aufzeigen, Strukturwandel identifizieren und Prozesse ausleuchten. Auf empirische Belege, die noch dazu selten über den nationalen Tellerrand hinaus reichen, kann unser theoretischer Zugang nur punktuell verweisen, aber man vermag mehr zu sehen und zu verstehen, wenn man ihn benutzt. Ein solches Projekt erfreut sich einerseits des Luxus, dass es zur Öffentlichkeit und ihren Leistungssystemen bereits viele erhellende und überzeugende Beiträge gibt. Andererseits verträgt der wissenschaftliche Diskussionsprozess keinen Stillstand. Die Entwicklungsdynamik der Moderne fordert zu neuen Analysen und Deutungen heraus. Wir ordnen uns in diese Debatte ein mit dem Anspruch, theoretische Kompetenz, analytische Schärfe und Respekt vor dem Reichtum der Empirie miteinander zu vereinbaren.

Öffentlichkeit wird bis heute oft als politische Öffentlichkeit gesehen. Es ist ohne Zweifel plausibel – und dies werden wir herausarbeiten –, dass die Anfänge der Öffentlichkeit im politischen Kontext zu finden sind. Demokratie ist ohne eine zweifelnde, räsonierende, mindestens aber halbwegs informierte Öffentlichkeit nicht denkbar. Gleichwohl ist unbestritten, dass es auch Öffentlichkeit(en) jenseits der Politik gibt. Angela Merkel, Barack Obama, Manuel Neuer und Lady Gaga sind alle gleichermaßen Personen der Öffentlichkeit – so sehr diese Gleichsetzung manche schmerzen mag. Und der Mindestlohn, Steuerhinterziehung, das Wetter von morgen, Ostfriesenwitze, das neue iPhone und die Fußball-Weltmeisterschaft sind alle gleichermaßen Themen der Öffentlichkeit. Wir vermuten:Die Gemeinsamkeiten zwischen diesen verschiedenen öffentlichen Personen und Themen sind – aus der Perspektive des Öffentlichkeitssystems – größer als ihre Unterschiede. Deshalb interessieren wir uns primär für „die" Öffentlichkeit. Wir suchen und benennen zunächst die Gemeinsamkeiten, um dann nach den Unterschieden zwischen Angela Merkel und Mario Barth oder zwischen dem Mindestlohn und den Ostfriesenwitzen zu suchen.

Öffentlichkeit wird bis heute vor allem normativ aufgefasst. Besonders im Kontext der Politik ist der Weg zu Soll-Vorschriften meist kurz. Jürgen Habermas (1962) hat ein solches Idealmodell einer Öffentlichkeit entwickelt, das für ihn die Voraussetzung für eine gelingende Politik war. Und auch in der Folge dominierte die Frage, wie Öffentlichkeit aussehen *soll* – ohne Zugangsbarrieren, diskursiv und rational. Dies hat unserer Meinung nach nicht nur den Blick auf die Ist-Situation vernebelt, es hat vor allem auch das Verständnis von Öffentlichkeit, ihren Strukturen und Prozessen getrübt. Wir plädieren daher für eine nüchterne deskriptive Perspektive. Die *FAZ* und die *ARD* sind nicht per se besser als die *Bild* und das U-Bahn-TV. Hinter dieser Feststellung steckt kein Plädoyer für Kritiklosigkeit und Beliebigkeit, sondern für schärfere Kritik, also für die genauere Arbeit an Unterscheidungen. Wir werden sehen, dass gerade oft kritisierte „Schmutzmedien" wichtige Inklusionsleistungen erbringen. Vor allem aber wird zu zeigen sein, dass der Graben zwischen hochkulturellen und popkulturellen Phänomenen immer tie-

1 Einleitung

fer, aber nicht breiter wird, weshalb friedliche Koexistenz möglich und notwendig zugleich wird.

Öffentlichkeit wird häufig als etwas Statisches verstanden. Man hat mitunter den Eindruck, als wenn sich die Öffentlichkeit seit Habermas' Strukturwandel-Diagnose nicht mehr verändert habe. Insbesondere in systemtheoretischen Arbeiten erscheint Öffentlichkeit oft als etwas Fertiges, das sich vor längerer Zeit ausdifferenziert und seither wenig geändert hat. Wir sind vom Gegenteil überzeugt. So sehr der Kern der Öffentlichkeit – in systemtheoretischer Sichtweise die Funktion, die Leitunterscheidung und das symbolisch generalisierte Kommunikationsmedium – stabil geblieben ist, so vielfältig sind die strukturellen Verschiebungen und die Entwicklungsprozesse in vielen öffentlichen Teilbereichen.

Redaktionen werden häufig als rein journalistische Organisationen dargestellt. Wir bezweifeln die Realitätstüchtigkeit solcher Analysen. Wir werden argumentieren, dass viele Redaktionen zugleich auch Unterhaltung, Werbung und Öffentlichkeitsarbeit betreiben. Mittlerweile hat sich in der systemtheoretischen Organisationsforschung die Annahme weitgehend durchgesetzt, Organisationen als Multireferenten (Wehrsig und Tacke 1992, S. 234) zu verstehen, in denen sich eine Vielzahl von Logiken wiederfindet. So gehören die wirtschaftliche Verlagsleitung und die Redaktion derselben Organisation an. Es wird herauszuarbeiten sein, welche Folgen das hat.

Wie verändert sich Öffentlichkeit und was verändert Öffentlichkeit? Das sind die zentralen Fragen, die uns beschäftigen. Unsere Antworten sind eher als Einladung zur weiteren Reflexion denn als Handlungsanleitungen für Medienmanager und -politiker zu verstehen. Denn wir sehen viele Ursachen für frühere, gegenwärtige und künftige Veränderungen der Öffentlichkeit. Die Publika mit ihren unterschiedlichen Rezeptionsgewohnheiten sind da als erstes zu nennen. Hinzu kommen Veränderungen zwischen den Leistungserbringern der Öffentlichkeit – Journalismus, Unterhaltung, Werbung und Öffentlichkeitsarbeit. Jeder in diesem Quartett wird aus unterschiedlichen Gründen wichtiger bzw. unwichtiger und verändert sich mit Konsequenzen für die drei anderen. Hinzu kommen Einflüsse anderer gesellschaftlicher Funktionsbereiche wie Politik und Wirtschaft. Öffentlichkeit existiert und operiert zwar jenseits der ökonomischen Sphäre, aber wir teilen den Eindruck vieler Analysen, dass sie mehr denn je von ökonomischen Entscheidungen beeinflusst wird. Eine Rolle spielte Geld für die massenmediale Kommunikation immer.

So wird bereits hier deutlich, dass Veränderungen in der Öffentlichkeit durch viele Variablen beeinflusst werden. Es ist nicht nur für empirische Forschung ein nahezu unmögliches Unterfangen, all das in den Blick zu bekommen. Auch unser theoretischer Zugang kann nur in Einzelfällen auf empirische Belege zurückgreifen. Für uns hat diese Komplexität zur Folge, dass wir einen Theorierahmen aufspannen, aber nicht an allen Stellen gleichermaßen tief schauen können. So beschränken wir uns bei der Evolution der Leistungserbringer auf den Journalismus und die Öffentlichkeitsarbeit. Einerseits würde eine Beschreibung aller vier Leistungsakteure zu zahlreichen Redundanzen führen. Andererseits haben wir uns für die beiden Leistungsakteure Journalismus und Öffentlichkeitsarbeit entschieden, weil sie den Anspruch erheben, ihren Publika mit sachlich verbindlichen Beschreibungen Orientierung zu verschaffen. Damit können wir unserer Überzeugung nach am Besten Anschluss an andere – auch von uns zuvor kritisierte – Entwürfe herstellen, ohne in deren „Fallen" zu tappen.

Wenn wir hier von Evolution sprechen, dann wollen wir weder die Geschichte der Öffentlichkeit und ihrer Akteure nacherzählen, noch wollen wir im Detail die Emergenz der Öffentlichkeit und ihrer Akteure erklären. Vielmehr verstehen wir Evolution allgemein als Prozess der Veränderung von Strukturen. Gelegentliche historische Bezüge haben hier eher illustrierenden Charakter. Diesen Veränderungsprozess beschreiben wir in Anlehnung an Schimank (2011) an Hand von mehreren Spielen, die an den jeweiligen Grenzen zu beobachten sind: die Beziehungen zu den Publika, die Beziehungen zwischen den Leistungssystemen Journalismus, Werbung, Unterhaltung und Öffentlichkeitsarbeit sowie zu anderen Funktionssystemen, wobei wir uns hier auf Wirtschaft und Politik beschränken.

Bevor all das diskutiert werden kann, gehen wir einen Schritt zurück und versuchen, akribische begriffliche Arbeit zu leisten: Welche Funktion übernimmt Öffentlichkeit für die Gesellschaft? Wie ist ihre innere Struktur zu beschreiben? Und wie versuchen die verschiedenen Leistungserbringer, Öffentlichkeit herzustellen?

Literatur

Blum, R., Bonfadelli, H., Imhof, K., & Jarren, O. (Hrsg.). (2011). *Krise der Leuchttürme öffentlicher Kommunikation. Vergangenheit und Zukunft der Qualitätsmedien*. Wiesbaden: VS Verlag für Sozialwissenschaften.
Habermas, J. (1962). *Strukturwandel der Öffentlichkeit*. Neuwied: Luchterhand.
Schimank, U. (2011). Gesellschaftliche Differenzierungsdynamiken – ein Fünf-Fronten-Kamp. In T. Schwinn, C. Kroneberg, & J. Greve (Hrsg.), *Soziale Differenzierung. Handlungstheoretische Zugänge in der Diskussion* (S. 261–284). Wiesbaden: VS Verlag für Sozialwissenschaften.
Wehrsig, C., & Tacke, V. (1992). Funktionen und Folgen informatisierter Organisationen. In T. Malsch & U. Mill (Hrsg.), *ArBYTE. Modernisierung der Industriesoziologie?* (S. 219–239). Berlin: edition sigma.
Weischenberg, S. (2010). Das Jahrhundert des Journalismus ist vorbei. Rekonstruktion und Prognosen zur Formation gesellschaftlicher Selbstbeobachtung. In G. Bartelt-Kircher, et al. (Hrsg.), *Krise der Printmedien: Eine Krise des Journalismus?* (S. 32–61). Berlin: de Gruyter. (Dortmunder Beiträge zur Zeitungsforschung 64).

Öffentlichkeit als Funktionssystem 2

Getragen von der Theorie des Systemfunktionalismus entwickeln wir den Öffentlichkeitsbegriff in sechs Schritten: Vorangestellt wird (2.1) eine semantische Annäherung an den Sinn des Öffentlichen. Wir beschreiben dann (2.2) Öffentlichkeit als gesellschaftliches Funktionssystem und zeigen (2.3) dessen Binnendifferenzierung auf, welche über zentrale Leistungen der Öffentlichkeit Auskunft gibt. Auf dieser Grundlage erschließen wir (2.4) einzelne Programmformate des Öffentlichkeitssystems und wechseln (2.5) auf die Organisationsebene, auf der wir anhand der Programmformate und der Eigenarten der Sozialform Organisation Aspekte und Dynamiken der empirischen Vielfalt moderner Öffentlichkeitsorganisationen als Medienorganisationen darstellen. Schließlich skizzieren wir auf Basis unseres Medienverständnisses erste Entwicklungen und Gegenentwicklungen von Onlinekommunikation (2.6), um dann das Funktionssystem Öffentlichkeit (Sachöffentlichkeiten) von Funktionssystemöffentlichkeiten (Fachöffentlichkeiten) zu unterscheiden (2.7).

2.1 Zur Wortbedeutung des Öffentlichen

Das Öffentliche, ob Ämter, Toiletten oder Konzerte, ist das allgemein Zugängliche. Sein Gegenbegriff ist das Exklusive. Bekannte Formen der Exklusivität sind das Geheime und das Private. Wenn das Öffentliche das Zugängliche ist, stellt sich die Frage für wen. Die naheliegende Antwort: für alle. Für alle Menschen? Verdient ein öffentliches Konzert dieses Eigenschaftswort nur, wenn die gesamte Weltbevölkerung es hört? „Die Mehrdeutigkeit des Wortes ‚öffentlich' im Vergleich der

europäischen Sprachen" hat Lucien Hölscher (1979, S. 36 ff.) ausführlich dargestellt.
Die Bezeichnung öffentlich verträgt sich offenkundig mit Begrenzungen, welche die Bedeutung ‚für alle' relativieren. Es muss nicht die Weltöffentlichkeit, es müssen nicht einmal alle Angehörigen einer Nation gemeint sein, es kann sich auch um Teilöffentlichkeiten handeln, zum Beispiel um die Binnenöffentlichkeit einer Organisation; aber wir werden sehen, dass eine solche Wortverwendung für das Funktionssystem Öffentlichkeit nicht brauchbar ist. Zugleich muss der Zugang zum Öffentlichen zwar frei, braucht aber nicht gratis zu sein. Bezahlschranken gelten in modernen Gesellschaften nicht als Beschränkungen des Öffentlichen, weil es niemandem verboten ist, über genügend Geld zu verfügen.

In den Sinndimensionen des Räumlichen und des Sozialen ist der Unterschied zwischen öffentlich und exklusiv meist nicht schwer zu identifizieren. Das Schild „Heute geschlossene Gesellschaft" macht den Raum der Gaststätte temporär zu einem exklusiven Ort. Die Sozialform Privateigentum zieht eine rechtliche Grenze, die den Ausschluss aller anderen regelt. In sachlicher Hinsicht treffen wir auf die interessante Differenz zwischen Gegenständen und Mitteilungen. Gegenstände werfen in der Regel das Problem der Knappheit auf. Der Zugriff des einen, der den Apfel vom Baum holt und verzehrt, schließt Zugangsmöglichkeiten für andere aus. Die Mitteilung hingegen ist, sachlich gesehen, eine Veröffentlichung, über deren Zugänglichkeit zum einen die Reichweite des Mediums entscheidet, das die verwendeten Zeichen, Töne, Zahlen, Buchstaben, transportiert; und zum anderen natürlich die Verständlichkeit der Zeichen. Sind die Voraussetzungen Erreichbarkeit und Verständlichkeit erfüllt, ist die Mitteilung beliebig teilbar, sie geht niemandem verloren, wenn auch andere sie rezipieren.

Wenn jede Mitteilung in gewisser Weise eine Veröffentlichung ist, in welchem Sinn lassen sich dann öffentliche und nichtöffentliche Mitteilungen unterscheiden? Der Unterschied kann daran festgemacht werden, ob es sich – wie im Fall der Zugänglichkeit – um eine Mitteilung an (potentiell) alle handelt. Bestimmt werden muss dann wiederum die Sozialform, der „alle" angehören: Handelt es sich um ein Liebespaar, ein Verschwörertrio, eine Wandergruppe, ein Unternehmen, eine Kommune, einen Nationalstaat, die Weltgesellschaft?

Typischerweise wird der Öffentlichkeitsbegriff für größere stabile Sozialformen reserviert; man spricht von kommunalen, organisationalen und gesellschaftlichen, aber auch von politischen oder wissenschaftlichen Öffentlichkeiten. Als Bezugspunkt fungiert, und das ist der entscheidende theoretische Aspekt, immer die Kommunikation. Der Öffentlichkeitsbegriff, der im Zentrum sowohl der wissenschaftlichen wie der politischen Debatten steht, ist ein Kommunikationsbegriff – der oft auf seine mediale Komponente verengt wird.

In der Interaktion konzentriert sich die Wahrnehmung der Mitteilung auf die sprechende Person. Das Medium, das die Zeichen transportiert – also die Sprachlaute, durch die sich die Wörter ausdrücken – tritt hinter die Person zurück. In der Massenkommunikation vergegenständlicht sich die Mitteilung im Medium. Vom Verbreitungsmedium hängt es ganz offensichtlich ab, ob Zeichen gespeichert und welche Zeichen übermittelt werden können, Buchstaben, Laute, Töne, Fotos, Bewegtbilder. Das Medium rückt in der Kommunikation mit Abwesenden in das Zentrum der Wahrnehmung der Mitteilungen. Dadurch wird nahegelegt, das Augenmerk auf die Massenmedien zu richten (vgl. Luhmann 1996) und die anderen Komponenten öffentlicher Kommunikation als nachrangig zu behandeln. Aber es geht um Kommunikationen, nicht nur um Medien. Deshalb kann (und muss) das Öffentliche, wie es uns in der modernen Gesellschaft als ausdifferenziertes Öffentlichkeitssystem entgegentritt, nicht vom Medienbegriff, sondern vom Kommunikationsbegriff her analysiert werden (so z. B. auch Görke 2007). So kann man beispielsweise nicht auf die Idee kommen, Medienproduzenten unter Absehung von deren Publikum zu fokusieren. Das verbietet der Sinn des Öffentlichen im Übrigen schon von sich aus, denn er meint mehr als die Veröffentlichung. Die Öffentlichkeit transformiert die elementare Differenz der Kommunikation zwischen Mitteilung und Verstehen in den Unterschied zwischen Zeigen und Zuschauen bzw. Zuhören. Dieser Unterschied differenziert sich auf vielfältige Weisen aus, wie sie noch zu rekonstruieren sein werden. Das Öffentliche ist in jedem Fall das Gesehene, Gelesene oder Gehörte, das als verstanden und bekannt vorausgesetzt wird, mithin als anschlussfähig für jede weitere Kommunikation erwartet wird.

2.2 Funktion, Code und Leitwert der Öffentlichkeit

Wie bei anderen wichtigen Phänomenen des Gesellschaftlichen, etwa politischer Macht, wirtschaftlicher Versorgung, wissenschaftlicher Wahrheit, hat die Weltgesellschaft des 21. Jahrhunderts auch im Fall der öffentlichen Kommunikation ‚einfache Lebenszusammenhänge' weit hinter sich gelassen. Gesellschaftstheorien versuchen, die vielfältigen Zusammenhänge des sozialen Lebens zu ordnen und zu erklären. Wir folgen der Theorie *funktionaler Differenzierung* in der Ausprägung des Systemfunktionalismus und bedienen deshalb dessen Vorgaben. Für die Beschreibung eines gesellschaftlichen Funktionssystems verlangt der Systemfunktionalismus Angaben über die *Funktion*, den *Code* mit der Leitdifferenz, an der sich die Operationen (Kommunikationen) ausrichten, und das *Erfolgsmedium*. Während für die Beschreibung beispielsweise des politischen Systems im Kreis der Systemtheoretiker inzwischen relativ einheitliche Zuschreibungen für die zentralen Ordnungskategorien verwendet werden – als Funktion die kollektive verbindliche Entscheidung, als Leitdifferenz Macht zu gewinnen oder zu verlieren, ausgedrückt im Unterschied zwischen Regierung und Opposition, und als Erfolgsmedium Macht – hat sich für das Öffentlichkeitssystem noch kein konsentiertes Verständnis etabliert. In den vergangenen 20 Jahren sind eine Vielzahl an systemtheoretischen Konzepten zu diesen Fragen entwickelt worden. Wir verzichten hier darauf, alle Vorschläge ausführlich zu diskutieren, sondern wollen die uns relevant erscheinenden Diskussionslinien aufzeigen und deutlich machen, wo wir mit ihnen übereinstimmen und wo wir einen eigenen Weg als plausibler erachten.

Die Unterschiede zwischen systemtheoretischen Entwürfen beginnen bereits bei der Frage, ob Öffentlichkeit als gesellschaftliches Funktionssystem mit ausdifferenzierten Leistungssystemen wie Journalismus, Werbung etc. verstanden wird, oder ob z. B. der Journalismus als eigenes Funktionssystem im Mittelpunkt der Beobachtung steht. Auf die Unterscheidung zwischen Funktion und Leistung werden wir uns noch mehrfach beziehen, sie hat systemtheoretisch einen richtungsweisenden Stellenwert, weil sie die Beobachtungsperspektive steuert. Wer nach der Funktion fragt, lenkt den Blick auf das Gesamtsystem, wer nach der Leistung fragt, auf die Umwelt, auf andere Systeme. Für die Erklärungskraft beispielsweise einer Theorie des Journalismus und das daraus resultierende Verständnis journalistischer Arbeit ist es folgenreich, ob eine gesamtgesellschaftliche Funktion im Zentrum steht oder ob dessen Leistungen im Rahmen eines Funktionssystems Öffentlichkeit beschrieben werden.

Die folgenden feinen Unterschiede der theoretischen Modellierung mögen sich insbesondere einem systemtheorie-fernen Publikum nicht unmittelbar erschließen. Für die wissenschaftliche Verortung unseres Zugangs ist es jedoch notwendig, auf sie einzugehen; wobei die gebotene Kürze eine zusätzliche Verständnis-Hürde aufbaut. Die anschließende Darstellung unseres eigenen theoretischen Ansatzes lässt sich auch ohne Berücksichtigung der feinen Unterschiede rezipieren – und kritisieren.

Bei der von Görke (2007) so genannten Differenzperspektive werden Journalismus (Rühl 1980; Weischenberg 1992; Blöbaum 1994), Werbung (Zurstiege 1998) und PR (Ronneberger und Rühl 1992; Dernbach 1998) als eigene Funktionssysteme konzipiert (vgl. Abb. 2.1). Es wird also gefragt, für welches gesamtgesellschaftliche Problem sie welche Lösung bereithalten. Wir verfolgen hier den von Görke als Einheitsperspektive bezeichneten Weg, der nach der Funktion von Öffentlichkeit fragt, weil wir uns erstens primär für Veränderungen der Öffentlichkeit interessieren und zweitens davon ausgehen, dass sich neben dem Journalismus weitere Leistungsrollen ausdifferenziert haben, die alle – in sehr unterschiedlicher Art und Weise – an der Herstellung von Öffentlichkeit beteiligt sind.

2.2 Funktion, Code und Leitwert der Öffentlichkeit

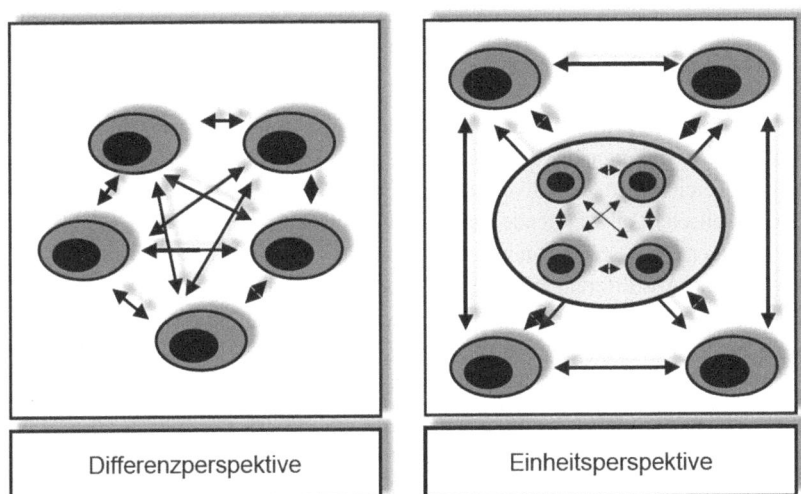

Abb. 2.1 Differenzperspektive vs. Einheitsperspektive. (Görke 2007, S. 175)

Luhmann selbst hat in seiner „Realität der Massenmedien" (1996) nicht die Öffentlichkeit, sondern die Massenmedien in den Rang eines Funktionssystems erhoben. Journalismus, PR/Werbung und Unterhaltung konzipiert er als Programmbereiche, die Funktion erkennt er in der Ermöglichung der Selbstbeobachtung, als Code benennt er Information/Nicht-Information. Die kommunikationswissenschaftliche Kritik ging mit diesem Vorschlag wenig „zimperlich" um. Mit Luhmann gegen Luhmann wurde argumentiert, dass die Unterscheidung Information/Nicht-Information in jedem System getroffen werde. Kritisiert wurde auch die Entscheidung, die Grenzen eines Funktionssystems über technische Verbreitungsmedien anstatt über Sinngrenzen zu bestimmen (vgl. ausführlich Görke und Kohring 1996, 1997).

Öffentlichkeit als eigenes Funktionssystem haben Marcinkowski (1993), Gerhards (1994), Kohring (1997), Hug (1997) und Görke (1999, 2007) konzipiert. Marcinkowski nennt als Primärfunktion der Öffentlichkeit bzw. der Publizistik die „Ermöglichung der Selbstbeobachtung moderner Gesellschaften" (1993, S. 118). Der Code des publizistischen Systems ist für ihn veröffentlicht versus unveröffentlicht und öffentlich versus nicht öffentlich, als symbolisch generalisiertes Kommunikationsmedium fungiert Publizität. Ein Problem schafft sich Marcinkowski mit der Gleichsetzung von öffentlich mit veröffentlicht, da sie keine Differenzierung zwischen Publizistik und Publizierung ermöglicht. Damit aber würde Marcinkowski Luhmann folgen, der publizistische Kommunikation nicht an symbolisch generalisierten Kommunikationsmedien, sondern an technischen Verbreitungsmedien festmacht.

Die Konzeptionen von Hug (1997), Kohring (1997) und Görke (1999) schließen in vielen Punkten an den Entwurf Marcinkowskis an und weisen untereinander mehr Gemeinsamkeiten als Unterschiede auf. „Auf das Problem, in einer funktional ausdifferenzierten, von divergierenden Beobachterperspektiven gekennzeichneten Gesellschaft eine laufende Beobachtung von Ereignissen für die Ausbildung gegenseitiger Umwelterwartungen gewährleisten zu müssen, reagiert die Gesellschaft mit der Ausdifferenzierung eines eigenen Funktionssystems." (Kohring und Hug 1997, S. 21) Als Funktion der Öffentlichkeit erkennen sie die Orientierungs- bzw. Synchronisationsfunktion. Während Kohring als Code des Öffentlichkeitssystems mehrsystemzugehörig versus nicht-mehrsystemzugehörig bzw. Mehrsystemzugehörigkeit als symbolisch generalisiertes Kommunikationsmedium anführt (vgl. Kohring 1997, S. 250 f.), benennt Hug umweltrelevant versus nicht umweltrelevant bzw. Umweltrelevanz (vgl. Hug 1997, S. 327 ff.). Diese Wahl ist jedoch problematisch, da Mehrsystemzugehörigkeit und Umweltrelevanz nichts anderes als Relevanz meinen. Wenn nun Hug und Kohring Relevanz gemeinsam mit dem Kriterium Neuheit auf der Programmebene ansiedeln, würde die Öffentlichkeit mit einem *halbierten Code* operieren.

Görke erscheint hier konsequenter, er stellt sich mit seiner Entscheidung für aktuell versus nicht aktuell als Code bzw. Aktualität als symbolisch generalisiertem Kommunikationsmedium „in eine lange und gut abgesicherte kommunikationswissenschaftliche Tradition" (Scholl und Weischenberg 1998, S. 68). Mit dem Aktualitätsbegriff bezieht sich Görke explizit auf Merten (1973, S. 219 f.): „Aktualität ist also sowohl an den Informationswert eines Ereignisses (Neuigkeit; Überraschung; Unerhörtheit) als auch an die Relevanz eines Ereignisses für den Rezipienten gebunden. Weder Relevanz allein, noch Überraschung allein reichen für die Konstituierung von Aktualität aus." Als basale Differenz der Öffentlichkeit halten wir Aktualität für zu eng. Das Relevanzkriterium legt Anforderungen fest, die uns für Werbung und Unterhaltung nicht identifizierbar erscheinen. Gemeint ist damit, dass die Relevanz des Aktuellen grundsätzlich für beide Seiten Geltung hat, für Absender wie für Adressaten. Den Sinn der Aktualität erfüllt nicht, was ursprünglich nur für eine Seite wichtig ist wie die Werbung, welche sich ihren Adressaten nicht selten erst aufdrängen muss, weil sie als irrelevant bewertet wird, während sie für die Absender von großer Bedeutung ist. Die Unterhaltung zeichnet sich gerade durch ihre Entscheidungsferne aus, so dass ihre Themen für keine der beiden Seiten an Relevanz gebunden sind.

Der Entwurf Gerhards' (1994) lehnt sich ebenfalls in weiten Teilen eng an den Vorschlag Marcinkowskis an. Einen eigenen Weg beschreitet Gerhards mit seiner Leitdifferenz Aufmerksamkeit versus Nicht-Aufmerksamkeit. Einerseits identifi-

2.2 Funktion, Code und Leitwert der Öffentlichkeit

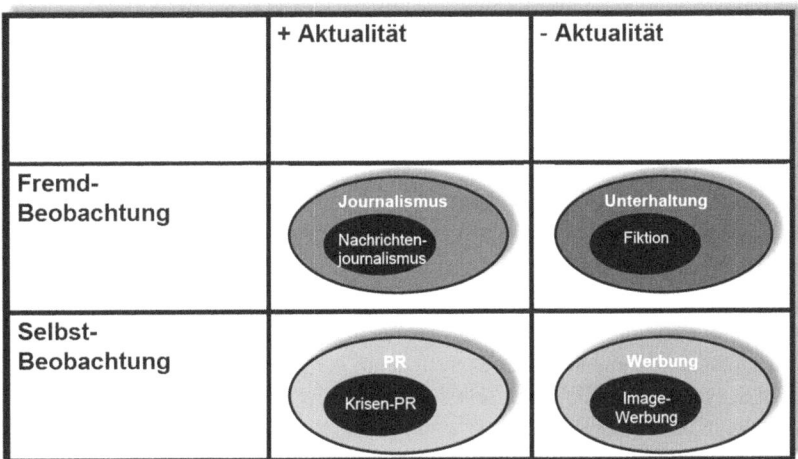

Abb. 2.2 Journalismus, Unterhaltung, PR und Werbung als Leistungssysteme der Öffentlichkeit. (Görke 2007, S. 183)

ziert Gerhards damit das besondere Problem öffentlicher Kommunikation, in einer Mediengesellschaft überhaupt Aufmerksamkeit zu erzielen, andererseits erscheint Aufmerksamkeit als Code als wenig differenzfähig, um den spezifischen Sinn öffentlicher Kommunikation von anderen Funktionssystemen abzugrenzen.

Auch wenn die genannten Autoren alle die Öffentlichkeit als Funktionssystem beschreiben, so gibt es erhebliche Unterschiede, welche Systeme eine Leistung für die Öffentlichkeit erbringen. Während Kohring, Hug und Marcinkowski allein den Journalismus hier verorten, nennt Görke (2007) auch die Unterhaltung, die PR und die Werbung. Sie alle erbringen, so Görke, einen Beitrag zur Funktion des Systems Öffentlichkeit, unterscheiden sich jedoch hinsichtlich der Programmierung des Codewertes (vgl. Abb. 2.2). Dieser Systematik der Beschreibung folgen wir, allerdings aus den genannten Gründen nicht auf der Basis eines Codewerts Aktualität.

Für unsere Forschungsfrage erscheint uns ein Ansatz vielversprechend, der erstens auf Öffentlichkeit fokussiert und untersucht, welche Leistungsrollen bzw. -systeme an ihrer Herstellung beteiligt sind. Zweitens ist es u. E. notwendig, plausibel herzuleiten und zu begründen, zwischen welchen Formen öffentlicher Kommunikation man unterscheiden kann. Und drittens setzen wir sowohl für den Code als auch für das Erfolgsmedium etwas andere Bestimmungen.

Funktionale Differenzierung
Die gesellschaftliche Revolution, die den Wechsel vom Primat der stratifikatorischen zur funktionalen Differenzierung bewirkt hat, wurde historisch als Befreiung

gefeiert. Freiheit als gesellschaftlicher Leitwert der Moderne und funktionale Differenzierung bedingen sich wechselseitig. Was in den Selbstbeschreibungen einzelner Funktionssysteme Unabhängigkeit bzw. Freiheit genannt wird – Unabhängigkeit der Wissenschaft, der Kunst, des Rechts, Pressefreiheit, Gewerbefreiheit, Freiheit der Berufswahl etc. – schlägt sich in der Systemtheorie im Autonomiebegriff nieder. Autonomie ist nicht mit Autarkie zu verwechseln. „Der Autarkiebegriff ist auf ein umweltloses System zugeschnitten. Es besagt, dass ein System all seine Bestandsvoraussetzungen in sich selbst findet. Das Gegenteil gilt für den Begriff der Autonomie im modernen, systemtheoretischen Sinne. Er bezieht sich auf ein System, das in Abhängigkeit von der Umwelt existiert, Leistungen aufnimmt und Leistungen abgibt und das gerade deshalb eine selektive Kontrolle über die Prozesse ausüben muss, die das System mit der Umwelt verbinden." (Luhmann 2010, S. 107) Autonomie meint Selbstorganisation und Selbstprogrammierung – in Abhängigkeit von der Umwelt.

Unter den Freiheiten, die funktionale Differenzierung ermöglichen und die von funktionaler Differenzierung ermöglicht werden, kommt der Kommunikationsfreiheit besondere Bedeutung zu, sofern man der Auffassung folgt, dass Kommunikation die gesellschaftliche Basisoperation darstellt. Auf jeden Fall ist die Freiheit öffentlicher Kommunikation konstitutiv für die Herausbildung des Funktionssystems Öffentlichkeit.

Die Funktion
Der Funktionsbegriff bezeichnet das Zusammenspiel von Problem und Lösung. Sein analytisches Potential sieht Luhmann darin, dass nicht einfache Kausalität, sondern Vergleichbarkeit beobachtet wird, dass wir also „mit der Problemlösung einen vergleichenden Gesichtspunkt haben, der es erlaubt zu fragen, welche Alternativen zur Verfügung stehen, wie man ein Problem, wenn man es nicht so lösen will wie bisher, anders lösen kann" (Luhmann 2005, S. 262). Ob sich die gewählte Funktionsbestimmung als tragfähig erweist, lässt sich nicht schon mit ihrer Einführung argumentativ absichern. Für den Anfang muss eine gewisse Plausibilität genügen. Da es sich bei der Öffentlichkeit um allgemein zugängliche, an alle adressierte Mitteilungen handelt, aus welchen sich kollektive Informationen bilden, schlussfolgern wir: *Mit Hilfe des Öffentlichkeitssystem informiert sich eine Gesellschaft über sich selbst.* Das Öffentlichkeitssystem löst ein kollektives Informationsproblem. Eine solche Funktionsbestimmung kommt der Selbstbeobachtungsfunktion von Marcinkowski (1993) und Luhmann (1996) sehr nahe. Weil der Kommunikationsbegriff für diese Funktionsbestimmung so zentral ist, drängt es sich auf, an dieser Stelle an den Unterschied zwischen Kommunikation und Handlung zu erinnern, wie er für die Theorie sozialer Systeme konstitutiv ist: Kommu-

2.2 Funktion, Code und Leitwert der Öffentlichkeit

nikationen und deren Zurechnung als Handlung, daraus, sagt Luhmann, bestehen soziale Systeme. (Luhmann 1987b, S. 240) „Kommunikation ist die elementare Einheit der Selbstkonstitution, Handlung ist die elementare Einheit der Selbstbeobachtung und Selbstbeschreibung sozialer Systeme." (Luhmann 1987b, S. 241) Deshalb sprechen wir in der Handlungsperspektive über Veröffentlichungen als Mitteilungen an alle. Mit deren Transformationen in kollektive Informationen bildet sich Öffentlichkeit.

Diese abstrakteste Möglichkeit der Funktionsbestimmung des Öffentlichkeitssystems, die Gesellschaft über sich selbst zu informieren, kann in unterschiedlichen Hinsichten konkretisiert werden. Je nach dem, welche primäre Leistung der Information zugeschrieben wird – Beobachtung, Orientierung, Synthetisierung, Integration, Kontrolle, Kritik, Partizipation etc. – wechselt in den Öffentlichkeits-Konzeptionen die Aufgabenbeschreibung. Zwischen Funktion und Leistung zu unterscheiden wird alltagssprachlich, aber oft auch im wissenschaftlichen Sprachgebrauch nicht wichtig genommen. Im Theoriedesign des Systemfunktionalismus nimmt diese Unterscheidung eine Schlüsselrolle ein, wie wir schon angedeutet haben und später genauer sehen werden.

Die Leitdifferenz
Der binäre Code als Operationsmodus eines Systems dient Luhmann theorietechnisch als „Ersatzangebot für eine im Prinzip teleologische Orientierung" (Luhmann 2005, S. 264). „Diese Vorstellung einer binären Codierung harmoniert mit der Theorie der autopoietischen Systeme insofern, als kein Ende vorgesehen ist. Alle Operationen können immer den einen oder den anderen Wert wählen." (Luhmann 2005, S. 264) Aus seiner Funktionsbestimmung ergibt sich für die Operationen des Öffentlichkeitssystems, dass ihr binärer Code den Unterschied fixiert, ob es sich um eine kollektive Information handelt oder nicht. Die Systemoperationen schließen an den Positivwert an, mit dem Negativwert reflektieren sie „die Kriterienbedürftigkeit aller eigenen Operationen" (Luhmann 1997, S. 749). „Positiv [...] ist immer das, womit man im System etwas anfangen kann, was Operationen erleichtert, anschlussfähig macht. Negativ ist immer das, was es erlaubt, auf Distanz zu gehen, eine Art reflexiver, reflektierender Einstellung zu haben" (Luhmann 2005, S. 265) *Auf diese Leitdifferenz kollektive Information/keine kollektive Information bezieht sich jede Operation des Systems Öffentlichkeit.*

Aus dem Leitwert kollektive Information lassen sich für das Verständnis der Öffentlichkeit erste Klärungen ableiten:

- Für den *Informationsbegriff* schließen wir uns dem Verständnis an, welches ihn auffasst als Unterscheidung, die einen Unterschied macht (vgl. Bateson 1985,

S. 582). Schon auf dieser Abstraktionsebene zeigt sich die *praktische* Konsequenz, dass eine Mitteilung mit ihrer Wiederholung ihren Informationswert verliert – sofern es sich um (sich) gleich bleibende Adressaten handelt, denn sie ‚haben' bereits ‚ihre' Information. Daraus erwächst der Druck, Neuigkeiten zu verbreiten, für alle, die regelmäßige öffentliche Mitteilungen machen. Je kürzer der Publikationsrhythmus, desto mehr Neuigkeit muss produziert werden. Es muss Neuigkeiten geben, *weil* veröffentlicht werden muss. Das hat nur unter gesellschaftlichen Voraussetzungen Sinn, die diesem inflationären Neuigkeitsbedarf in die Hände spielen. Genau das tut erstens die „Entscheidungsgesellschaft" (Schimank 2005) mit ihren Organisationen und Personen, welche hin und her gerissen sind zwischen der Freiheit und dem Zwang zu entscheiden. Öffentliche Mitteilungen, keineswegs alle, bedienen Informationsbedürfnisse der Publika, die auf dem Laufenden sein wollen, weil sie jederzeit damit rechnen, Entscheidungen treffen zu müssen beziehungsweise von Entscheidungen anderer betroffen zu sein. Zum Zweiten ist es die „Erlebnisgesellschaft" (Schulze 1992), die Überraschungs- und Neuigkeitswerte sucht. Und drittens sind es die sich ausbreitenden Märkte, welche ihre Angebote als Neuigkeiten präsentieren müssen.

- Das an der Öffentlichkeit immer wieder beobachtete Unberechenbare und Überraschende hat darin seine Wurzel, dass keine Mitteilung an alle sich dessen sicher sein kann, ob eine und welche kollektive Information daraus erwächst. Diese Unsicherheit gilt prinzipiell für jede Mitteilung. Darin liegt in der Absenderperspektive ein Problem, denn es herrscht Unklarheit, wie es nach der Mitteilung weitergeht. Für die Kommunikation und deren Fortsetzbarkeit ist es eine Lösung, denn die Autonomie des Verstehens erhöht die Wahrscheinlichkeit, dass es (irgendwie) weitergeht. Wäre Eindeutigkeit zwischen Absender und Rezipienten Bedingung der Möglichkeit für Anschlusskommunikation, könnten nur Gleichgesinnte miteinander kommunizieren und Missverständnisse müssten zum Abbruch der Kommunikation führen. Anders als der Alltagswunsch nach klaren und eindeutigen Begriffen annimmt, liegt darin nicht nur eine Erleichterung im Einzelfall, sondern auch eine Behinderung im Normalfall kommunikativen Handelns.

Trotzdem bleibt noch einmal festzuhalten, dass für die Akteure öffentlicher Kommunikation hier ein fundamentales Problem vorliegt, denn die kollektive Information kann nur als operative Fiktion unterstellt, nicht aber in konkreter Gestalt vorgezeigt werden. Was in der Kommunikation immer schon angelegt ist, dass nämlich weder die Information, aus der sich die Mitteilung speist, noch die Information, die Rezipienten gewinnen, beobachtbar sind, dass nur die Handlungen, dass nur das Mitteilungshandeln und das Rezeptionshandeln sicht-

2.2 Funktion, Code und Leitwert der Öffentlichkeit

bar sind, wirkt sich in der öffentlichen, der Kommunikation unter Abwesenden massiv aus. Die Kommunikation unter Anwesenden hat weit bessere Kontrollmöglichkeiten, insbesondere kann sie direkt beobachten, ob überhaupt rezipiert wurde, und sie kann aus der Antwort Schlüsse ziehen, wie die Mitteilung verstanden wurde. Die Rezeption der Veröffentlichungen geht in den Informationshaushalt, in das Wissensreservoir des Publikums ein. Kausalzuschreibungen, dass bestimmte Mitteilungen bestimmte Meinungen oder gar ein bestimmtes Verhalten ausgelöst hätten, müssen schon von daher prinzipiell umstritten bleiben. Schwierigkeiten, sich auf „die öffentliche Meinung" zu berufen, sind von daher nicht zufällig ein Dauerzustand.

- Logischerweise waren Veröffentlichungen in den langen historischen Phasen stratifizierter Gesellschaften das Exklusivrecht der Herrschaft. Nur Thron und Altar durften Mitteilungen an alle richten. Sie stellten Öffentlichkeit nach ihrem Bedarf her. Alle anderen Veröffentlichungen unterlagen, sobald die Medientechnik größere Reichweiten erlaubte, der Zensur. Wie beispielsweise Kunst und Wissenschaft war auch die Öffentlichkeit nicht ‚frei'.
- Die funktionale Differenzierung der Gesellschaft schafft nun völlig andere, weitaus kompliziertere Verhältnisse. Sobald funktionale Differenzierung einen gewissen Reifegrad erreicht hat, bezieht sich nicht nur die Politik als anerkannte Erbin der Herrschaftsfunktion kollektiv verbindlichen Entscheidens auf die Gesamtgesellschaft, auch jedes andere Funktionssystem ist für die Gesellschaft als Ganze zuständig und dies – für seine Funktion – exklusiv. Wissenschaft, Wirtschaft, Recht etc. und eben auch Öffentlichkeit wenden sich wie die Politik mit ihren Operationen im Prinzip an die Gesamtgesellschaft, an jede Person und jede Organisation. Zu den Konsequenzen gehört, dass jeder Akteur mit jedem Thema mit dem Anspruch auftreten kann, einen Beitrag zur kollektiven Information leisten zu wollen. Die notwendige Kehrseite dieser Freigabe ist es, dass auch der Umgang mit den Informationen frei gegeben wird, also Zustimmung nicht verlangt werden kann. Die kollektiven Informationen des Öffentlichkeitssystems bekommen den Charakter der Unverbindlichkeit in dem Sinn, dass die Rezipienten frei im Umgang mit ihnen sind.
- Die Autonomie der gesamtgesellschaftlichen Öffentlichkeit als ein Resultat ihrer Ausdifferenzierung als Funktionssystem zeigt und bewährt sich darin, dass sie die kollektive Information als Eigenwert ausbildet – unabhängig von den Wertorientierungen anderer Funktionssysteme, also unabhängig von der Frage, ob die Veröffentlichung bzw. die Nicht-Veröffentlichung der Wahrheit, der Macht, dem Geld etc. dient.

- Mit Hilfe des Öffentlichkeitssystems informiert sich die moderne Gesellschaft über sich selbst. Mitteilungen des Öffentlichkeitssystems müssen in einem kommunikativen Sinn selbstverständlich, zumindest leicht verständlich sein. Regelmäßig erhobene Rufe nach einer „Gegenöffentlichkeit", die andere Diskurslinien eröffnen und andere Deutungsmuster anbieten soll, müssen vor diesem Hintergrund mit ebenso regelmäßigen Enttäuschungen rechnen – solange die neue Sinnstiftung in den Interaktionen und Organisationen noch nicht Platz gegriffen hat.

Das Erfolgsmedium
Im Öffentlichkeitssystem, sagt unsere Analyse, werden Mitteilungen an alle publiziert, die wahrgenommen und als kollektive Informationen verstanden werden. Die Publika, an welche diese Mitteilungen adressiert sind, werden in wissenschaftlichen Beschreibungen der (modernen) Öffentlichkeit generell als unbekannt, unabgeschlossen und unabhängig (vgl. Peters 2007, S. 55 ff.) charakterisiert. Daraus resultieren für die Mitteilungen an alle besondere Anforderungen: Weder machtgetragen, noch geldgesponsert, noch wahrheitsgestützt, noch liebesbeflügelt, adressiert an unbekannte Publika, die mit anderem beschäftigt sind, garantiert der Mitteilung an alle nicht, dass sie Aufmerksamkeit findet. Den Erfolgsfaktor, das Erfolgsmedium bzw. in Luhmanns Diktion das symbolisch generalisierte Kommunikationsmedium, an dem alles hängt, identifizieren wir als *Aufmerksamkeit*. „Mit Hilfe der Insitutionalisierung symbolisch generalisierter Kommunikationsmedien kann also die Schwelle der Nichtakzeptanz von Kommunikation, die sehr naheliegt, wenn die Kommunikation über den Bereich der Interaktion unter Anwesenden hinausgreift, hinausgeschoben werden." (Luhmann 1997, S. 204) Erfolgsmedien wie Geld, Macht, Wahrheit oder eben Aufmerksamkeit koppeln an beide Seiten des kommunikativen Handelns an, sowohl auf der Absender- wie auf der Adressatenseite. Die Mitteilung wie das Verstehen müssen im jeweiligen Erfolgsmedium funktionieren.

Öffentliche Kommunikation zeichnet sich dadurch aus, dass das Gewinnen (aus der Absender-) und das Schenken (aus der Adressenperspektive) von Aufmerksamkeit als ihre entscheidende Erfolgsbedingung gelten muss. Ohne Zweifel hat jede Mitteilung, soll sie als Kommunikation funktionieren, Aufmerksamkeit zu generieren. Mehr noch, es gibt auch keine Wahrnehmung ohne Aufmerksamkeit, so dass wir es, wie beim Begriff des Verstehens und des Sinns, sowohl mit einer psychischen als auch mit einer sozialen Kategorie zu tun haben. Im Kontext Öffentlichkeit liegt hier der entscheidende Punkt: Für Mitteilungen an alle stellt Aufmerksamkeit eine besondere Herausforderung dar, weil es sich um Mitteilungen an Abwesende handelt, die gleichzeitig in ihren unterschiedlichen Rollen auch

2.2 Funktion, Code und Leitwert der Öffentlichkeit

von vielen anderen ‚angesprochen' werden. Jedes Funktionssystem beansprucht gesamtgesellschaftliche Zuständigkeit, so dass die Einzelnen als Kunden der Wirtschaft, als Bürger der Politik, als Freunde der Kunst, als Gläubige der Religion etc. adressiert werden. Aufmerksamkeit wird dadurch zu einem knappen Gut. Sie zu bekommen, wird zum entscheidenden Erfolgskriterium.

Wie im Fall der Leitdifferenz lassen sich auch für das Erfolgsmedium einige allgemeine Konsequenzen anführen, die den Blick auf das Öffentlichkeitssystem schärfen. Das Thema Aufmerksamkeit hat Wissenschaftler ganz unterschiedlicher Disziplinen beschäftigt. Konsens besteht darin, dass Aufmerksamkeit ein mehrstufiger Prozess ist, „bei dem ausgehend von einem begrenzten energetischen Vorrat Ressourcen fokussiert einem Objekt bzw. verteilt mehreren Objekten des Wahrnehmungsfeldes zugewiesen und anderen entzogen werden" (Wirth 2001, S. 82). Konsens ist ebenfalls, dass die Hinwendung sowohl von der Beschaffenheit eines externen Reizes als auch von den internen Annahmen, Motiven, Emotionen und dem habitualisierten Medienverhalten einer Person beeinflusst werden (vgl. Schweiger 2007, S. 137).

Schon in der Frage nach dem Zeitpunkt der Selektion gibt es hingegen unterschiedliche Ansätze: „Wieviel Information ist nötig, um die Relevanz eines Stimulus einzuschätzen und somit eine sinnvolle Entscheidung zu treffen?" (Eilders 1997, S. 89) Eilders (1997) unterscheidet hier zwischen der frühen und der späten Selektion. Während in der frühen Selektion der Aufmerksamkeitsfilter unmittelbar hinter dem sensorischen Speicher, also hinter dem ersten Verarbeitungsschritt wirksam wird, geht man in den Studien von der späten Selektion davon aus, dass zunächst alle eingehenden „Störungen" entschlüsselt werden.

In der modernen Öffentlichkeit geht es um einen „Aufmerksamkeitswettbewerb" (Bolz 2007, S. 26), korrekter müsste man sagen um einen Aufmerksamkeitserregungswettbewerb, in dem der Mensch der „Flaschenhals der Weltkommunikation" ist (Bolz 2007, S. 22). Ihren Höhepunkt erreichte die Diskussion mit Georg Francks „Aufmerksamkeitsökonomie" (2007), in der die Knappheit von Aufmerksamkeit wichtiger ist als die des Geldes. Von Beginn an war es ein Allgemeinplatz, dass Aufmerksamkeit nur über Abgrenzung bzw. einen Unterschied funktionieren kann. Ein solches allgemeines Verständnis knüpft an Batesons Informationsbegriff an und sieht als Ausgangspunkt etwas, das „aus der Reihe springt" (Waldenfels 2004, S. 33). Es muss also mit etwas Gewohntem, Erwartetem gebrochen werden – in welcher Form auch immer. Daher ist die Unterscheidung von Werber (1998) einfach wie plausibel, Aufmerksamkeit als Differenz von Varietät und Redundanz zu verstehen. Aufmerksamkeit braucht immer beide Seiten der Unterscheidung. Das Neue gebrauchet die Folie des Vertrauten, um Aufmerksamkeit zu schaffen. Und wenn es wiederholt wird bzw. wenn man etwas zum zweiten Mal wahrnimmt, fällt es allein deshalb auf, weil Wiederholungen in der Natur in der Regel nicht vorkommen – es hebt sich also von zufälligen und natürlichen Einmalereignissen ab. Wenn es sich aber zu häufig ohne Veränderung wiederholt, treten wiederum Gewöhnungseffekte ein und die Aufmerksamkeit nimmt wieder ab. (Vgl. Werber 1998) Der Kampf um Aufmerksamkeit ist also der Umgang bzw. das Management der Grenze von Redundanz und Varietät. Zu wenig Varietät kann zu Langeweile führen, zu viel Varietät kann aber den Rezipienten überfordern – es wird nicht „verstanden". Es ist also ein Missverständnis, davon auszugehen, dass zum Beispiel Werbung immer lauter und extremer werden müsse. Vielmehr geht es um den wohlkalkulierten kleinen Grenzübertritt hin zur Seite des Neuen. Und das gerade noch Neue findet sich wenig später auf der Seite der Redundanz wieder. Wir werden sehen, dass diese permanenten Gratwanderungen sich für die unterschiedlichen Programmformate der Öffentlichkeit jeweils spezifisch ausprägen.

2.3 Leistungsebene und Binnendifferenzierung

Wir kommen zurück auf den Unterschied zwischen Funktion und Leistung. Er markiert im Verhältnis zwischen Gesamtsystem und Teilsystem einen Wechsel der Beobachterperspektive. „Aus rein logischen Gründen sind drei Möglichkeiten gegeben, nämlich 1) die Beobachtung des Gesamtsystems, dem das Teilsystem angehört, 2) die Beobachtung anderer Teilsysteme in der gesellschaftsinternen (oder auch: anderer Systeme in der externen) Umwelt, und 3) die Beobachtung des Teilsystems durch sich selbst (Selbstbeobachtung). Um diese verschiedenen Systemreferenzen unterscheiden zu können, wollen wir die Beobachtung des Gesamtsystems *Funktion*, die Beobachtung anderer Systeme *Leistung* und die Beobachtung des eigenen Systems *Reflexion* nennen." (Luhmann 1997, S. 757)

Jede der drei Perspektiven kann wiederum wissenschaftlich beobachtet und beschrieben werden. Unsere Beschreibung des Öffentlichkeitssystems wechselt an dieser Stelle von der Funktions- auf die Leistungsebene, nimmt also zusätzlich das Verhältnis zur Umwelt in den Blick. Das Bindeglied zwischen dem (selbstreferentiellen) Code und den (fremdreferentiellen) Leistungen nennt Luhmann Programm. Über seine Programme entscheidet jedes System selbst. Unter dem Aspekt der Selbstreferenz regeln sie „Bedingungen der Richtigkeit" (Luhmann 1987b, S. 432) für die Anwendung der Leitdifferenz. Sie liefern also die Kriterien, welche es dem System erlauben, im konkreten Fall eine Operation dem Positivoder dem Negativwert zuzurechnen. Unter dem Aspekt der Fremdreferenz sagen Programme aus, wie das System mit den Erwartungen seiner Umwelt umzugehen beabsichtigt. „Programme haben mithin die Doppelfunktion, Entscheidungs- und

2.3 Leistungsebene und Binnendifferenzierung

Erwartungshilfen zu geben." (Luhmann 1987a, S. 88). Diese Doppelgesichtigkeit des Programms, die der System/Umwelt-Differenz Rechnung trägt, macht es zu einer notwendigen Ergänzung des Codes, zu dem es „keine hierarchische, sondern eine komplementäre Beziehung (Luhmann 1992, S. 401) hat. Ein Beispiel für Programme sind die Themen der Kommunikation. Jeder Beitrag muss sich *in* der Kommunikation mit Blick auf das gewählte Thema bewähren. Zugleich sichert die Wahl des Themas die Anschlussfähigkeit an die Umwelt, denn sie macht die Kommunikation zu einer Kommunikation *über* etwas.

Dauerhafte Leistungen eines Systems für seine Umwelt schlagen sich in dessen Binnendifferenzierung nieder. Für das politische System beispielsweise entwickelt Luhmann die primäre Binnendifferenzierung an den Unterschieden zwischen den Prozessen der Erzeugung (Politik) und der Anwendung (Verwaltung) kollektiv verbindlicher Entscheidungen sowie – im Fall politischer Demokratie – der Anbindung beider Prozesse via Wahlen bzw. via Einflussversuchen (z. B. Lobbyismus) an das Publikum. Aufschlussreich ist, dass diese Binnendifferenzierung des politischen Systems in Politik, Verwaltung und Publikum anhand des Prozesses kollektiv verbindlichen Entscheidens und dessen Umweltbezügen vorgenommen wird.

Luhmann hat darauf verzichtet, die Binnendifferenzierung des Öffentlichkeitssystems, das er als massenmediales System bezeichnet, zu begründen. „Ohne Absicht auf seine systematische Deduktion und Begründung einer geschlossenen Typologie unterscheiden wir rein induktiv: Nachrichten und Berichte, Werbung und Unterhaltung." (Luhmann 1996, S. 51) Und er betont zusätzlich, „von Programmbereichen (und nicht von Subsystemen) sprechen" (Luhmann 1996, S. 51) zu wollen.

Die Aufgabe bleibt, für die primäre Binnendifferenzierung des Öffentlichkeitssystems ähnlich wie im Fall des Politiksystems eine systematisch begründbare Möglichkeit zu finden. Sie muss einerseits selbstreferentiell sein, also an die Leitdifferenz der kollektiven Information anschließen, und andererseits fremdreferentiell, mithin auf den Umweltbezügen der Information fußen. Dabei können wir prinzipiell davon ausgehen, dass sich die Kommunikation über die Information auf die Umwelt bezieht, dass ihr Umwelt „nur als Information zugänglich" (Luhmann 1987b, S. 239) ist, die Information zugleich aber vom System, nicht von der Umwelt erzeugt wird.

Versucht man, die Umwelten zu definieren, an welche Kommunikation via Information strukturell gekoppelt ist, dann drängen sich drei Kandidaten in den Vordergrund: die beiden Adressen, also Absender und Rezipient, sowie das Thema. So sehr prinzipiell gilt, dass stets jede der drei Umwelten ‚im Spiel' ist, so macht es doch für die Kommunikation im konkreten Fall einen Unterschied,

Tab. 2.1 Formen öffentlicher Kommunikation

Fokus auf: Ergänzt durch...	Absender: Strategie	Thema: Ereignis	Rezipient: Erlebnis
Absender: **Strategische Kommunikation**	*Feld I:* Agitation, Propaganda	*Feld IV:* Hohe Meinungs-, Kampagnen-Anteile der Berichterstattung	*Feld VII:* Popularisierung (z. B. Polit-Feste, Politik im Bierzelt)
Thema: **Ereignisorientierte Kommunikation**	*Feld II:* Öffentlichkeitsarbeit	*Feld V:* Nachrichten- und Informationsjournalismus	*Feld VIII:* Satire, Kabarett
Rezipient: **Erlebnisorientierte Kommunikation**	*Feld III:* Werbung	*Feld VI:* Infotainment, Boulevardisierung	*Feld IX:* Show, Comedy

- ob sie primär auf durchzusetzende Zwecke des Absenders (oder auch des Adressaten) zielt,
- oder auf die Mitteilung als Beitrag zu einem Thema
- oder auf das Erleben des Adressaten (oder auch des Absenders).

Auch die Interaktion, die Kommunikation zwischen Anwesenden, kennt solche Führungswechsel. Peter Fuchs hat den Führungswechsel, bezogen auf die drei Komponenten der Kommunikation selbst, operatives Displacement (vgl. Fuchs 1993) genannt. Die Schwerpunktverlagerungen des Umweltbezugs lassen sich auch als Akzentverlagerungen zwischen Information, Mitteilung und Verstehen beschreiben.

Zusammengefasst kann für die Programmstruktur des Öffentlichkeitssystems festgehalten werden: Für die kollektive Information macht es einen programmbildenden und die Binnenstruktur des Öffentlichkeitssystems prägenden Unterschied, ob die Grundorientierung der Information auf ein mitgeteiltes *aktuelles Ereignis* gerichtet ist oder *strategisch auf einen Zweck* des Absenders (beziehungsweise des Adressaten) oder *unterhaltend auf das Erleben* des Rezipienten (bzw. des Absenders). Zur Erinnerung: Es handelt sich bei der kollektiven Information als Leitdifferenz des Öffentlichkeitssystems um die vom Verstehen erst noch zu gewinnende Information. Deshalb muss berücksichtigt werden, dass man auch strategisch verstehen kann, nicht nur strategisch mitteilen; dass nicht nur das Erleben des Adressaten, sondern auch das Erleben des Absenders („Selbst-Unterhalter"), die Führung übernehmen kann.

Aktuelles Ereignis, strategisch verfolgter Zweck, unterhaltsames Erlebnis bilden die drei Programmtypen des Öffentlichkeitssystems. Jeder Typ differenziert sich in sich weiter aus und jeder ist zugleich Umwelt für die beiden anderen innerhalb des Öffentlichkeitssystems. Wie sich diese Programmstruktur empirisch niederschlägt, ob sich eigene Leistungssysteme etablieren, welche Leistungen nur episodisch bleiben, lässt sich auf diesem Abstraktionsniveau nicht beantworten. Dazu muss später die Organisationsebene mitberücksichtigt werden.

Die Analyse der Funktionsprogramme kann jedoch noch um eine Konkretisierungsstufe vorangetrieben werden (vgl. Tab. 2.1). Dafür ist es zunächst wichtig festzuhalten, dass jede kollektive Mitteilung jederzeit auf jede der drei Orientierungen hin beobachtbar ist. Aber zugleich lassen sich Führungs- und Mischungsverhältnisse ausmachen, die sich dauerhaft reproduzieren und als eigene Programmformate etablieren. Wenn wir die analytisch erschlossenen Programmtypen zueinander in Beziehung setzen, dann lassen sich in einer Kreuztabelle die folgenden Zuschreibungen vornehmen. Es zeigt sich, dass sich auf diese Weise wichtige Formen bzw. Formate der real existierenden Programmvielfalt erschließen.

Um die Spalten der Tabelle zu bezeichnen, stehen wir vor dem Problem, dass sich das Vokabular, das diese Programmformate beschreibt, nicht nur umgangssprachlich, sondern auch wissenschaftlich in einem weitgehend unaufgeräumten Bedeutungs-Haushalt befindet. Es handelt sich in der Mehrzahl um Bezeichnungen, die in ganz unterschiedlichen Kontexten gebräuchlich sind. Auf den ersten Blick wird praktisch jeder Leser eine andere Vorstellung damit verbinden. Der allgemeine Grund ist klar: Es existieren verschiedene Ordnungssysteme nebeneinander. Wir haben jetzt noch ein weiteres hinzugefügt und orientieren an diesem unseren Sprachgebrauch, den wir im Argumentationsverlauf genauer erläutern werden.

2.4 Die vier Leistungssysteme der Öffentlichkeit

Die programmbildende Differenzierung des Öffentlichkeitssystems haben wir daran festgemacht, ob die kollektive Information auf das mitgeteilte *(aktuelle) Ereignis, strategisch auf einen Zweck* des Absenders (beziehungsweise des Adressaten) oder *unterhaltend auf das Erleben* des Rezipienten (bzw. des Absenders) gerichtet ist. Öffentliche Kommunikation in Interaktionen kann sich in jeder der in Tab. 2.1 aufgeführten Formen ereignen: Ein Landwirt kann dem Kunden auf dem Wochenmarkt die angebotenen Kartoffeln anpreisen (Feld III), ein Nachbar kann dem anderen sachlich über ein politisches Ereignis berichten (Feld V) oder er erzählt ihm einen Witz (Feld IX). Die genannten Beispiele dürfen also nicht so missverstanden werden, dass manche Formen öffentlicher Kommunikation nur in spezifischen Organisationen zu beobachten sind.

Gleichwohl haben in der Öffentlichkeit wie in allen Funktionssystemen weitere Binnendifferenzierungen zur Ausdifferenzierung von Publikums- und Leistungsrollen geführt (vgl. Stichweh 2005; Gerhards 2001). Während bei der Kommunikation *au trottoir* Sprecher- und Publikumsrolle wenig formalisiert sind und laufend wechseln können, kann die Ausbildung von Leistungs- und Publikumsrollen zu einer Asymmetrie führen: Bestimmte Teilnehmer sind nur als Adressaten von Kommunikation vorgesehen (vgl. Stichweh 2008, S. 336). Beispiele für Leistungsrollen bzw. -systeme sind im Rechtssystem z. B. Richter bzw. Gerichte, in der Medizin Ärzte und in der Wirtschaft Unternehmer. Eine solche Asymmetrie ist umso mehr institutionalisiert, je mehr die Leistungsrollen als Berufsrollen definiert werden und das Verhältnis von Leistungs- und Komplementärrollen als Professionellen/Klienten-Verhältnis institutionalisiert ist (vgl. Stichweh 2008, S. 336).

Wir erkennen in der Öffentlichkeit vier Leistungssysteme: Journalismus, Werbung, Öffentlichkeitsarbeit und Unterhaltung. Dass sich im Programmbereich strategische Veröffentlichungen zwei unterschiedliche Leistungssysteme herausgebildet haben, dürfte ein Hinweis darauf sein, wie folgenreich die öffentliche Präsenz und das öffentliche Bild für Organisationen und Personen in der modernen Gesellschaft geworden sind. Diese große Bedeutung des Strategischen zeigt sich auch daran, dass es zur Herausforderung wird, die Unabhängigkeit des Journalismus vor strategischen Einflüssen zu schützen und das Vergnügen an der Unterhaltung gegen strategische Infiltration zu bewahren.

Alle vier Leistungssysteme veröffentlichen kollektive Mitteilungen – operieren also mit demselben Code und im selben Erfolgsmedium, der Aufmerksamkeit. Der zentrale Unterschied zwischen ihnen ist in der unterschiedlichen Programmierung des Codewertes zu finden. In der Unterhaltung wird etwas nach ganz anderen Kriterien als kollektive Information „ausgeflaggt" als im Journalismus oder in der Öffentlichkeitsarbeit. Die Identität eines Leistungssystems und zugleich die Unterschiede *zwischen* den Leistungssystemen sind mithin auf der Programmebene zu finden. Diese sollen im folgenden Hauptkapitel näher erläutert werden, wenn die vier Leistungssysteme skizziert werden.

Die Einteilung in vier Leistungssysteme ist plausibel zu begründen, weil für sie nennenswerte Ausdifferenzierungsprozesse entweder zu eigenen Organisationen oder innerhalb von Organisationen zu beobachten sind. Gleichwohl bleibt sie im konkreten Fall kontingent. Während wir z. B. vor allem die journalistischen Gemeinsamkeiten zwischen Meinungs-, Nachrichten- und Boulevardjournalismus sehen, könnte man auch zu der Einschätzung kommen, Boulevardjournalismus als eigenes Leistungssystem zu klassifizieren und mithin vor allem die Unterschiede zum Nachrichtenjournalismus zu betonen.

2.5 Öffentlichkeitsorganisationen als Medienorganisationen

Die oben erläuterten Leistungssysteme der Öffentlichkeit sind empirisch allesamt nur innerhalb von Organisationen anzutreffen. Es wird schnell offenkundig, dass es in solchen Organisationen neben Kommunikationen des Funktionssystems Öffentlichkeit – seien es journalistische, unterhaltende, werbliche oder Öffentlichkeitsarbeit – auch andere gibt. Mindestens gilt dies für Wirtschaftskommunikationen, denn „Organisation ist nur möglich, weil Geld zur Verfügung steht" (Luhmann 1996, S. 321). Viele weitere werden anzutreffen sein: politische Kommunikation bei Parteien, Wissenschaftskommunikation im Falle von Hochschulen etc. Hier wird deutlich, dass sich in Organisationen als „Multireferenten" (Wehrsig und Tacke 1992, S. 234) eine Vielzahl gesellschaftlicher Logiken findet. Eine Voll-Inklusion einer Organisation in ein Funktionssystem ist also nicht vorstellbar. Wenn wir gleichwohl von Öffentlichkeitsorganisationen sprechen, ist dies begründungsbedürftig.

Als Öffentlichkeitsorganisationen wollen wir solche Organisationen bezeichnen, deren Mitglieder hauptsächlich damit beschäftigt sind, Informationsangebote für die Öffentlichkeit zu erstellen. Dies sind „klassische" journalistische Medienorganisationen wie Tageszeitungen oder unterhaltungszentrierte private TV-Sender ebenso wie Werbeagenturen. Nicht als Öffentlichkeitsorganisationen bezeichnen wir z. B. große Konzerne wie Auto-Hersteller, die zwar über große Selbstdarstellungsabteilungen verfügen, die aber schon quantitativ deutlich gegenüber anderen Bereichen zurücktreten. Die Beispiele machen zweierlei deutlich: Erstens sind auch Öffentlichkeitsorganisationen an den Wirtschaftskreislauf angeschlossen – dies gilt auch für öffentlich-rechtliche Sender. Zweitens gibt es Grenzfälle, bei denen zu diskutieren wäre, ob sie noch plausibel als Öffentlichkeitsorganisation zu bezeichnen sind oder ob sich ihre Entscheidungen primär wirtschaftlich, also an der Differenz zahlen/nicht zahlen festmachen. So sind bei Verlagen wie *Burda* und *Springer* als einstmals klassischen Öffentlichkeitsorganisationen zunehmend mehr Mitarbeiter im Online-Handel tätig.

Zu diskutieren wäre hier sicherlich, ob man den gesamten *Springer*- und *Burda*-Konzern als Organisation betrachtet oder nicht eher die Ebene von einzelnen Zeitschriften oder Online-Auftritten. Im Gegensatz zu Altmeppen (2006, S. 11–22), der Journalismus und Medien als zwei eigene Organisationen betrachtet, verorten wir redaktionelle und wirtschaftliche Bereiche jedoch immer als Bestandteile *einer* Öffentlichkeitsorganisation. Zu einer Tageszeitungsorganisation gehören in unserem Verständnis die Redaktion ebenso wie die Geschäftsführung, die Anzeigenabteilung oder die Produktion und der Vertrieb.

Spätestens seit Habermas' Strukturwandel der Öffentlichkeit stellt sich hier die Frage, wie autonom z. B. in Zeitungsverlagen Journalismus betrieben wird. Oder anders formuliert: Wie plausibel ist unsere These autonomer Leistungssysteme der Öffentlichkeit, wenn Werbung z. B. Absatzprobleme lösen soll, wenn Soap Operas nur deshalb entstanden sind, um mit einem entsprechenden Unterhaltungsprogramm die richtigen Zielgruppen im richtigen Umfeld zu gewinnen, und wenn der Zeitschriftenumfang von der Zahl der Werbebuchungen abhängt.

Diese Beziehungen werden vielfach als Ko-Orientierung und gegenseitige Abhängigkeit bezeichnet (Altmeppen 2006). So sind in einer Tageszeitung Redaktion und die wirtschaftlichen Bereiche dadurch miteinander verbunden, weil der Journalismus die Kernkompetenz der Produktion von Inhalten hat, während er auf die Distributionsleistung seiner Inhalte angewiesen ist. Beide Felder sind abhängig von den wechselseitigen Leistungen (vgl. Altmeppen 2006, S. 201–208). Der Wechselkurs sind hier Quoten und Auflagen, „anhand dessen der publizistische Erfolg in Geld umgerechnet wird, und der jeweilige Wechselkurs hat unmittelbar Folgen für die journalistischen Organisationen, denn: Gleichbleibende oder steigende Quoten/Auflagen stabilisieren, sinkende Quoten/Auflagen destabilisieren die Ressourcen der journalistischen Organisationen" (Altmeppen 2000, S. 236).

Der ökonomische Einfluss kann sich entweder „nur" auf die Frage der Ressourcen beziehen – wenn z. B. jährlich die Redaktionsbudgets verhandelt werden oder gar Redaktionen zusammengelegt werden (Altmeppen 2000, S. 238). So skizziert Altmeppen das Beispiel von Chefredakteuren mehrerer Zeitungen, die ein Konzept für einen gemeinsamen Mantelteil entwickelten. Beauftragt wurden sie hierzu aber von den Geschäftsführern der Verlage, um die Wirtschaftlichkeit zu verbessern (vgl. Altmeppen 2006, S. 206 f.). Oder die ökonomischen Fragen beeinflussen Veröffentlichungsentscheidungen direkt, wenn publizistische Konzepte aufgrund ihrer Erfolglosigkeit revidiert oder modifiziert werden (z. B. Formatjournalismus privatkommerzieller Hörfunksender; vgl. Altmeppen 2000, S. 238).

Aus diesen Überlegungen zum Journalismus lässt sich auch das Spannungsverhältnis auch der anderen Leistungssysteme ableiten:

- *Dominanz ökonomischer Grundsatzentscheidungen:* Wenn ein Verlag eine neue Zeitschrift herausgibt, hängt dies vor allem von den Wirtschaftlichkeitserwartungen ab. Ohne einen „Business Plan" hat es wohl schon lange kein journalistisches Produkt mehr gegeben, das sich refinanzieren soll. Grundsatzfragen des „Ob" und des „Wie" werden daher insbesondere mit Blick auf die Wirtschaftlichkeit und damit ökonomisch entschieden. Mit Rühl kann dies als vorentschiedene Entscheidung bezeichnet werden (Rühl 1980). Dies sind Entscheidungen, die von Organisationen getroffen werden, um Strukturen und Ressourcen für Veröffentlichungsentscheidungen herzustellen; z. B. Ziele, Verfahrensregeln,

Arbeitsprogramme etc. (vgl. Altmeppen 2000, S. 233). Ebenso ist dies in der Regel in der Werbung und in der Öffentlichkeitsarbeit: Ob ein Unternehmen überhaupt für ein Produkt wirbt und ob es sich überhaupt an einer öffentlichen Diskussion z. B. zum Arbeitsrecht beteiligt, wird ökonomisch – analog dazu z. B. in Parteien politisch – entschieden.

- *Autonomie der Leistungssysteme:* Wenn aber erst einmal eine Redaktion eingerichtet ist bzw. im Falle der Werbung bzw. der Öffentlichkeitsarbeit die Entscheidung für eine Kampagne gefallen ist, sind sie autonom. Journalismus ‚kann' nur Journalismus und Öffentlichkeitsarbeit ‚kann' nur Öffentlichkeitsarbeit. Ökonomische Fragen werden zwar nicht plötzlich ganz und gar unwichtig – sie beeinflussen Veröffentlichungsentscheidungen dann aber nur mehr auf der jeweiligen Strukturebene.

2.6 Die Verbreitungsmedien der Öffentlichkeit

Für die Öffentlichkeit muss es einen Unterschied machen, ob Journalismus, Unterhaltung, Öffentlichkeitsarbeit und Werbung mittels Druckerzeugnissen, TV oder Onlinekommunikation publizieren. Die Frage lautet dann: Sind dies eher graduelle oder aber paradigmatische Unterschiede? Eine Analyse der Öffentlichkeit kommt ohne einen Bezug zu ihren Verbreitungsmedien nicht aus. Wir wollen in diesem Kapitel versuchen, die Relevanz der technischen Verbreitungsmedien für die Evolution der Öffentlichkeit zu skizzieren.

Wenn wir uns auf technische Verbreitungsmedien konzentrieren, dann lassen wir andere Medienkonzeptionen von Luhmann außen vor (vgl. Luhmann 1987b, S. 220–222). Dies ist einerseits die Sprache, die das Problem löst, dass jemand überhaupt versteht, was ein anderer meint. Andererseits die symbolisch generalisierten Kommunikationsmedien bzw. Erfolgsmedien, die das Problem lösen, dass Kommunikation auch angenommen wird – als Erfolgsmedium des Öffentlichkeitssystem haben wir oben die Aufmerksamkeit vorgeschlagen. Technische Verbreitungsmedien lösen das Problem, dass mit einer Kommunikation mehr Personen erreicht werden, als in einer konkreten Situation anwesend sind. Dazu zählen Schrift, der Buchdruck sowie elektronische Medien wie Radio, TV und die Onlinekommunikation.

Massenmedien als besonderer Typus technischer Verbreitungsmedien, die nicht auf eine Interaktion von Sender und Empfänger angewiesen sind (Luhmann 1996, S. 11), hat Luhmann wie beschrieben selbst als Funktionssystem modelliert. So plausibel die oben geäußerte Kritik daran ist, so drängt sich der Eindruck auf, dass die deutschsprachige Kommunikationswissenschaft – und hier insbesondere die systemtheoretisch argumentierende – seit ihrer berechtigten Kritik an Luhmanns Vorschlag „das Kind mit dem Bade" ausgeschüttet und den Begriff der Massenmedien zum Relikt erklärt hat.

Das sehen wir anders, weil – zunächst periodisch, später dank Funk, heute aufgrund der Onlinemedien – kontinuierlich publizierende Massenmedien die zentrale Umweltbedingung dafür sind, dass Öffentlichkeit auf Dauer gestellt wird. Vormoderne Öffentlichkeiten waren, wenn man das so sagen kann, zersplittert in situationistische Systeme. Sie bildeten vielfältige Ereignisse, deren Ende mit ihrem Anfang vorgezeichnet war: religiöse Feiern, Gerichtsverhandlungen, Feste, Proklamationen. Erst die technische Reproduzierbarkeit von Massenmedien macht Organisationen sinnvoll, die sich auf den Zweck der Veröffentlichung spezialisieren.

Massenmedien passen ideal zur Öffentlichkeit, mit deren Hilfe die Gesellschaft sich über sich selbst informiert und die mit dem Präferenzwert kollektive Informationen operiert. Wie könnte eine kollektive Information – seien es ein journalistischer Bericht zu einem Erdbeben oder eine Werbung zu anstehenden Wahlen – besser distribuiert werden als mittels Massenmedien? Deshalb ist nicht nur die Entwicklung einer Gesellschaft, sondern auch die Entwicklung der Öffentlichkeit ko-evolutiv an ihre technischen Verbreitungsmedien gebunden (vgl. Luhmann 1997, S. 278 ff.). So konnte man in der Bundesrepublik der 1970er und frühen 1980er Jahre relativ verlässlich unterstellen, was andere zu aktuellen politischen Themen wussten. Denn durch das Duopol von *ARD* und *ZDF* war die Wahrscheinlichkeit relativ hoch, dass Alter dieselben Sendungen gesehen hat wie Ego. Aber bereits mit dem Start der privaten TV-Sender änderte sich diese Einheitsfiktion rasant, wenn Ego zunehmend häufiger enttäuscht wird, was Alter (nicht) kennt. Diesen Verlust der gesellschaftlichen Einheitsfiktion hat es folglich nicht erst mit dem Internet gegeben, sondern bereits rund zehn Jahre früher – und die Relevanz des Privat-TVs hierzu scheint bis heute deutlich unterschätzt zu werden.

Wenn man die verschiedenen Formen der Onlinekommunikation hier berücksichtigt und das Internet als Hybridmedium versteht (Höflich 2003), dann können die folgenden Entwicklungen und Gegenentwicklungen beschrieben werden.

In der Zeitdimension wird im Kontext elektronischer Medien vor allem die *zunehmende Schnelligkeit* herausgestellt. Während eine Meldung in einer Tageszeitung erst geschrieben, dann gedruckt und schließlich verteilt werden muss, kann sie bereits im Radio live verlesen werden. Im Internet kommt hinzu, dass auch Schrift schnell distribuiert werden kann. Entsprechend setzen z. B. journalistische Online-Angebote vor allem journalistische Print-Angebote unter zeitlichen Aktualitätsdruck. Diese zunehmende Schnelligkeit öffentlicher Kommunikation, bei der Journalismus und Öffentlichkeitsarbeit zugleich Antreiber und Getriebene sind, dürfte als Gegenentwicklung eine bewusste Verlangsamung bzw. Nachfrage nach *reflektie-*

2.6 Die Verbreitungsmedien der Öffentlichkeit

renden Angeboten gegenüberstehen. Die zunehmende Menge an öffentlichen Kommunikationsangeboten und ihre immer kürzere Halbwertszeit führt nahezu zwangsläufig zur Nachfrage einer reflektierenden und einbettenden Berichterstattung.

Eine zweite Doppelentwicklung in der Zeitdimension ist die von *Flüchtigkeit und Verfügbarkeit öffentlicher Kommunikationsangebote*. Die schiere Menge und die beschriebene Schnelligkeit, mit der öffentliche Angebote durch neue ersetzt werden, führt dazu, dass sie immer flüchtiger werden. Wenn schon früher galt, dass nichts so alt ist wie die Zeitung von gestern, dann dürfte heute gelten, dass nichts so alt ist wie der Online-Aufmacher von vor zwei Stunden. Dem steht die ständige Verfügbarkeit öffentlicher Kommunikationsangebote gegenüber. Wir können heute die Archive vieler journalistischer Angebote ebenso einsehen wie die Presseerklärungen eines Unternehmens aus dem vergangenen Jahrtausend – und sie mit den heutigen Versprechen vergleichen. Uns erscheint hier wichtig, beide Entwicklungen nicht als technikdeterminierte Zwangsläufigkeit zu sehen. Gleichwohl das Internet eine laufende Aktualisierung und eine dauerhafte Speicherung technisch ermöglicht, ist dies nicht alternativlos – wie die Sieben-Tage-Frist der öffentlich-rechtlichen Online-Mediatheken belegt.

In der Sozialdimension erkennen wir ebenfalls zwei Doppelentwicklungen. Zunächst ist dies die Doppelentwicklung von *Globalisierung und Fragmentierung der Publika*. Einerseits hat sich auch die Öffentlichkeit in Teilen durch Kabel- und Satelliten-TV, spätestens aber mit dem Internet globalisiert. Ein in Deutschland lebender Bürger kann nicht nur massenmediale öffentliche Angebote anderer Länder rezipieren, er kann sie z. B. über das Internet auch produzieren. Selbst wenn nationale Öffentlichkeiten noch die Regel sind – dies belegt die Klage über das Fehlen einer europäischen Öffentlichkeit – so laufen die Grenzen längst nicht mehr so klar entlang nationaler Grenzen. Dies geht einher mit einer Globalisierung in der Sachdimension: Während Berichte zu Naturkatastrophen schon immer weltweit relevant waren, dürfte die Zahl globaler Stars und global adressierter Produkte zugenommen haben. Eine Gegenentwicklung ist die Fragmentierung der Publika, die in der Sachdimension untrennbar mit der weiteren Ausdifferenzierung von Themenöffentlichkeiten verbunden sind. Solche Special-Interest-Öffentlichkeiten hat es erst durch entsprechende Zeitschriften gegeben, später folgten einschlägige TV-Sender und Online-Angebote, die immer kleinere Nischen bedienten und zu einer Homogenisierung der jeweiligen Publika geführt haben.

Mit dem Schlagwort der Partizipation wird seit Brechts Radiotheorie (Brecht 1967) auch die Möglichkeit diskutiert, dass Empfänger zu Sendern werden können. Letztlich zielt dies auf eine Durchlässigkeit zwischen Publikums- und Leistungsrollen, die im Internet und hier in den so genannten sozialen Medien ihren vorläufigen Höhepunkt erreicht zu haben scheint. Menschen können hier mit einfachen Mitteln und auf etablierten Plattformen öffentliche Präsenz herstellen und z. B. durch Petitionen für ihre Interessen werben. Die steigende Zahl solcher Graswurzel-Mitteilungen bewirkt vor allem erhöhten Selektionsdruck in der Öffentlichkeit. Ausführlichere Überlegungen zu den Folgen der Digitalisierung finden sich im Kap. 7.

2.7 Funktionssystem Öffentlichkeit vs. Funktionssystemöffentlichkeiten

Wir haben das Funktionssystem Öffentlichkeit und seine Leistungssysteme beschrieben. Die Ausdifferenzierung des Öffentlichkeitssystems hat allerdings nicht dazu geführt, dass es öffentliche Phänomene fortan nur noch in der Öffentlichkeit gegeben hat. Ebenso wie Machtkämpfe auch in der Wissenschaft und in der Wirtschaft sowie Wahrheitsdiskussionen in der Politik und im Rechtssystem zu beobachten sind, gibt es öffentliche Phänomene auch in der Wirtschaft, der Wissenschaft oder der Politik. Da die Grenzgebiete hier mitunter etwas unübersichtlich sind, erscheint es notwendig, die Unterschiede zwischen dem Funktionssystem Öffentlichkeit und Funktionssystemöffentlichkeiten näher zu erläutern.

Kommunikationen des Funktionssystems Öffentlichkeit grenzen sich von ihrer Umwelt durch die Leitdifferenz kollektive Information vs. keine kollektive Information ab.

Öffentlichkeit kann mithilfe der drei Sinndimensionen detaillierter beschrieben werden. In der Zeitdimension reichen Öffentlichkeiten von einer kurzen Interaktion, die nach wenigen Minuten bereits wieder beendet ist, bis hin zu den beschriebenen auf Dauer gestellten massenmedialen Öffentlichkeiten. In der Sozialdimension kann unterschieden werden zwischen einer Kommunikation *au trottoir*, wo sich zwei Menschen z. B. zufällig begegnen und mit der Leitdifferenz der Öffentlichkeit kommunizieren, sowie einer Weltöffentlichkeit, die – als operative Fiktion – alle Menschen einbezieht. Und schließlich kann in der Sachdimension zwischen einer öffentlichen Diskussion z. B. zu politischen und zu Wirtschaftsthemen differenziert werden. Diese können auch als *Sachöffentlichkeiten* bezeichnet werden. Zu diesen Sachöffentlichkeiten zählen z. B. Politik- oder Wirtschafts-Journalismus, in denen die jeweilige Leitdifferenz von Politik und Wirtschaft erst in zweiter Linie relevant ist. Konkret: Der Journalismus berichtet *primär* über ein politisches Ereignis, *weil* er es für aktuell bzw. für eine kollektive Information hält. Bei der Berichterstattung wird er dann *sekundär* auch die Leitdifferenz der Politik Macht haben vs. nicht haben benutzen, um politische Motive und Folgen für die Politik zu beschreiben. Analog dazu berichtet ein Wissenschaftsjournalist über spektakuläre

2.7 Funktionssystem Öffentlichkeit vs. Funktionssystemöffentlichkeiten

Fortschritte in der Krebstherapie, weil dies viele Menschen interessieren könnte, erst in zweiter Linie wird er prüfen (können), inwieweit diese Fortschritte als „wahr" bezeichnet werden können.

Davon zu unterscheiden sind Funktionssystemöffentlichkeiten, die auch als *Fachöffentlichkeiten* bezeichnet werden können. Bei ihnen wird primär mit der jeweiligen Leitdifferenz operiert, während der Öffentlichkeitscode kollektive Information allenfalls sekundär genutzt wird. Ein Beispiel hierfür sind wissenschaftliche Fachzeitschriften: Ihre wissenschaftlichen Aufsätze werden anhand von Kriterien begutachtet, die im Wesentlichen die wissenschaftliche Leitdifferenz wahr vs. unwahr operationalisieren. Sie werden also veröffentlicht, weil sie *primär* wissenschaftliche Kriterien erfüllen. Das Öffentliche findet sich in den häufig genutzten Kriterien Relevanz und Innovativität wider. Erst wenn die wissenschaftlichen Anforderungen erfüllt sind, kommen auch solche Kriterien *sekundär* zum Zuge. Daher sind die Aufsätze in wissenschaftlichen Zeitschriften der Fachöffentlichkeit und mithin der Funktionssystemöffentlichkeit zuzurechnen. Wenn es in derselben Zeitschrift Berichte zu Berufungen, Plagiatsverfahren, Geburtstagen etc. gibt, dann unterliegt dies der Leitdifferenz Aktualität, ist Journalismus und mithin der Öffentlichkeit zuzurechnen. Dies wird im weiteren Verlauf näher zu beschreiben und zu begründen sein.

In der Politik zählen Parteiversammlungen und Mitgliederzeitschriften zur Fachöffentlichkeit. Hier stehen ursprünglich Fragen der Macht im Mittelpunkt – erst sekundär geht es um kollektive Informationen. Wie unübersichtlich die Grenzgebiete zwischen dem Funktionssystem Öffentlichkeit und den Funktionssystemöffentlichkeiten sind, belegt allerdings ein näherer Blick auf Parteitage der Bundes- und Landesebene. Zwar sind sie als Parteiorgane zunächst partei- und damit fachöffentlich. Allerdings kommen hier zwei Besonderheiten hinzu, die dazu führen, dass sie *gleichzeitig* dem Funktionssystem der Öffentlichkeit zuzuordnen sind.

Erstens nehmen Politik und politische Themen in der Öffentlichkeit eine so große Rolle ein, weil Politik kollektiv verbindliche Entscheidungen trifft und damit nahezu „perfekt" zur Leitdifferenz kollektive Information passt. Eine Reform der Einkommenssteuer betrifft alle Beschäftigten, eine Reform der Unternehmensbesteuerung interessiert alle Unternehmen und eine Schulreform mindestens alle Schüler und Eltern. Genau dies erklärt auch, warum die hier beschriebene Öffentlichkeit ihre Ursprünge in einer politischen Fachöffentlichkeit hatte und sich von ihr erst nach und nach emanzipierte.

Zweitens folgt aus dieser Relevanz politischer Ereignisse für den politischen Journalismus und mithin die Öffentlichkeit, dass sich ein Parteitag immer an zwei Gruppen wendet: an die Fach- ebenso wie an die Sachöffentlichkeit. Und daraus folgt, dass sich ein Bewerber um die Kanzlerkandidatur mit seiner Rede an die Delegierten ebenso wie an die Fernsehzuschauer wendet. Die Rede ist damit zugleich Teil des politischen Systems als auch als Öffentlichkeitsarbeit Teil der Öffentlichkeit. Dies kann zu unübersichtlichen Situationen führen, die in Deutschland z. T. mit vereinfachenden wie fragwürdigen Schlagworten wie der Amerikanisierung diskutiert werden. Dazu ein Beispiel: Ein Kandidat, der sich mit seiner Themenauswahl und der Inszenierung seines Auftrittes primär an den Interessen des Journalismus und der Öffentlichkeit orientiert und damit vielleicht zum „Medienliebling" avanciert, kann von der Partei abgelehnt werden, weil er als Verräter ihrer Ideale gebrandmarkt wird. Ein Beispiel hierfür dürfte die Niederlage von Gerhard Schröder bei der Urwahl des Parteivorsitzenden 1993 gegen Rudolf Scharping sein. Ein solcher „Medienliebling" kann aber auch von seiner Partei willkommen geheißen werden, weil sie dessen Wahlchancen in einer „Mediendemokratie" als besonders gut bewertet. Ein Beispiel hierfür dürfte die Nominierung von Gerhard Schröder zum Kanzlerkandidaten fünf Jahre später sein, bei der er sich gegen den Parteivorsitzenden Oskar Lafontaine durchsetzte. Die Beispiele zeigen, wie sehr sich die Politik mittlerweile an der Öffentlichkeit orientiert – und wie sie mitunter versucht, sich aus dieser Umklammerung zu befreien. Eine solche Doppelorientierung an Partei- und mithin Fachöffentlichkeit einerseits und an politischer Sachöffentlichkeit andererseits ist in ähnlicher Form bei Parteimedien wie dem *Vorwärts* oder dem *Bayernkurier* zu beobachten. Die Beiträge sind zugleich der Parteiöffentlichkeit und der politischen Sachöffentlichkeit zuzurechnen. Darüber entscheidet wie bei jeder Kommunikation die Anschlusskommunikation bzw. die Rezeption solcher Angebote. Sie sind zur Parteiöffentlichkeit zu zählen, wenn sie von Mitgliedern mit Blick auf künftige Entscheidungen in der Partei gelesen werden. Sie werden als Öffentlichkeitsarbeit und mithin als öffentliche Kommunikation verstanden, wenn sie als öffentlicher Debattenbeitrag einer Partei zu einer aktuellen politischen Diskussion verstanden werden.

Die Politik ist das markanteste Beispiel, wie niedrig die Grenzen zwischen einer Fach- und Sachöffentlichkeit sein können. Politische Themen werden schnell zu öffentlichen Themen. Umgekehrt zeigen die meisten Themen der wissenschaftlichen Fachöffentlichkeit, wie hoch die Hürden zur wissenschaftlichen Sachöffentlichkeit sein können. Zwar wächst der Wissenschaftsjournalismus seit vielen Jahren, gleichwohl findet sich hier nur ein kleiner Teil der fachöffentlich diskutieren Themen wieder. Zudem zeigt die Diskussion um die Funktionen des Wissenschaftsjournalismus exemplarisch, wie groß die Unterschiede zwischen einen fachöffentlichen und einer sachöffentlichen Berichterstattung sein können (vgl. Kohring 1997). Was ein Wissenschaftlicher und ein Journalist für berichtenswert halten, unterscheidet sich im Zweifel enorm voneinander.

Gesellschaftstheoretisch sind sowohl die Sperrwirkung als auch die Durchlässigkeit der Grenzen gut zu erklären. Einerseits sorgen Autonomie und Eigensinn der einzelnen Funktionssysteme dafür, dass die jeweiligen Fachöffentlichkeiten unter sich bleiben. Andererseits zielt jedes Funktionssystem auf universelle Zuständigkeit, schließt prinzipiell niemanden aus, will vielmehr tendenziell für alle interessant und mit seinen Themen für kollektive Informationen geeignet sein.

2.8 Fazit

Das Funktionssystem Öffentlichkeit, wie jedes System begriffen als Einheit der Differenz von System und Umwelt, wurde in diesem Kapitel auf dem Abstraktionsniveau der Theorie sozialer Systeme dargestellt. Die dabei getroffenen Theorieentscheidungen werden nicht als Glaubenssätze angeboten, sondern als argumentativ gestützte Annahmen, die als Instrumentarien wissenschaftlicher Beobachtung zu gebrauchen sind oder eben nicht. Theorien haben sich empirisch zu bewähren, sonst begründen sie Fundamentalismen. Wir halten es allerdings für ein empiristisches Missverständnis, dass es sich bei einer Theorie um eine Art Hyperlink handelt, von dem aus sich mit einer hinreichenden Anzahl von Klicks die Irrungen und Wirrungen des Alltagshandelns auflösen lassen. Bruchlose Ableitungen von der Leitdifferenz eines Funktionssystems zum Entscheidungsverhalten des Hans Maier im Hier und Jetzt zu erwarten, kann nur zu Dogmatismus und Enttäuschungen führen.

Die Information der Gesellschaft über sich selbst haben wir als Funktion der Öffentlichkeit bestimmt. Operativ geschieht dies über die Leitdifferenz kollektive Information/keine kollektive Information. In dieser Leitdifferenz sehen wir den Primärcode des Öffentlichkeitssystems. Als beobachtbare Handlungen zeigen sich Mitteilungen an alle. Als Erfolgsmedium, das die Fortsetzung der Kommunikation und damit die Reproduktion des Funktionssystems Öffentlichkeit wahrscheinlich macht, identifizieren wir Aufmerksamkeit.

Die Binnendifferenzierung des Öffentlichkeitssystems auf der Programmebene haben wir auf die drei Komponenten der Kommunikation bezogen (Information, Mitteilung, Verstehen) und aus den Möglichkeiten des Führungswechsels zwischen diesen Komponenten die Programmtypen entwickelt: Strategisch verfolgter Zweck, aktuelles Ereignis, unterhaltsames Erlebnis. Auf einer weiteren Konkretisierungsstufe lassen sich so die vier Leistungssysteme Werbung und Öffentlichkeitsarbeit, Journalismus und Unterhaltung begründen.

Um die Leistungen zu realisieren bedarf es der Organisationen, weshalb anschließend die Öffentlichkeitsorganisationen eingeführt werden, die im gängigen Sprachgebrauch als Medienorganisationen, oft auch nur als ‚die Medien' bezeichnet werden. Für die öffentliche Kommunikation macht es folgenreiche Unterschiede, welche Verbreitungsmedien zur Verfügung stehen, denn erst technische Verbreitungsmedien lösen das Problem, mehr Personen erreichen zu können als anwesend sind. Schließlich war die Unterscheidung zwischen dem Funktionssystem Öffentlichkeit und den Funktionssystemöffentlichkeiten zu diskutieren, die wir als Fachöffentlichkeiten charakterisiert haben. Für Fachöffentlichkeiten kann der Öffentlichkeitscode allenfalls sekundär gelten, denn deren Mitteilungen richten sich primär an der Leitdifferenz ihres zugehörigen Funktionssystems aus.

Literatur

Altmeppen, K.-D. (2000). Funktionale Autonomie und organisationale Abhängigkeit. Inter-Relationen von Journalismus und Ökonomie. In M. Löffelholz (Hrsg.), *Theorien des Journalismus. Ein diskursives Handbuch* (S. 225–239). Wiesbaden: Westdeutscher Verlag.
Altmeppen, K.-D. (2006). *Journalismus und Medien als Organisationen. Leistungen, Strukturen und Management*. Wiesbaden: VS Verlag für Sozialwissenschaften.
Bateson, G. (1985). *Ökologie des Geistes*. Frankfurt a. M.: Suhrkamp.
Blöbaum, B. (1994). *Journalismus als soziales System. Geschichte, Ausdifferenzierung und Verselbständigung*. Opladen: Westdeutscher Verlag.
Bolz, N. (2007). *Das ABC der Medien*. München: Wilhelm Fink.
Brecht, B. (1967). *Gesammelte Werke*. Frankfurt a. M.: Suhrkamp.
Dernbach, B. (1998). *Public Relations für Abfall. Ökologie als Thema öffentlicher Kommunikation*. Opladen: Westdeutscher Verlag.
Eilders, C. (1997). *Nachrichtenfaktoren und Rezeption. Eine empirische Analyse zur Auswahl und Verarbeitung politischer Information*. Opladen: Westdeutscher Verlag.
Franck, G. (2007). *Ökonomie der Aufmerksamkeit. Ein Entwurf*. München: dtv.
Fuchs, P. (1993). *Moderne Kommunikation. Zur Theorie des operativen Displacements*. Frankfurt a. M.: Suhrkamp.
Gerhards, J. (1994). Politische Öffentlichkeit. Ein system- und akteurtheoretischer Bestimmungsversuch. In F. Neidhardt (Hrsg.), *Öffentlichkeit, öffentliche Meinung, soziale Bewegungen* (S. 77–105). Opladen: Westdeutscher Verlag.
Gerhards, J. (2001). Der Aufstand des Publikums. Eine systemtheoretische Interpretation des Kulturwandels in Deutschland zwischen 1960 und 1989. *Zeitschrift für Soziologie, 30*(3), 163–184.
Görke, A. (1999). *Risikojournalismus und Risikogesellschaft. Sondierung und Theorieentwurf*. Opladen: Westdeutscher Verlag.
Görke, A. (2007). Perspektiven einer Systemtheorie öffentlicher Kommunikation. In C. Winter, A. Hepp, & F. Krotz (Hrsg.), *Theorien der Kommunikations- und Medienwissenschaft. Grundlegende Diskussionen, Forschungsfelder und Theorieentwicklungen* (S. 173–191). Wiesbaden: Verlag für Sozialwissenschaften.
Görke, A., & Kohring, M. (1996). Unterschiede, die Unterschiede machen: Neuere Theorieentwürfe zu Publizistik, Massenmedien und Journalismus. *Publizistik, 41*(1), 15–31.

Höflich, J. R. (2003). *Mensch, Computer und Kommunikation. Theoretische Verortungen und empirische Befunde*. Frankfurt a. M.: Lang.
Hölscher, L. (1979). *Öffentlichkeit und Geheimnis*. Stuttgart: Klett-Cotta.
Hug, D. M. (1997). *Konflikte und Öffentlichkeit. Zur Rolle des Journalismus in sozialen Konflikten*. Opladen: Westdeutscher Verlag.
Kohring, M. (1997). *Die Funktion des Wissenschaftsjournalismus. Ein systemtheoretischer Entwurf*. Opladen: Westdeutscher Verlag.
Kohring, M., & Hug, D. M. (1997). Öffentlichkeit und Journalismus. Zur Notwendigkeit der Beobachtung gesellschaftlicher Interdependenz – Ein systemtheoretischer Entwurf. *Medien Journal, 21*(1), 15–33.
Luhmann, N. (1987a). *Rechtssoziologie*. Opladen: Westdeutscher Verlag.
Luhmann, N. (1987b). *Soziale Systeme*. Frankfurt a. M.: Suhrkamp.
Luhmann, N. (1992). *Die Wissenschaft der Gesellschaft*. Frankfurt a. M.: Suhrkamp.
Luhmann, N. (1996). *Die Realität der Massenmedien*. Opladen: Westdeutscher Verlag.
Luhmann, N. (1997). *Die Gesellschaft der Gesellschaft*. Frankfurt a. M.: Suhrkamp.
Luhmann, N. (2005). *Einführung in die Theorie der Gesellschaft*. Heidelberg: Carl-Auer.
Luhmann, N. (2010). *Politische Soziologie*. Frankfurt a. M.: Suhrkamp.
Marcinkowski, F. (1993). *Publizistik als autopoietisches System. Politik und Massenmedien. Eine systemtheoretische Analyse*. Opladen: Westdeutscher Verlag.
Merten, K. (1973). Aktualität und Publizität. Zur Kritik der Publizistikwissenschaft. *Publizistik, 18*(3), 216–235.
Peters, B. (2007). *Der Sinn von Öffentlichkeit*. Frankfurt a. M.: Suhrkamp.
Ronneberger, F., & Rühl, M. (1992). *Theorie der Public Relations. Ein Entwurf*. Opladen: Westdeutscher Verlag.
Rühl, M. (1980). *Journalismus und Gesellschaft. Bestandsaufnahme und Theorieentwurf*. Mainz: v. Hase & Koehler Verlag.
Schimank, U. (2005). *Die Entscheidungsgesellschaft*. Wiesbaden: VS Verlag für Sozialwissenschaften.
Scholl, A., & Weischenberg, S. (1998). *Journalismus in der Gesellschaft. Theorie, Methodologie, Empirie*. Opladen: Westdeutscher Verlag.
Schulze, G. (1992). *Die Erlebnisgesellschaft. Kultursoziologie der Gegenwart*. Frankfurt a. M.: Campus.
Schweiger, W. (2007). *Theorien der Mediennutzung. Eine Einführung*. Wiesbaden: VS Verlag für Sozialwissenschaften.
Stichweh, R. (2005). *Inklusion und Exklusion. Studien zur Gesellschaftstheorie*. Bielefeld: Transcript.
Stichweh, R. (2008). Professionen in einer functional differenzierten Gesellschaft. In I. Saake & W. Vogd (Hrsg.), *Moderne Mythen der Medizin. Studien zur organisierten Krankenbehandlung* (S. 329–344). Wiesbaden: VS Verlag für Sozialwissenschaften.
Waldenfels, B. (2004). *Phänomologie der Aufmerksamkeit*. Frankfurt a. M.: Suhrkamp.
Wehrsig, C., & Tacke, V. (1992). Funktionen und Folgen informatisierter Organisationen. In T. Malsch & U. Mill (Hrsg.), *ArBYTE. Modernisierung der Industriesoziologie?* (S. 219–239). Berlin: edition sigma.
Weischenberg, S. (1992). *Journalistik. Medienkommunikation: Theorie und Praxis. Band 1: Mediensysteme, Medienethik und Medieninstitutionen*. Opladen: Westdeutscher Verlag.
Werber, N. (1998). *Zweierlei Aufmerksamkeit in Medien, Kunst und Politik*. http://telepolis. de. Zugegriffen: 9. Nov. 1998.

Wirth, W. (2001). Aufmerksamkeit: ein Konzept- und Theorieüberblick aus psychologischer Perspektive mit Implikationen für die Kommunikationswissenschaft. In K. Beck & W. Schweiger (Hrsg.), *Attention please! Online-Kommunikation und Aufmerksamkeit* (S. 69–89). München: Fischer.

Zurstiege, S. (1998). *Mannsbilder – Männlichkeit in der Werbung. Eine Untersuchung zur Darstellung von Männern in der Anzeigenwerbung der 50er, 70er und 90er Jahre.* Opladen: Westdeutscher Verlag.

Leistungssysteme der Öffentlichkeit – ein Überblick 3

Wir haben in den drei Programmen der Öffentlichkeit vier Leistungssysteme verortet. Alle vier Leistungssysteme veröffentlichen kollektive Informationen – operieren also mit demselben Code und im selben Erfolgsmedium. Der zentrale Unterschied zwischen ihnen ist in der unterschiedlichen Programmierung des Codewertes zu finden. Dies wollen wir als Sekundärcode bzw. als Leitdifferenz des jeweiligen Leistungssystems bezeichnen (s. Tab. 3.1). Dem Journalismus weisen wir die Leitdifferenz Aktualität zu, der Unterhaltung angenehmes Erleben, der Öffentlichkeitsarbeit das Überzeugen und der Werbung das Verführen. Da bei der Unterhaltung, in der Werbung und in der Öffentlichkeitsarbeit die beabsichtigte Wirkung beim Rezipienten im Mittelpunkt steht, ist die Leitdifferenz hier jeweils ein substantiviertes Verb, während beim Journalismus mit der Aktualität die zugeschriebene Eigenschaft eines Ereignisses im Fokus steht. Die kollektiven Informationen werden also im Journalismus darauf hin geprüft, ob sie aktuell sind, während sie in der Öffentlichkeitsarbeit darauf hin geprüft werden, ob sie überzeugen können. Dies wird bei der Skizzierung der vier Leistungssysteme im Folgenden näher auszuführen sein.

Zudem wollen wir die vier Leistungssysteme mit einer weiteren Unterscheidung kennzeichnen: Mit der für die Systemtheorie konstitutiven Unterscheidung zwischen System und Umwelt sind zugleich die beiden Begriffe Selbstreferenz und Fremdreferenz eingeführt. Im Operationsfeld der Kommunikation nehmen sie die Formen Selbstbeschreibung und Fremdbeschreibung an, die sich in der öffentlichen Kommunikation als Selbstdarstellung und Fremddarstellung fassen lassen. Die vier Leistungssysteme der Öffentlichkeit können anhand dieser beiden Kategorien geordnet werden, wobei wir mit „verbindlich" und „unverbindlich" als zusätzlicher Differenz argumentieren (vgl. Abb. 3.1).

© Springer Fachmedien Wiesbaden 2015
O. Hoffjann, H.-J. Arlt, *Die nächste Öffentlichkeit*,
DOI 10.1007/978-3-658-09373-0_3

3 Leistungssysteme der Öffentlichkeit – ein Überblick

Tab. 3.1 Die Öffentlichkeit und ihre vier Leistungssysteme

	Funktionssystem Öffentlichkeit			
Funktion der Öffentlichkeit	Information der Gesellschaft über sich selbst			
Leitdifferenz der Öffentlichkeit (Primärcode)	Kollektive Information/keine kollektive Information			
Erfolgsmedium	Aufmerksamkeit			
Programme	*Ereignis*	*Erlebnis*	*Strategie*	
Leistungssysteme	*Journalismus*	*Unterhaltung*	*Öffentlichkeitsarbeit*	*Werbung*
Leitdifferenzen der Leistungssysteme (Sekundärcode)	Aktualität	Angenehmes Erleben	Überzeugen	Verführen

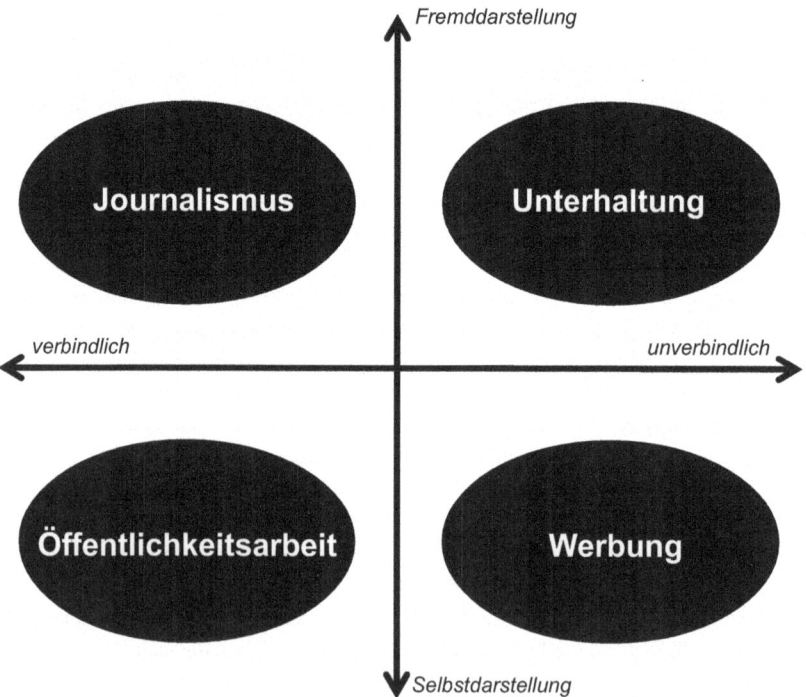

Abb. 3.1 Die Leistungssysteme des Öffentlichkeitssystems

Journalismus darf als ein klassischer Fall der Fremddarstellung gelten. Neben dem Journalismus als verbindlicher Fremddarstellung sehen wir in der Öffentlichkeit die Unterhaltung als unverbindliche Fremddarstellung, die Öffentlichkeitsarbeit als verbindliche Selbstdarstellung und die Werbung als unverbindliche Selbstdarstellung. Veröffentlichungen der Unterhaltung zeichnen sich dadurch aus, dass sie gerade nicht an den Entscheidungsbedarf der Publika anschließen, sondern auf den Entspannungs- und Ablenkungsbedarf davon abzielen. Fiktion und Spiel nehmen dabei breiten Raum ein. Thematisch beinhaltet Unterhaltung häufig Entscheidungen, weil sie deren Spannungsmomente präsentieren will. Aber es handelt sich um spielerische oder sportliche Entscheidungen (letztere für Profisportler/innen von höchster Bedeutung), in die die Publika weder als beteiligte noch als betroffene (Fans ausgenommen) involviert sind.

Anders Öffentlichkeitsarbeit und Werbung. Sie dienen der Selbstbeschreibung mit dem Ziel, Entscheidungen im Interesse der positiv Beschriebenen zu beeinflussen. Da sie dabei unbekannte, unabgeschlossene und unabhängige Publika vor sich haben, müssen sie größte Anstrengungen unternehmen, jede dieser drei Eigenschaften zu ihren Gunsten zu relativieren – mit Hilfe von Markt-/Publikumsforschung, Zielgruppenorientierung und Beeinflussungsmethoden. In der Werbung als unverbindlicher Selbstdarstellung ist die Ausblendungsregel weitgehend akzeptiert – es wird erwartet, dass alles ausgeblendet wird, was die positive Ausstrahlung und Attraktivität negativ beeinflussen könnte (vgl. Schmidt und Spieß 1996, S. 46). Bei der verbindlichen Selbstdarstellung, für die wir hier den etwas altvorderen, fast in Vergessenheit geratenen Begriff der Öffentlichkeitsarbeit verwenden, wird hingegen normativ erwartet, dass die Veröffentlichungen sachlich angemessen sind. Daher überrascht es nicht, dass sich Öffentlichkeitsarbeit und Werbung z. B. an den Darstellungsformen und der Ästhetik ihres Pendants auf der Fremddarstellungsseite orientieren, also die Öffentlichkeitsarbeit am Journalismus und die Werbung an der Unterhaltung. Inwiefern Unterhaltung, Öffentlichkeitsarbeit und Werbung Journalismus verändern, werden wir später weiter erläutern.

3.1 Journalismus: Leitdifferenz Aktualität

Was ist im Rahmen des Funktionssystems Öffentlichkeit die besondere Leistung des Journalismus? Funktionssysteme, sagt Luhmann, folgen ihrem Code blind. Sie bedürfen der Ergänzung mit Richtigkeitskriterien, anhand welcher sich Recht und Unrecht, Wahrheit und Unwahrheit etc. unterscheiden lassen. Funktionssysteme haben nicht nur einen unterschiedlichen Code, sondern auch verschiedene Programme und Programmarten, „die sich dann nicht von einem System in das andere verschieben lassen" (Luhmann 2005, S. 266). Zum Programm der Wissenschaft gehören beispielsweise Theorien und Forschungsmethoden. Während der Code die Autopoiesis eines Funktionssystems unverrückbar festlegt, sind Programme fremdreferentiell, sie variieren – wie auch andere generalisierte Erwartungen, etwa Personen, Rollen und Werte – mit sich verändernden Umwelten. Ein herausragender Faktor der Umweltveränderung ist beispielsweise die Technik.

Journalismus lässt sich als ein Leistungssystem des Funktionssystems Öffentlichkeit näher bestimmen. Sein Primärcode ist die Unterscheidung kollektive Information/keine kollektive Information, sein Sekundärcode die Aktualität. Wird die im Informationsbegriff implizierte Unterscheidungsmöglichkeit zwischen Selbstbeschreibung und Fremdbeschreibung in Anspruch genommen, wäre Journalismus auf der Seite der Fremddarstellung anzusiedeln, denn offenkundig geht es ihm nicht um die Darstellung seiner selbst, sondern um, wie wir eingangs sagten, öffentliche Beschreibungen der Gesellschaft und zwar der sich aktuell ereignenden Gesellschaft. Es geht um die Fremddarstellung von Ereignissen, die allerdings noch näher bestimmt werden müssen, denn in dieser Allgemeinheit wären auch jeder Roman mit aktuellen Bezügen und jede aktuelle politische Rede potenziell Journalismus.

Am Unterschied zur politischen Rede lässt sich ein weiteres Merkmal des journalistischen Programms identifizieren: Journalistische Mitteilungen zielen nicht auf Annahme – das unterscheidet sie vom Mitteilungsverhalten in den meisten anderen Kommunikationszusammenhängen, auch von Werbung und Öffentlichkeitsarbeit. Es geht um aktuelle kollektive Informationen, nicht um kollektive Zustimmung. Eine Meinung, für die sie Zustimmung suchen, vertreten Journalisten nur als Kommentatoren. Der Journalist, der sein Mitteilungsverhalten auf Zustimmung hin modifiziert, wird zum Öffentlichkeitsarbeiter.

Bleibt die Frage nach dem Selektionskriterium für die aktuellen Ereignisse, das sie zu einem journalistischen Thema macht. „Aus journalistischer Sicht bemisst sich der Wert eines Ereignisses an seiner Potenz, entweder in möglichst vielen Kommunikationssystemen zugleich als Ereignis behandelt werden zu können, oder aber in einem System möglichst hoch bewertete und fest verankerte Umwelterwartungen zu tangieren." (Kohring und Hug 1997, S. 25) Einfacher ausgedrückt: Das journalistische Leistungssystem umfasst öffentliche Mitteilungen über Wichtiges, also entscheidungsrelevantes Neues, das entweder in mehreren Funktionssystemen von allgemeinem oder in einem einzelnen Funktionssystem von ganz besonderem Interesse ist.

Journalismus, das ist mit Blick auf jüngere Tendenzen im Öffentlichkeitssystem zu betonen, kann sich nicht alleine davon leiten lassen, ‚was ankommt'. Nicht am Publikumsinteresse vorbei publizieren, aber auch nicht ohne Rücksicht auf Rele-

3.1 Journalismus: Leitdifferenz Aktualität

vanzkriterien des Themas alles veröffentlichen, was Aufmerksamkeit zu wecken verspricht – das ist die unscharfe Grenzlinie, an der entlang Journalismus operiert. In der Charakterisierung als verbindliche Fremddarstellung ist genau dieses Moment mit ausgedrückt, dass die journalistische Themenselektion nicht nur – wie die Unterhaltung – Publikumswünsche berücksichtigt, sondern auch Eigenwerte, Relevanzgesichtspunkte der Themen.

Ein ausschlaggebendes Moment ist dabei, dass die Veröffentlichungen zu Informationen führen, die als kollektiv gewusste dann unterstellt werden können, und die nicht zu kennen, zum Nachteil ausschlagen kann. Da man unterstellt, dass auch andere den Journalismus rezipieren, sich an dessen Wissen orientieren und dies wiederum Dritten unterstellen, scheint eine Orientierung am Journalismus lohnenswert (vgl. Merten 1999, S. 223–229).

Wenn die Mitteilungen wichtig sind, sollten sie auch richtig sein im Sinne von Verlässlichkeit und Verbindlichkeit. Umgangssprachlich wird die damit verbundene Erwartung als „Objektivität" bezeichnet. Die erkenntnistheoretische Unerfüllbarkeit dieser Erwartung braucht uns im Moment nicht zu interessieren; auf den Punkt gebracht, liest sie sich so: „Objektivität ist die Wahnvorstellung, Beobachtungen könnten ohne Beobachter gemacht werden. Die Berufung auf Objektivität ist die Verweigerung der Verantwortung – daher ihre Beliebtheit." (von Foerster und Pörksen 2004, S. 154) Festzuhalten haben wir, dass wir es beim Journalismus mit *verbindlicher Fremddarstellung* zu tun haben (vgl. auch Weischenberg 1994), verbindlich im Sinne sozialer und sachlicher Richtigkeit, nicht im Sinne von Annahmezwang.

Bedingung der Möglichkeit, Ereignisse orientiert an den Kriterien sachlicher Richtigkeit und allgemeiner Wichtigkeit darzustellen, ist Unabhängigkeit. Sie bildet deshalb das erste Merkmal einer journalistischen Leistung. Keinem besonderen Interesse zu dienen, weder auf der Absender noch auf der Adressatenseite, sondern dem aktuellen Thema verpflichtet zu sein und dessen Darstellung auf Richtigkeit und Relevanz hin zu prüfen, ist der Sinn dieser Unabhängigkeit. Ausdrücklich nicht gemeint damit ist eine Unabhängigkeit, auf welche sich Öffentlichkeitsorganisationen berufen, um ihren wirtschaftlichen Interessen möglichst uneingeschränkt Geltung zu verschaffen.

In den beiden Kriterien wichtig und richtig verbirgt sich ein normatives Moment, denn deren Geltung steht in aller Regel zur Disposition. An dieser Stelle sind – Leitwert, Erfolgsmedium und journalistisches Programm in Rechnung gestellt – skizzenhafte Hinweise sowohl auf Leistungsmerkmale journalistischer Mitteilungen möglich als auch auf Unterschiede zu anderen Programmen des Öffentlichkeitssystems. Als Leistungsmerkmale des Journalismus lassen sich auflisten, dass

- die Aktualität und die Breite der angestrebten Rezeption eine gewisse Oberflächlichkeit und Einfachheit erzwingen;
- die Entscheidungsrelevanz, welche die Publika von den Informationen erwarten, ein Abgleiten in Seichtes und Nebensächliches ebenso blockiert wie in bloße Gerüchte und Spekulationen;
- der Wettbewerb um Aufmerksamkeit (Stichwort Nachrichtenwerte) Folgen hat für die Wahl der Themen, Formate und Formulierungen;
- unterschiedliche Publikumsorientierungen zu erwarten sind, je nachdem, wie sich Informationsbedürfnisse und Interessen in der Gesellschaft ausdifferenzieren;
- unterschiedliche Medien spezifische Anforderungen an die Gestaltung der öffentlichen Mitteilungen stellen;
- neue Medien auch zu anderen Praktiken bei der Realisierung des journalistischen Programms führen (können).

Um Programmunterschiede herauszuarbeiten, ist der Leitwert kollektive Information und sein Bezug zur Entscheidungsgesellschaft weiter aufzuschlüsseln. Journalismus, hatten wir gesagt, liefert ‚belastbare' Informationen über Entscheidungen und Ereignisse von allgemeiner Bedeutung und trägt so dazu bei, eventuelle eigene Entscheidungen möglichst informiert zu treffen. Die Verbindlichkeit und Belastbarkeit journalistischer Mitteilungen gilt unbeschadet dessen, dass diese Mitteilungen für die Publika ‚unverbindlich' sind: Niemand ist gezwungen, sich danach zu richten. Aber man tut gut daran, diese Mitteilungen zu kennen, nicht nur, weil die Anderen davon ausgehen, *dass* man sie kennt, sondern weil man erst entscheiden kann, ob man sich danach richtet, *wenn* man sie kennt.

Das Objektivitäts- und das Relevanzproblem (vgl. Neuberger 1996, S. 185 ff.) lassen sich als die beiden kritischen Kriterien journalistischer Leistungen dingfest machen. Es kann in diesen beiden Hinsichten keine Beruhigung in der Journalismusdebatte geben, denn die prinzipielle Beobachterabhängigkeit beider Gesichtspunkte befindet sich in einem permanent akuten Zustand. Die Aktualität erzwingt Entscheidungen über Richtigkeit und Wichtigkeit, die notwendigerweise nicht (alle) erprobt, nicht (alle) abgesichert sein können. Nur in einer stark formierten oder totalitär regierten Gesellschaft können „Selbstverständlichkeiten" erzeugt werden, welche die Deutung selbst aktueller Ereignisse festlegen.

3.2 Unterhaltung: Leitdifferenz angenehmes Erleben

Die etablierte Unterscheidung zwischen Unterhaltung und Information, wie sie gebräuchliche Klassifizierungen des Medienangebots durchzieht, konfligiert mit unserer Theorie, welche die kollektive Information als Leitwert des Öffentlich-

3.2 Unterhaltung: Leitdifferenz angenehmes Erleben

keitssystems insgesamt annimmt. „Über Jahrzehnte hinweg wurden in der öffentlichen Diskussion und in der Medien- und Kommunikationswissenschaft Information und Unterhaltung strikt getrennt." (Bosshart 2007, S. 19) Demgegenüber sehen wir die Information als „Unterscheidung, die einen Unterschied macht", auch als Fundament der Unterhaltung – allerdings nicht, wenn der Informationsbegriff so aufgeladen wird, dass ihn die Attribute „Neuigkeit, Relevanz und Richtigkeit" (Bosshart 2007, S. 19) konstituieren. Diese Attribute zeichnen nach unserem Verständnis exakt den Begriff der Aktualität aus, der die journalistische Leitdifferenz bildet. Interessanterweise macht Alexander Görke den Vorschlag, Unterhaltung vom Gegenwert der Aktualität her zu begreifen. „Journalismus wird [...] durch den Präferenzwert des Codes (+ aktuell), Unterhaltung durch den Reflexionswert öffentlicher Kommunikation (- aktuell) co-dirigiert." (Görke 2007b, S. 92) Sollte über Unterhaltung nicht mehr ausgesagt werden können, als ihre Differenzen zum Journalismus erkennen lassen? Darin scheint eine Überbewertung des Journalismus und eine Unterbewertung der Unterhaltung gleichermaßen zu liegen.

Wie im Kapitel über die Leistungsebene und die Binnendifferenzierung (2.3) entwickelt, ziehen wir eine andere Grenze zwischen Journalismus und Unterhaltung. Unsere Unterscheidung fußt auf differierenden Umweltbezügen der Information bzw. der Figur des operativen Displacements, die darauf aufmerksam macht, dass „das Verhältnis der Komponenten (Mitteilung, Information, Verstehen) variabel, verschiebbar ist, dass Führungsverhältnisse gewechselt werden können, dass die Bedeutung einer Komponente zurückschraubbar ist" (Fuchs 1999, S. 81). Während im Journalismus das aktuelle Thema der Mitteilung die Führung innehat, kennzeichnet es die Unterhaltung, dass die Erlebnisqualität des Verstehens Regie führt.

Prinzipiell gilt, dass die Frage, ob eine öffentliche Mitteilung als kollektive Information verstanden wird, ohne das Publikum nicht zu beantworten ist. Diese grundsätzliche Bedeutung des Publikums steigert sich, sobald es um Unterhaltung geht. Jetzt hängt von der Rezeption alles ab. Unterhaltung kann im ersten Zugriff als ein Rezeptionserlebnis verstanden werden. Während sich der Journalismus mit dem Verweis auf Relevanz und Richtigkeit des dargestellten Ereignisses von der Rezeption des Publikums ein Stück weit unabhängig machen muss, hängt für das Gelingen der Unterhaltung alles davon ab, wie die Mitteilung vom Publikum erlebt wird. Die Frage, ob eine bestimmte Mitteilung Unterhaltung ist oder nicht, hat deshalb jederzeit mit umstrittenen Antworten zu rechnen, denn es ist wahrscheinlich, dass andere Publika den Informationsgehalt einer Mitteilung anders erleben.

Umgekehrt können in der Absenderperspektive divergierende Vorstellungen darüber herrschen, welche Mitteilungen als Unterhaltung angeboten werden. „Man darf sich hier nicht [...] von der Terminologie verwirren lassen, die in den einzelnen sozialen Segmenten benutzt wird. Wir wissen, dass Reality-TV ebenso wie diverse Lebenshilfe-Talks (Thema etwa: Mein Partner wäscht sich nicht, was soll ich tun?) gerne zur Information gezählt werden, während der Polittalk von Sabine Christiansen bis vor kurzem formal zum Unterhaltungsangebot zählte, wie die (extern produzierte) Sendung der Redaktion Talk und Unterhaltung des *NDR* zugeordnet ist." (Früh und Wünsch 2007, S. 38)

Jenseits solcher verwirrenden Alltagspraktiken sind theoretisch valide Aussagen darüber möglich, was unter Unterhaltung verstanden werden soll und was nicht. Ein Element dieser theoretischen Konzeption muss es jedoch sein, wir wiederholen uns, dass es im konkreten Fall offen bleibt, für welche Publika welche öffentlichen Mitteilungen Unterhaltung sind. Die Person, ihre Sozialisation und ihre Situation entscheidet darüber, ob sie sich unterhalten fühlt. Die Soziologie kann Milieus und Szenen ausmachen, welchen sich bestimmte Unterhaltungsformate als typisch zurechnen lassen (vgl. z. B. Schulze 1992, S. 277–333).

Für das Leistungssystem Unterhaltung identifizieren wir den Leitwert angenehmes Erleben. Wenn die kollektive Information die Form angenehmen Erlebens annimmt, haben wir es mit Unterhaltung zu tun. Lange vor ihrer massenmedialen Verbreitung existiert Unterhaltung als eine Form der Interaktion. Als Programm des Öffentlichkeitssystems wird die Unterhaltung wesentlich von der Bedeutung des Erfolgsmediums Aufmerksamkeit mitgeprägt, dessen Anforderungen die Unterhaltungsangebote erfüllen müssen.

Die triadisch-dynamische Unterhaltungstheorie Werner Frühs (vgl. Früh und Stiehler 2003; Früh und Wünsch 2007) bestimmt Abwechslung, Selbstbestimmung und Kontrolle als die Rahmenbedingungen der Rezeption, welche für angenehmes Erleben Möglichkeiten eröffnen. Für das Kriterium der Abwechslung gilt, dass es extern unterstützt werden kann, aber intern entschieden wird, ob es erfüllt ist: „Abwechslung braucht nicht unbedingt die dynamischen Spektakel und Turbulenzen auf dem Bildschirm, denn sie entsteht im Kopf des Zuschauers durch dessen Aktivität. Deshalb ist eine abwechslungsreich-dynamische Präsentation (externale Abwechslung) auch nur teilweise mit kognitiver Abwechslung (internaler Abwechslung) gekoppelt." (Früh 2003, S. 31)

Selbstbestimmung und Kontrolle sind ausschlaggebend dafür, dass „sich Rezipienten offenbar auch mit Inhalten gut unterhalten, die auf den ersten Blick überhaupt nicht mit positiven Emotionen und angenehmen Stimmungen verbunden sind (z. B. Melodramen, Horrorfilme)" (Früh und Wünsche 2007, S. 35). In jedem Kinosaal lässt sich beobachten, dass sich nicht nur Lachende, sondern auch Weinende gut unterhalten können. Das hängt zum einen mit der Souveränität des Erlebens zusammen, denn das Publikum bestimmt seine Teilnahme selbst. Man ist freiwillig gekommen und kann, sollte es langweilig, unerfreulich, lästig werden, jederzeit gehen. Zum anderen spielt die Kontrolle über das Geschehen eine Rolle:

3.2 Unterhaltung: Leitdifferenz angenehmes Erleben

Man kann davon ausgehen, dass es nicht entgleitet, und wenn, dann höchstens als Unfall. Die Dramatik unterliegt einer Regie, für das Publikum geht Unterhaltung gut aus. „Deren Prinzip der Auflösung einer selbsterzeugten Ungewissheit durch Informationssequenzen findet man auch in der Kunst, vor allem im Roman [...] Deshalb liegt es nahe, Unterhaltung als Trivialkunst aufzufassen." (Luhmann 1996, S. 123) Es handelt sich bei unterhaltsamen Mitteilungen um unverbindliche Fremddarstellungen, die jede Freiheit, insbesondere die Fiktionalität des Dargestellten, ausnutzen können, um angenehmes Erleben des Publikums hervorzurufen. „Das Grundmuster dafür ist die Erzählung, die sich dann ihrerseits zu einem beträchtlichen Formenreichtum differenziert hat." (Luhmann 1996, S. 108)

Das oft beobachtete Phänomen, dass die Berichterstattung über reale dramatische Ereignisse von Publika wie Unterhaltung rezipiert zu werden scheint, ist unter den Aspekten von Selbstbestimmung und Kontrolle gut zu erklären. Die massenmediale Vermittlung schafft eine Distanz zu den Realitäten, die Jederman, sofern er und sie nicht in die Ereignisse verwickelt sind, in die Lage versetzt, die Darstellung selbstbestimmt und kontrolliert zu erleben. Dass es sich bei der Flutwelle oder der Schießerei nicht um eine Filmszene, sondern um Bilder realer Vorgänge handelt, muss man sich dann immer wieder vor Augen führen.

Die jederzeitige Gleichzeitigkeit von Realitäten und Fiktionalitäten erlauben den ständigen Grenzverkehr und legen ihn nahe. Der souveräne Umgang mit der Grenze zwischen Realität und Fiktionalität macht ein wesentliches Moment der Unterhaltung aus. „Kinder sind die Großmeister der Fiktion, so wie das kleine Mädchen, dass mir auf dem Spielplatz eine Portion Sand als Eis anbietet, worauf ich mit Genießermiene so tue, als ob diese beiden Sandkugeln der Gipfel des Eisgenusses wären. Nach einiger Zeit wird das Mädchen ungeduldig, möchte das Förmchen neu füllen. Sie gibt mir zu verstehen, dass ich den Inhalt ausleeren soll. Ich erwidere, dass ich dieses wunderbare Eis doch nicht einfach ausschütten könne, worauf sie mit einem Lächeln sagt: ‚Ist doch nur Sand.'" (Schulz 2014, S. 174)

Die Unterhaltungsforschung ist weit davon entfernt, Unterhaltungsangebote als bloßen Zeitvertreib und als Ablenkungsmanöver zu deuten. „Unterhaltung ermöglicht eine Selbstverortung in der dargestellten Welt." (Luhmann 1996, S. 115) Sich in die Inszenierungen hinein zu versetzen, sich von manchen Akteuren zu distanzieren, sich mit anderen zu identifizieren, jedenfalls Vergleiche anzustellen, Unterschiede zu und Gemeinsamkeiten mit sich selbst zu entdecken – das sind Einladungen, die Unterhaltungsangebote aussprechen, ohne dazu aufzufordern. „Mediales Probehandeln (als externalisierte mentale Simulationen anderer) bietet einen geschützten Raum, ‚Dos and Don'ts' der menschlichen Existenz einer Prüfung zu unterziehen." (Schwab 2010, S. 16)

Ob Unterhaltungsmusik, -literatur, -filme oder -publizistik, die Ungewissheit, was ankommt, die Unsicherheit, was Ladenhüter bleibt oder Bestseller wird, bilden ein unaufhörliches Überraschungsmoment der Unterhaltung. Beispielsweise kann für Publika anstrengungsloses Verstehen eine wichtige Voraussetzung angenehmen Erlebens bilden, während ein anderes Publikum gerade die intellektuelle Herausforderung positiv erlebt. Trotz aller Überraschungen und Unterschiede kann mit der zuverlässigen Attraktivität der Unterhaltung gerechnet werden. Man kann durch die Lebensumstände daran gehindert werden, sich zu unterhalten, oder man bildet sich ein, Wichtigeres zu tun zu haben. In der Regel weicht man angenehmem Erleben nicht aus.

Feste und Spiele als Grundtypen der Unterhaltung unter Anwesenden haben in allen Gesellschaften ihren Platz. Religiöse und arbeitsdisziplinäre Ansprüche stehen regelmäßig in Konkurrenz oder sogar im Konflikt dazu. Mit der technischen Reproduzierbarkeit massenmedialer Unterhaltungsangebote – kulturkritisch auch als „Kulturindustrie" und als „Massenbetrug" gedeutet (Horkheimer und Adorno 1971) – tritt die Unterhaltung in Konkurrenz zu einem Verständnis der Öffentlichkeit, das ihr primär eine kritisch-kontrollierende Funktion zuschreibt: Die Demokratisierung der Unterhaltung im Sinne offener Zugänge für Jedermann wird der Gefährdung der Demokratie angeklagt im Sinne einer affirmierenden Entpolitisierung.

Politische Überzeugungstäter, die gerade die Welt verbessern müssen, können schon deshalb nicht unterhaltsam sein, weil sie nur *eine* Wahrheit zu verkünden haben. Sie haben nur beschwörende Wiederholungen, keine Abwechslung zu bieten. Zudem stehen sie der Unterhaltung doppelt kritisch gegenüber. Erstens, weil sie ein Zeitdieb ist, dem in Anbetracht der großen, noch zu bewältigenden Aufgaben das Handwerk gelegt werden sollte. Der moralisierende Gestus, man dürfe nicht auf angenehmes Erleben aus sein, solange so viele ein schweres Leben haben, erscheint unter Bedingungen großer sozialer Ungleichheiten nicht unangemessen. Zweitens weil Unterhaltung im politischen Sinn alles andere als harmlos ist, denn sie muss, um anzukommen, an das Wissen des Publikums mehr affirmativ als innovativ Anschluss halten. „Unterhaltung hat insofern einen Verstärkereffekt in Bezug auf schon vorhandenes Wissen." (Luhmann 1996, S. 108) Nicht Lernen, sondern Bestätigung des Gewussten steht im Vordergrund. Wie sich vorhandene Deutungs- und Verhaltensmuster in Unterhaltungsangeboten niederschlagen, hat Andreas Dörner am Beispiel US-amerikanischer Filme und Fernsehsendungen untersucht, etwa der TV-Serie „The Simpsons". Sein Fazit: „Verbindet man die Ergebnisse der Filmanalysen mit den Befunden zum Fernsehen, so lässt sich etwas zugespitzt formulieren: Zu Beginn der 1990er Jahre ist es der kommunikativ engagierte und gleichwohl unkonventionell-kreative Mensch, der als neuer Modelltypus einer sinnhaften und erfüllten Identität inszeniert wird [...] Ergänzt man dieses Bild um das Moment einer nach wie vor starken Familienorientierung, dann ist damit der dominante politische Identitätstyp in den Bildwelten der Unterhaltungskultur umfassend beschrieben." (Dörner 2000, S. 386)

Die Anziehungskraft der Unterhaltung für das Publikum macht dieses Programm auch für den Journalismus, die Werbung und die Öffentlichkeitsarbeit interessant. Aus der Perspektive von Öffentlichkeitsorganisationen, welche die gewonnene Aufmerksamkeit großer Publika auf Werbe- und Konsummärkten zum Kauf anbieten, stellt die Unterhaltung sogar das erfolgversprechendste Programm öffentlicher Kommunikation dar. Hörfunk und Fernsehen haben ihre Sendungen stark auf Unterhaltung ausgerichtet, das Internet ist inzwischen das beliebteste Unterhaltungsmedium.

3.3 Exkurs: Selbstdarstellungen – eine Einordnung

In vielen Ansätzen zur Öffentlichkeit steht die Fremdbeobachtung zur Herausbildung von Umwelterwartungen im Mittelpunkt – man kann sie auch als Fremdbeobachtungs-Ansätze bezeichnen. In einer solchen Perspektive zählen am *Speakers' Corner* in London folgerichtig die Zuschauer ebenso wie mögliche journalistische Beobachter zur Öffentlichkeit. Seltsamerweise aber nicht der Redner selbst. Aber ist nicht er es, der der Meinung ist, dass seine Überzeugungen für alle eine wichtige Information darstellten? Er kann zwar alleine keine Öffentlichkeit herstellen – schließlich kann er niemanden zum Zuhören zwingen. Aber erst der Redner schafft mit seiner Rede eine zentrale Voraussetzung für die Konstitution dieser momenthaften Öffentlichkeit.

In den Fremdbeobachtungs-Ansätzen wird der Journalismus als das einzige Leistungssystem der Öffentlichkeit angeführt (vgl. z. B. Kohring und Hug 1997). Dabei wird gerne übersehen, dass Selbstbeschreibungen quasi die Voraussetzung von Fremdbeobachtungen bzw. -beschreibungen sind. *Erstens* gewannen Fremdbeschreibungen – und hier insbesondere journalistische Fremdbeschreibungen – gerade deshalb an Bedeutung, weil die Vielzahl an veröffentlichten Selbstbeschreibungen wegen ihrer Menge und wegen ihrer fragwürdigen Vertrauenswürdigkeit zu komplex wurden: Wem höre ich zu und wem glaube ich, wenn jeder lauthals von sich behauptet, der Beste zu sein und recht zu haben? In einer solch unübersichtlichen Situation gibt es einen enormen Bedarf an zuverlässigen Fremdbeschreibungen (vgl. Kohring und Hug 1997, S. 21). Damit hängt *zweitens* eng zusammen, dass Fremdbeschreibungen nicht immer, aber in der deutlichen Mehrzahl auf Selbstbeschreibungen anderer angewiesen sind. Der politische Journalismus berichtet vor allem über Absichtserklärungen von Parteien, der Wirtschaftsjournalismus über angekündigte Produktoffensiven und Quartalszahlen von Unternehmen. Die Relevanz von Selbstdarstellungen für die Öffentlichkeit im Allgemeinen und für den Journalismus im Besonderen wird auch nicht dadurch geschmälert, dass besonders gerne vermeintlich nicht-öffentliches Verhalten öffentlich thematisiert wird – z. B. im investigativen Journalismus oder im täglichen Tratsch und Klatsch. In der Öffentlichkeit kann theoretisch alles und jeder thematisiert werden, empirisch zeigen aber z. B. die Untersuchungen zu den PR-Journalismus-Beziehungen, dass veröffentlichte Selbstdarstellungen im Journalismus eine wichtige Rolle spielen – ohne dass sie journalistische Berichterstattung gleich determinieren würden.

Öffentlichkeitsarbeit und Werbung haben damit für die Öffentlichkeit einen konstitutiven Charakter. Die Besucherzahlen auf den Websites von Regierungen, Parteien, Verbänden und Unternehmen, die Abrufzahlen des Merkel-Podcasts und eben die Besucherzahlen am *Speakers' Corner* belegen, dass die angebotenen Selbstdarstellungen auch nachgefragt werden – nicht nur von Journalisten. Einerseits. Andererseits zeigen die missionarischen Weltverschwörungstheoretiker am Speakers' Corner aber auch genau den Nachteil, den Öffentlichkeitsarbeit und Werbung im Vergleich zum Journalismus immer haben werden. Am *Speakers' Corner* kann jeder die absurdesten Thesen vertreten, es fehlt die entlastende Prüfung journalistischer Fremdbeobachtung. Der Fall Mollath zeigte, wie schwer es ein vermeintlicher Weltverschwörungstheoretiker hat, mit seinen Selbstbeschreibungen eine breite Öffentlichkeit zu schaffen.

Es wäre angesichts der ökonomischen Probleme vieler Öffentlichkeitsorganisationen ein Trugschluss, dass der Journalismus grundsätzlich gefährdet sei: Das besondere Leistungsversprechen des Journalismus liegt ja gerade darin, dass die Lektüre aktueller Mitteilungen etwa in einer Zeitung oder das Schauen einer Nachrichtensendung uns über Wichtiges richtig informiert und so die Orientierung in der Welt erleichtert, weil die Redaktion für uns die Beobachtung der Gesellschaft übernommen hat, uns damit Zeit spart und Beobachtungspotentiale anbietet, die uns aus eigener Kraft niemals zugänglich wären. Warum sollte das Publikum auf diesen Vorteil verzichten – solange und sofern es Veröffentlichungen gibt, welche diese journalistische Leistung tatsächlich erbringen?

Die in der Öffentlichkeitsarbeit und Werbung veröffentlichten Selbstdarstellungen bzw. Selbstbeschreibungen haben stets einen strategischen Charakter, denn sie neigen letztlich immer zur Idealisierung – in der privaten Kommunikation genauso wie in Veröffentlichungen von Organisationen. Anschlussfähig ist hier der interdisziplinäre Theatralitätsdiskurs. Spätestens seit den Arbeiten von Goffman (1998 [1959]) besteht Konsens darin, dass Inszenierungen – verstanden als kal-

3.3 Exkurs: Selbstdarstellungen – eine Einordnung

kuliertes Auswählen, Organisieren und Strukturieren von Darstellungsmitteln, um eine beabsichtigte Publikumswirkung zu erzielen (vgl. Ontrup und Schicha 1999, S. 7) – allgegenwärtig sind. Inszenierungen können demnach als anthropologische Konstante verstanden werden (vgl. Meyer 2003, S. 13). Dies gilt zumal für öffentliche Interaktionen, die sich eben „nicht wie Tsunamis gemäß Naturgesetzen" (Saxer 2008, S. 364) vollziehen. In Anlehnung an Watzlawick könnte man damit zur Unausweichlichkeit öffentlicher Inszenierungen formulieren: Beim bewussten öffentlichen Auftritt kann man nicht nicht inszenieren.

Der entscheidende Unterschied zwischen dem fremdbeschreibenden Journalismus und der selbstbeschreibenden Öffentlichkeitsarbeit ist, dass sich die Öffentlichkeitsarbeit nicht primär für ihr Publikum, sondern für sich selbst interessiert. Während journalistische Selektionsentscheidungen als Produkt des Informationswertes eines Ereignisses und der zugeschriebenen Relevanz des Ereignisses für die Publika zu verstehen sind (vgl. Merten 1973, S. 219 f.), kommt bei der Öffentlichkeitsarbeit als dritter und wichtigster Faktor das Organisationsinteresse hinzu.

Ein Öffentlichkeitsarbeiter hat damit viele Gemeinsamkeiten mit einem Syndikus: Ob bzw. wie ein Unternehmen in der Öffentlichkeit bzw. vor Gericht aktiv wird, entscheiden nicht der Öffentlichkeitsarbeiter oder der Syndikus, sondern die Unternehmensleitung nach ökonomischen Fragen: Lohnt sich das Gerichtsverfahren? Sind bei einer öffentlichen Richtigstellung die wirtschaftlichen Risiken geringer als die Chancen? Wenn diese Entscheidung aber erst einmal getroffen ist, wird die Bühne des Rechts bzw. der Öffentlichkeit betreten. Und nicht verschwiegen werden soll, dass Unternehmen auch unfreiwillig auf diese Bühnen gezwungen werden können. Ein Unternehmen kann verklagt werden und von einer Redaktion öffentlich kritisiert werden. Dieses Beispiel zeigt umgekehrt die Abhängigkeit der Unternehmensleitung von der Öffentlichkeitsarbeit bzw. vom Syndikus: Ein Unternehmen wird nicht lange bestehen, wenn sein Geschäftsmodell vor Gericht verboten wird bzw. wenn die Produkte in der Öffentlichkeit als schädlich diskutiert werden und deshalb von niemandem mehr gekauft werden.

Ob freiwillig oder unfreiwillig – die Veröffentlichung kollektiver Informationen behält für Öffentlichkeitsarbeit und Werbung ihren strategischen Charakter und ist auf spezifische Ziele gerichtet. Konkret: Ein Unternehmen kann Werbung oder Öffentlichkeitsarbeit betreiben, um z. B. seine Produkte zu verkaufen, neue Mitarbeiter zu gewinnen oder die gesellschaftliche Legitimation zu erhöhen. In einer solchen Argumentation wird zwischen Werbung und Öffentlichkeitsarbeit als Leistungssystemen der Öffentlichkeit auf der einen Seite sowie unternehmerischen Disziplinen wie Absatzmarketing, Public Relations, Personalrekrutierung oder Investor Relations unterschieden. Diese Unterscheidung muss näher erläutert werden.

Während das Leistungssystem Journalismus überwiegend in Öffentlichkeitsorganisationen bzw. in sogenannten Massenmedien zu finden ist, finden sich Öffentlichkeitsarbeit und Werbung in fast allen Organisationen. Sie sorgen für (un)verbindliche Selbstdarstellungen, mit denen Organisationen auf dem Umwege der öffentlichen Thematisierung Entscheidungen im Interesse des positiv Beschriebenen zu beeinflussen versuchen. Dies ist in Unternehmen ebenso wie in Parteien, Ministerien, Hochschulen und Kirchen zu beobachten.

Unternehmen können mit unverbindlicher Werbung und verbindlicher Öffentlichkeitsarbeit ganz verschiedene Ziele verfolgen: Sie können Pressearbeit betreiben, um die neuen Druckmaschinen zu vermarkten, es kann Werbeanzeigen schalten, um nach einem Korruptionsskandal die Akzeptanz zu erhöhen und mit einer Website gezielt (potenzielle) Aktionäre ansprechen. Die Beispiele zeigen: Unverbindliche Werbung und verbindliche Öffentlichkeitsarbeit können beide gleichermaßen für Absatzziele, PR-Ziele, Personalrekrutierungsziele etc. eingesetzt werden. Daher wird hier dafür plädiert, diesem Wechsel der Beobachtungsperspektive Rechnung zu tragen und Werbung vom Absatzmarketing sowie Öffentlichkeitsarbeit von der Public Relations zu unterscheiden. Wie in so vielen anderen Fällen auch mag die Handlung dieselbe sein, aber ihre Bedeutung wechselt mit der Beobachterposition; etwas anders sehen, heißt etwas Anderes sehen. Deshalb halten wir es für sinnvoll, zwischen Werbung und Öffentlichkeitsarbeit als Leistungssystemen der Öffentlichkeit auf der einen Seite sowie unternehmerischen Disziplinen wie Absatzmarketing, Public Relations, Personalrekrutierung oder Investor Relations auf der anderen Seite zu unterscheiden (vgl. Abb. 3.2):

- *Leistungssysteme der Öffentlichkeit*: Der Primärcode kollektive Informationen sowie die Sekundärcodes, mit denen Fragen der Selbstdarstellung sowie der Un/Verbindlichkeit verbunden sind, strukturieren Erwartungen innerhalb und außerhalb von Organisationen.
- *Organisationale Disziplinen am Beispiel von Unternehmen*: Absatzmarketing und PR hingegen existieren als Problem nur innerhalb der Organisation. Sie entscheiden in Unternehmen in der Regel nach ökonomischen Kriterien, ob sie sich in der Öffentlichkeit darstellen.

Beginnen wir mit den organisationalen Disziplinen: Durch Binnendifferenzierung steigern Systeme ihre Leistungsfähigkeit. Je komplexer ein System ist, desto geringer ist das Komplexitätsgefälle zwischen der Umwelt und dem fokalen System, desto besser kann das System das Problem bearbeiten. „Die interne Differenzierung eines Systems in Untersysteme ist demnach ein Prozess, durch den das Gesamtsystem die Problematik seiner Umwelt nach innen weitergibt. Es muss wider-

3.3 Exkurs: Selbstdarstellungen – eine Einordnung

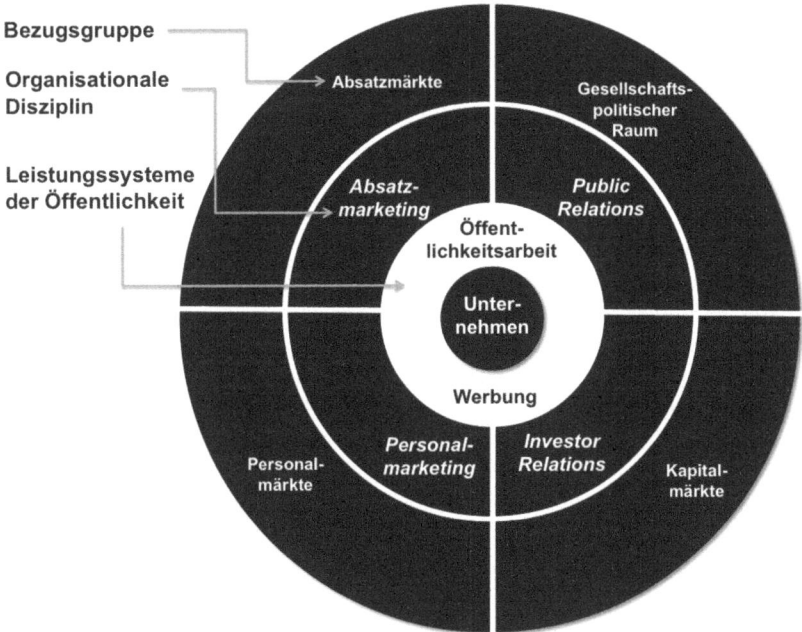

Abb. 3.2 Bezugsgruppen, organisationale Disziplinen und Leistungssysteme der Öffentlichkeit am Beispiel eines Unternehmens

spruchsvolle Verfahren der Eigenstabilisierung in Untersystemen und damit ein gewissen Maß an inneren Konflikten tolerieren" (Luhmann 1964, S. 79). Analog zur Ausdifferenzierung von gesellschaftlichen Funktionssystemen vollziehen sich die Ausdifferenzierungsprozesse auf der Organisationssystemebene. Ein Subsystem grenzt sich von anderen organisationalen Subsystemen durch seine Sekundärfunktion ab.

Am Beispiel von Unternehmen soll herausgearbeitet werden, welche organisationalen Subsysteme bzw. Disziplinen sich in den meisten Unternehmen ausdifferenziert haben.

Public Relations
Public Relations wird in der Literatur in der Regel auf das gesellschaftliche Umfeld eines Unternehmens hin ausgerichtet (vgl. ausführlich Hoffjann 2007, 2009). Die Probleme, auf die Unternehmen in ihrer Umwelt treffen, ergeben sich aus ihrer autonomen und damit eigensinnigen Operationsweise. Ein Autohersteller produ-

ziert Autos zu möglichst geringen Kosten, um anschließend möglichst viele Käufer dafür zu gewinnen. Dass dabei die Natur belastet wird, in Krisen Arbeitnehmer entlassen werden müssen und in Asien Kinder mitarbeiten, erscheint für den wirtschaftlichen Erfolg zunächst zweckmäßig – und damit funktional. Naturschutz, Arbeitnehmerinteressen und Menschenrechte interessieren den Autohersteller nicht, so lange es nicht zu dysfunktionalen und mithin negativen Folgen für ihn kommt. In einer modernen, funktional differenzierten Gesellschaft sind Organisationen zwar autonom, aber nicht autark. Es bestehen u. a. Abhängigkeiten gegenüber der Politik oder gegenüber dem Erziehungssystem, das für die Ausbildung potenzieller Beschäftigter zuständig ist. Je mehr die Umweltsysteme bzw. Bezugsgruppen die dysfunktionalen Folgen eines Systems kritisieren und gleichzeitig die Leistungen dieses Systems für verzichtbar halten, desto eher kann dies zu einer existenzbedrohenden Situation führen. In jedem Falle führt es jedoch zu Konflikten, die mit der weiteren Ausdifferenzierung moderner Gesellschaften potenziell zunehmen. Konflikte sind zwar per se weder positiv noch negativ für eine Gesellschaft, zu viele Konflikte würden Organisationen wie Unternehmen jedoch zum Erliegen bringen.

Neben anderen kann Legitimität zur Vermeidung von Konflikten beitragen. Mit Legitimität meint Fuchs-Heinritz, „dass Herrschende, politische Bewegungen und Institutionen aufgrund ihrer Übereinstimmung mit Gesetzen, Verfassungen, Prinzipien oder aufgrund ihrer Leistungsfähigkeit für allgemein anerkannte Ziele akzeptiert, positiv bewertet und für rechtmäßig gehalten werden" (Fuchs-Heinritz 1994, S. 396). Legitimation kann als zentrale Kategorie der PR begriffen werden, die in der PR-Forschung eine lange Tradition hat. Organisationen stehen in einer modernen Gesellschaft unter einem nahezu permanenten Legitimationsdruck, der in den vergangenen 20 bis 30 Jahren deutlich zugenommen hat und vermutlich weiter ansteigen wird. *Die Funktion von Public Relations ist die Legitimation der Organisationsfunktion gegenüber den als relevant eingestuften Stakeholdern in der Gesellschaft* (vgl. Hoffjann 2007). Zur Legitimation stehen der PR im Wesentlichen zwei idealtypische Strategien zur Verfügung, die sich mit der vermutlich ältesten Unterscheidung der PR erklären lassen: die Differenz von *Reden und Handeln.* Wenn Unternehmen mit ihren Reden scheitern, müssen sie anders handeln als ursprünglich geplant. Systemtheoretisch kann Reden als externe Kontextsteuerung und Handeln als unternehmerische Selbststeuerung konzipiert werden (vgl. Hoffjann 2009).

- *Reden*: Wenn PR den relevanten Bezugsgruppen eine kognitive, also veränderungswillige Erwartungshaltung unterstellt, kann das Unternehmen an seiner Unternehmenspolitik festhalten und z. B. mittels der externen Veröffentlichung von Selbstbeschreibungen versuchen, die Umwelterwartungen dieser Bezugs-

3.3 Exkurs: Selbstdarstellungen – eine Einordnung

gruppen gegenüber dem Unternehmen zu ändern und damit das Unternehmen zu legitimieren. Diese Strategieoption kann systemtheoretisch als *externe Kontextsteuerung* bezeichnet werden. Beispiele für solche externen Kontextsteuerungen sind die unverbindliche Werbung und die verbindliche Öffentlichkeitsarbeit.

- *Handeln*: Unterstellt PR bei den relevanten Bezugsgruppen eine normativ-kritische Erwartungshaltung und hat eine einzelne Unternehmensentscheidung das Potenzial, die Legitimation des gesamten Unternehmens zu gefährden, wird PR die eigene Unternehmenspolitik zu ändern versuchen. Dies kann systemtheoretisch auch als *unternehmerische Selbststeuerung* modelliert werden.

Legitimation ist mitunter auch da in Gefahr, wo Unternehmen rechtlich einwandfrei operieren. Denn Protest ist häufig dort umso heftiger, wo Bezugsgruppen sich vom Rechtssystem verlassen fühlen, sich aber moralisch im Recht wähnen. Für Unternehmen folgt daraus, dass sie möglicherweise zwar im juristischen Sinne im Recht sind, aber durch die mögliche Wucht eines öffentlichen Protestes, der auf Partizipation zielt, einen enormen Schaden erleiden.

PR bearbeitet als organisationales Subsystem bzw. Disziplin das Problem notwendiger Legitimität, und dieses Problem stellt sich nur innerhalb der Organisation. Wenn PR dabei die Interessen externer Bezugsgruppen berücksichtigen und eine Änderung der Unternehmenspolitik empfehlen sollte, dann deshalb, weil es als funktional bei der Bearbeitung des Legitimitätsproblems erscheint. PR interessiert sich für mögliche negative Folgen einer Organisation in ihrer Umwelt immer nur, soweit sie die Legitimation tangieren. Es überrascht nicht, dass externe Bezugsgruppen eine völlig andere Perspektive einnehmen: Bezugsgruppen interessieren sich nicht für die Legitimation einer Organisation, sondern ausschließlich für die negativen Folgen, die sie selbst betreffen und deren Ursache sie der Organisation zuschreiben. Eine Bezugsgruppe legitimiert eine Organisation zwar (oder eben nicht), sie interessiert sich aber nicht dafür, welche Folgen eine fehlende Legitimation für die Organisation hat – es sei denn, dass dies für die Bezugsgruppe wiederum relevant wäre. Entsprechend gibt es auch keine Kommunikation im Medium der Legitimation zwischen der Organisation und einer Bezugsgruppe.

Absatzmarketing
Analog zur PR kann das Absatzmarketing konzipiert werden. Das Absatzmarketing ‚zielt' insbesondere auf den Markt des Organisationssystems (vgl. z. B. Becker 1998, S. 17; Zerfaß 2004, S. 298). Als Markt werden Umweltsysteme innerhalb des Funktionssystems bezeichnet, in denen die Leistungen des fokalen Organisationssystems mit den Leistungen anderer Organisationssysteme konkurrieren. Für

Unternehmen sind dies die potenziellen Käufer, die über den Kauf eines Produktes des Unternehmens A oder des Unternehmens B entscheiden. Die oben eingeführte Unterscheidung zwischen Reden als externer Kontextsteuerung und Handeln als unternehmerische Selbststeuerung kann auch auf das Absatzmarketing angewendet werden:

- *Reden*: Wenn im Absatzmarketing unterstellt wird, dass z. B. das Produkt und sein Preis konkurrenzfähig sind, kann es das Produkt in den veröffentlichten Selbstbeschreibungen ‚bewerben'. In der Konsumgüterbranche geschieht dies insbesondere durch die unverbindliche Mediawerbung, in der Investitionsgüterbranche vor allem auch durch Pressearbeit in Fachzeitschriften.
- *Handeln*: Wenn das Absatzmarketing hingegen unterstellt, dass das Produkt oder der Preis nicht mehr konkurrenzfähig sind, wird es hier zunächst Änderungen vornehmen, um Käufer zu gewinnen.

Es ist offenkundig, dass wie in der PR Selbst- und Kontextsteuerungen immer als Mischform auftreten. Im normativen Marketingmanagement werden im Rahmen der Marktforschung zunächst die Bedürfnisse, Wünsche und Erwartungen erfragt, um auf dieser Grundlage das Produkt zu entwickeln und einen Preis festzulegen, bevor abschließend das Produkt öffentlich thematisiert wird.

Absatzmarketing, Investor Relations, Personalmarketing und PR greifen im Rahmen der Kontextsteuerung bzw. des „Redens" auf identische Kommunikationsinstrumente wie Pressearbeit, Mediawerbung, Events, eigene Website-Angebote oder soziale Medien etc. zurück. Diese Kommunikationsinstrumente können anhand vieler Unterscheidungen kategorisiert werden (vgl. Bruhn 2009), wir wollen sie mit den Leitdifferenzen Verführen für Werben und Überzeugen für Öffentlichkeitsarbeit sowie der Unterscheidung von verbindlicher Öffentlichkeitsarbeit und unverbindlicher Werbung einteilen. Dies wollen wir im Folgenden erläutern.

3.4 Werbung: Leitdifferenz Verführen

In einem sehr weiten Verständnis kann die Funktion von Werbung darin gesehen werden, das Problem der Herbeiführung gewünschter Anschlusshandlungen zu bearbeiten (vgl. Kohring und Borchers 2013, S. 232). Dann wäre auch Öffentlichkeitsarbeit, wie wir sie skizziert haben, zur Werbung zu zählen.

3.4 Werbung: Leitdifferenz Verführen

Wir plädieren dafür, neben dem Selbstdarstellungscharakter und der Herbeiführung gewünschter Anschlusshandlungen die Unverbindlichkeit der Informationen in den Mittelpunkt zu stellen; Unverbindlichkeit insofern, als dass Richtigkeit und allgemeine Relevanz für Werbung keine Kriterien sind. In der Werbung werden keine verbindlichen Informationen erwartet – was nicht ausschließt, dass sie dort durchaus zu finden sind. Genau das macht Werbung zum „geheimen Verführer" (Packard 1964). Und daher ist sie seit jeher einem Motiv- und Manipulationsverdacht ausgesetzt (vgl. Hellmann 2003, S. 265): „Die Werbung sucht zu manipulieren, sie arbeitet unaufrichtig und setzt voraus, dass das vorausgesetzt wird." (Luhmann 1996, S. 85) Diese Erwartungserwartung ist ein zentrales Merkmal der Werbung: In der Werbung wird die Ausblendungsregel als kollektiv geteiltes Wissen unterstellt (vgl. Schmidt 2002, S. 104). Rezipienten erwarten von Werbern weder normativ noch unterstellen sie ihnen, dass sie die Werbeobjekte angemessen beschreiben. Werbung zielt eben nicht wie Journalismus auf sozial verbindliche Wirklichkeitsentwürfe (vgl. Schmidt 2002, S. 104) – und Rezipienten erwarten dies auch nicht. Wenn Werbung negative Produkteigenschaften ausblendet oder schlicht lügt, operiert sie „nicht gegen, sondern stets mit dem (Ein-)Verständnis ihrer Rezipienten" (Zurstiege 2005, S. 45). Deshalb kann es in der Werbung auch kaum Lügen geben. Denn wer keine Wahrheit unterstellt und keine Wahrhaftigkeit voraussetzt, kann weder lügen noch belogen werden (vgl. Hettlage 2003, S. 12). In der Werbung und konkreter der Mediawerbung ist die Thematisierung fehlender Vertrauenswürdigkeit eine lange etablierte Strategie. Sie legt direkt oder indirekt ihren Rahmen offen – gern und oft z. B. durch selbstironische Seitenhiebe (vgl. Lindner 1977, S. 124; Willems und Kautt 2003, S. 114 f.). Der mitunter spielerische Umgang mit dem eigenen Vertrauenswürdigkeitsproblem kann als Reaktion auf die Konsumkritik an der Werbung in den 1960er Jahren interpretiert werden (vgl. Schmidt 1999, S. 526). Pointierter könnte man formulieren: *Natürlich ist es übertrieben, aber ist es nicht unterhaltsam? Verführen ist als Leitdifferenz damit das zentrale Motiv der Werbung.*

Woraus resultiert der gesellschaftliche Bedarf an kollektiver Verführung? Wenn man von einer allgemein-menschlichen Zuschreibung absieht, wie sie vor allem im Zusammenhang mit Liebesbeziehungen üblich ist, trifft man auf den Umstand des Marktes.

Politik ist generell auf Veröffentlichungen angewiesen. Das politische Zentrum, der Staat, der für alle verbindlichen Entscheidungen trifft, muss diese auch verkünden, sonst kennt sie niemand und kann sie niemand befolgen. Zwischen Indianerhäuptlingen, Sonnenkönigen und Bundeskanzlerinnen ist in dieser Hinsicht kein Unterschied. Die Wirtschaft hingegen hat solange keinen Bedarf an Veröffentlichungen, wie sie der Selbstversorgung dient. Die Hauswirtschaft, Oikos, die

Mutter der Ökonomie, weiß, was sie für wen produziert. Das wird mit dem Entstehen von Märkten anders, wenn Arbeitsleistungen nicht für vorher schon festgelegte Verbraucher erbracht werden. Sobald Produkte und Dienstleistungen auf einem freien Markt als Waren angeboten werden, sind sie *einerseits* jetzt selbst so etwas wie Veröffentlichungen. Der Zugang, genauer: der Zugriff im Rahmen der Zahlungsfähigkeit, ist frei. Wie viel gesellschaftliche Dramatik damit verbunden ist, wenn zahlungsbereite Zugriffe auch auf Grund und Boden, auf Arbeitskräfte und sogar auf Geld, das dann Kredit heißt, möglich werden, hat Karl Polanyi (1978) unter dem Titel „The Great Transformation" beschrieben. *Andererseits* ist den Anbietern der Waren wenig geholfen, wenn diese zwar öffentlich zugänglich sind, aber nicht gekauft werden und liegen bleiben. Das heißt, mit der Warenproduktion bildet sich ein Bedarf an öffentlichen Mitteilungen *über* diese Waren spätestens dann heraus, sobald die Kunden nicht mehr wegen akuter Bedürfnisse nach Waren, sondern die Waren wegen Überangeboten dringend nach Kunden suchen.

Um die Bedeutung und die Dynamik der notwendigen Werbeaktivitäten einschätzen zu können, empfiehlt es sich, die Reichweite des Geldes in modernen Gesellschaften zu vergegenwärtigen. Die soziale Existenz jeder Person und jeder Organisation hängt an der Zahlungsfähigkeit. Und für die meisten Personen läuft der einzige Weg an Geld zu kommen über die Erwerbsarbeit für eine Organisation. Sobald diese Organisation nicht mehr zahlungsfähig ist, verlieren die Personen, die für sie arbeiten, ihr Einkommen. Wirtschaftsorganisationen, für die sogenannten Nonprofit-Organisationen sieht es etwas anders aus, müssen im Interesse ihrer Eigentümer und ihrer Beschäftigten alles daran setzen, ihre Produkte erfolgreich auf dem Markt zu positionieren, das heißt, dem Publikum Kaufanreize zu bieten, es zu verführen.

Zur Werbung zählen wir vor allem die klassische Mediawerbung, die im Sinne klassischer Marketingdefinitionen für den Transport und die Verbreitung über die Belegung von Werbeträgern mit Werbemitteln im Umfeld öffentlicher Kommunikation bezahlt (vgl. Bruhn 2005, S. 338). In der Werbung steht in noch höherem Maße als im Journalismus, in der Unterhaltung oder der Öffentlichkeitsarbeit das Problem der Aufmerksamkeitsgewinnung im Mittelpunkt, die Schmidt sogar zum Ausgangspunkt seiner Überlegungen zur Werbung stellt: „Ihre Identität gewinnen Werbesysteme [...] über die Produktion folgenreicher Aufmerksamkeit für Produkte, Leistungen, Personen und ‚Botschaften' mit Hilfe von Medienangeboten" (Schmidt und Spieß 1996, S. 41). Aufmerksamkeit ist für die Werbung deshalb ein so großes Problem, weil kaum jemand ein Medium, etwa eine Tageszeitung, wegen der Werbung kauft – als Ausnahme können vor allem früher Stellen- oder Immobilienanzeigen gelten. Werbung ist also erst einmal unerwünscht und muss alles daran setzen, überhaupt erst Aufmerksamkeit erzielen.

3.5 Öffentlichkeitsarbeit: Leitdifferenz Überzeugen

Zur verbindlichen Öffentlichkeitsarbeit zählen in unserem Verständnis vor allem Instrumente wie die Pressearbeit, Kunden- und Mitarbeiterzeitschriften oder die meisten organisationalen Angebote in den Sozialen Medien. Im Gegensatz zur Werbung werden in der Öffentlichkeitsarbeit Angemessenheit und Wahrhaftigkeit normativ erwartet. Dies zeigt sich darin, dass Öffentlichkeitsarbeit ihre Publika mit Sachargumenten eher zu überzeugen versucht. Daher operiert Öffentlichkeitsarbeit mit der Leitunterscheidung *Überzeugen.*

Während Werbung eher mit unterhaltenden Elementen die eigenen Interessen und Produkte darstellt, *bearbeitet die Öffentlichkeitsarbeit die Öffentlichkeit vorrangig mit seriös aufbereiteten und verbindlichen Informationen. Daher haben wir uns beim verbindlichen Selbstbeschreiber für den in Vergessenheit geratenen Begriff der Öffentlichkeitsarbeit* (vgl. Oeckl 1964) *entschieden. Da die Begriffe Öffentlichkeitsarbeit und Public Relations in der PR-Forschung meist synonym verwendet werden, birgt diese Wahl das Risiko, dass unsere Argumentation für den flüchtigen Leser zu Missverständnissen führen mag. Sie hat aber den Vorteil, dass wir ebenso wie bei der Werbung auf einen eingeführten Begriff zurückgreifen können, der intuitiv den verbindlichen und eher rationalen Charakter dieses Leistungssystems der Öffentlichkeit deutlich macht.*

Das besondere Dilemma der Öffentlichkeitsarbeit ist, dass einerseits oft Lüge und fehlende Angemessenheit unterstellt werden, während Wahrhaftigkeit und Angemessenheit normativ erwartet werden. Hierzu können im Folgenden Erkenntnisse der PR-Forschung genutzt werden, da dort in der Regel verbindliche Selbstbeschreibungen im Mittelpunkt des Interesses stehen – dies wird später noch zu erläutern sein. So haben Bentele und Seidenglanz in einer repräsentativen Bevölkerungsbefragung gezeigt, dass von PR-Praktikern zwar normativ erwartet wird, dass sie wahrheitsgemäß bzw. objektiv, gesellschaftlich verantwortlich oder ehrlich sind, aber zugleich unterstellt wird, dass sich PR-Praktiker nicht so verhalten (vgl. Bentele und Seidenglanz 2004, S. 83; Tab. 3.2). Die Aussagekraft der Ergebnisse der Studie müssen zwar wegen des unterschiedlichen Wissens zur PR bzw. zur Öffentlichkeitsarbeit differenziert betrachtet werden (vgl. Bentele und Seidenglanz 2004, S. 46 ff.), sie lassen allerdings den Schluss zu, dass eine Ausblendungsregel nicht akzeptiert wird. Im Gegensatz zur Werbung werden in der Öffentlichkeitsarbeit Angemessenheit und Wahrhaftigkeit normativ erwartet, aber – und hier liegt das besondere Problem – zugleich oft Lüge und fehlende Angemessenheit unterstellt.

Dieses Problem zeigt sich zumal in der Presse- und Medienarbeit. Journalisten erwarten hier von ihrer Quelle Öffentlichkeitsarbeit normativ verbindliche Informationen, die sie für ihre eigenen verbindlichen Fremdbeschreibungen verwenden können. Empirisch hingegen sind die Erwartungen ganz andere, wie eine Untersu-

Tab. 3.2 Erwartung an das Verhalten und Einschätzung der tatsächlichen Eigenschaften von PR-Praktikern (1 = überhaupt nicht wichtig, 5 = sehr wichtig; Angaben in Mittelwerten; $n = 1100$; Bentele und Seidenglanz 2004, S. 83 und 85)

	Erwartung an das Verhalten von PR-Praktikern (Einschätzung der Bevölkerung)	Einschätzung der tatsächlichen Eigenschaften von PR-Praktikern (Bevölkerung)
Professionell	4,4	3,9
Wahrheitsgemäß/objektiv	4,5	2,8
Gewissenhaft	4,5	3,3
Offen	4,3	3,1
Gesellschaftlich verantwortlich	4,4	2,9
Loyal gegenüber Auftraggebern	4,3	3,8
Dynamisch	4,0	3,8
Glaubwürdig	4,5	2,9
Seriös	4,3	2,9
Ehrlich	4,5	2,7
Vertrauenswürdig	4,4	2,8

chung von Weischenberg et al. (2006; Abb. 3.3) eindrucksvoll zeigt. Demnach hat sich die Einschätzung der Zuverlässigkeit von Pressemitteilungen innerhalb von rund zehn Jahren nahezu halbiert.

Das Instrument der Presse- und Medienarbeit und übergreifend die verbindliche Öffentlichkeitsarbeit kann zwar von allen organisationalen Disziplinen eingesetzt werden, offenkundig ist aber, dass sie traditionell als „natürliches" Instrument der PR verstanden wird. Wenn PR hier als Legitimation eines Unternehmens gegenüber relevanten Bezugsgruppen verstanden wird, ist zu erwarten, dass die Presse- und Medienarbeit bei PR-Themen häufig eine herausragende Rolle spielt, weil hier gesellschaftlich relevante Themen bzw. Werte verhandelt werden, die mithin auch für den Journalismus interessant sind – von der Kernenergie über den Umgang mit Mitarbeitern bei einem nationalen Lebensmitteldiscounter bis hin zum Umgang mit den Anwohnern eines lokalen Sägewerkes. PR-Themen sind damit oft zugleich journalistisch relevante Themen. Von der Tendenz der Berichterstattung hängen für ein Unternehmen damit die Erfolgsaussichten ab, ihre Interessen durchzusetzen. Denn bei PR-Issues entscheidet die politische, nicht die wirtschaftliche Logik: Während ein Unternehmen mitunter in einer kleinen Nische bestens verdienen kann, zählt in der Politik die (wahrgenommene) Mehrheit. Aus diesem Grund besitzt die politische Medienberichterstattung für politische Akteure eine so herausragende Rolle: Regierungen werden beispielsweise nur in Ausnahmen ein Interesse nicht berücksichtigen, das in der Medienberichterstattung mehrheitlich

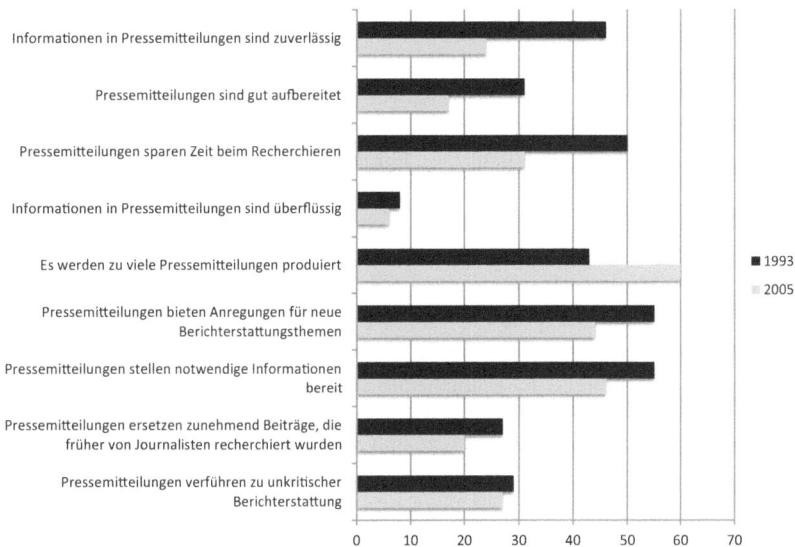

Abb. 3.3 Zustimmung von Journalisten zu Aussagen über Pressemitteilungen 1993 und 2005 (in Prozent; Weischenberg et al. 2006, S. 127)

vertreten wird (vgl. Meyer 2001). PR-Themen finden sich in vielen Ressorts wieder: regelmäßig in der Lokal- und Politikberichterstattung sowie oft in der Wirtschaftsberichterstattung. Diese herausragende Relevanz führt dazu, dass in großen Unternehmen von Branchen, die im Scheinwerferlicht des öffentlichen Interesses stehen, eine intensivere Presse- und Medienarbeit zu PR-Themen betrieben werden dürfte als in kleinen und mittelständischen Unternehmen in als wenig riskant empfundenen Branchen (vgl. Hoffjann 2014).

Öffentlichkeitsarbeit ergibt nur einen Sinn, wenn es auch das Gegenteil gibt: die Geheimnisarbeit. Öffentlichkeitsarbeit umfasst damit die Veröffentlichung überzeugender Mitteilung ebenso wie das Schützen eines dahinterliegenden Arkanbereiches (vgl. Westerbarkey 2000, S. 176). Diese Doppelrolle wird noch mehrfach zu erläutern sein.

3.6 Fazit

Wenn so Verschiedenartiges und vermeintlich Gegensätzliches wie Journalismus, Unterhaltung, Werbung und Öffentlichkeitsarbeit unter dem Dach eines Funktionssystems verortet werden, dann werden damit ihre Unterschiede nicht geleugnet, sondern nur die These vertreten, dass sie alle dieselbe Funktion erfüllen: zur Information der Gesellschaft über sich selbst beizutragen. *Wie* sie den Präferenzwert ‚kollektive Information' zuordnen, geschieht auf höchst unterschiedliche Weise. Diese Unterschiede bzw. diese Identität der vier Leistungssysteme wird in ihrem jeweiligen Sekundärcode deutlich: Der Journalismus operiert sekundär mit der Leitdifferenz Aktualität, die Unterhaltung mit der Unterscheidung angenehmes Erleben, die Öffentlichkeitsarbeit mit Überzeugen und die Werbung mit Verführen.

Wie verschiedenartig allein die beiden Leistungssysteme Journalismus und Öffentlichkeitsarbeit mit der Unterscheidung kollektive Information/keine kollektive Information operieren, zeigt sich beispielsweise bei Organisationsgeheimnissen, die die Öffentlichkeitsarbeit – im Interesse ihrer Organisation – mit aller Macht zu schützen versucht, während der Journalismus sie – im Interesse seiner Publika – zu enttarnen versucht. In solchen Konfliktsituationen wird deutlich, warum die einen nur Selbstbeschreibungen ‚können', während die anderen nur Fremdbeschreibungen ‚können'. Eine ähnliche Konstellationen kennt man aus dem Rechtssystem: Den ihren Mandanten verpflichteten Rechtsanwälten stehen unabhängige Richter gegenüber, die am Ende entscheiden, was Recht und was Unrecht ist. So wie Journalisten mit ihren Publikationsentscheidungen das Urteil über die Mitteilungen der Öffentlichkeitsarbeit fällen. Dass die Unabhängigkeit der Richter mitunter ebenso überhöht wird wie die der Journalisten, wird in den folgenden Kapiteln zu zeigen sein.

Auch wenn vergleichbare Ansätze in der Literatur seit langem Konsens sind (z. B. Zerfaß 2004), so sind die Unterscheidungen Werbung vs. Absatzmarketing sowie Öffentlichkeitsarbeit vs. Public Relations sicherlich gewöhnungsbedürftig. Wir halten sie aber für unbedingt notwendig, weil Unternehmen mit unverbindlicher Werbung und verbindlicher Öffentlichkeitsarbeit ganz verschiedene Ziele verfolgen können: Sie betreiben Pressearbeit, um ein Auto zu vermarkten, sie schalten Werbeanzeigen, um die Akzeptanz der Kernenergie zu erhöhen. Unverbindliche Werbung und verbindliche Öffentlichkeitsarbeit können beide gleichermaßen für Absatzziele, PR-Ziele, Personalrekrutierungsziele etc. eingesetzt werden. Während folglich zum Beispiel Absatzmarketing und PR als Problem nur innerhalb von Unternehmen existieren, strukturieren Werbung und Öffentlichkeitsarbeit mit dem Primärcode kollektive Information/keine kollektive Information sowie ihren Sekundärcodes Erwartungen innerhalb und außerhalb von Organisationen.

Erst die Zusammenschau der vier Leistungssysteme und die Beobachtung ihrer Anteile an der öffentlichen Kommunikation vermitteln einen aufschlussreichen Eindruck davon, wie sich eine konkrete Gesellschaft über sich selbst informiert.

Literatur

Becker, T. (1998). *Die Sprache des Geldes. Grundlagen strategischer Unternehmenskommunikation.* Opladen: Westdeutscher Verlag.
Bentele, G., & Seidenglanz, R. (2004). *Das Image der Image-Macher. Eine repräsentative Studie zum Image der PR-Branche in der Bevölkerung und eine Journalistenumfrage.* Leipzig.
Bosshart, L. (2007). Information und/oder Unterhaltung? In A. Scholl, R. Renger, & B. Blöbaum (Hrsg.), *Journalismus und Unterhaltung. Theoretische Ansätze und empirische Befunde* (S. 17–29). Wiesbaden: VS Verlag für Sozialwissenschaften.
Bruhn, M. (2005). *Kommunikationspolitik.* München: Vahlen.
Bruhn, M. (2009). Das kommunikationspolitische Instrumentarium. In M. Bruhn, F.-R. Esch, & T. Langner (Hrsg.), *Handbuch Kommunikation* (S. 23–44). Wiesbaden: Gabler.
Dörner, A. (2000). *Politische Kultur und Medienunterhaltung. Zur Inszenierung politischer Identitäten in der amerikanischen Film- und Fernsehwelt.* Konstanz: UVK Universitätsverlag.
von Foerster, H., & Pörksen, B. (2004). *Wahrheit ist die Erfindung eines Lügners.* Heidelberg: Carl-Auer.
Früh, W. (2003). Triadisch-dynamische Unterhaltungstheorie (TDU). In W. Früh & H-J. Stiehler (Hrsg.), *Theorie der Unterhaltung. Ein interdisziplinärer Diskurs* (S. 27–56). Köln: Herbert von Halem.
Früh, W., & Stiehler, H.-J. (Hrsg.) (2003). *Theorie der Unterhaltung. Ein interdisziplinärer Diskurs.* Köln: Herbert von Halem.
Früh, W. & Wünsch, C. (2007). Unterhaltung. In A. Scholl, R. Renger, & B. Blöbaum (Hrsg.), *Journalismus und Unterhaltung. Theoretische Ansätze und empirische Befunde* (S. 31–52). Wiesbaden: VS Verlag für Sozialwissenschaften.
Fuchs, P. (1999). *Intervention und Erfahrung.* Frankfurt a. M.: Suhrkamp.
Fuchs-Heinritz, W. (1994). Legitimität. In W. Fuchs-Heinritz, et al. (Hrsg.), *Lexikon zur Soziologie* (3. Aufl., S. 396). Opladen: Westdeutscher Verlag.
Görke, A. (2007b). Argwöhnisch beäugt. Interrelationen zwischen Journalismus und Unterhaltung. In A. Scholl, R. Renger, & B. Blöbaum (Hrsg.), *Journalismus und Unterhaltung. Theoretische Ansätze und empirische Befunde* (S. 87–115). Wiesbaden: Verlag für Sozialwissenschaften.
Goffman, E. (1998 [1959]). *Wir alle spielen Theater. Die Selbstdarstellung im Alltag.* München: Piper Taschenbuch.
Hellmann, K. U. (2003). *Soziologie der Marke.* Frankfurt a. M.: Suhrkamp Verlag.
Hettlage, R. (2003). Vom Leben in der Lügengesellschaft. In R. Hettlage (Hrsg.), *Verleugnen, Vertuschen, Verdrehen. Leben in der Lügengesellschaft* (S. 9–50). Konstanz: UVK Universitätsverlag.
Hoffjann, O. (2007). *Journalismus und Public Relations. Ein Theorieentwurf der Intersystembeziehungen in sozialen Konflikten* (2. Aufl.). Wiesbaden: VS Verlag für Sozialwissenschaften.
Hoffjann, O. (2009). Public Relations als Differenzmanagement von externer Kontextsteuerung und interner Selbststeuerung. *Medien & Kommunikationswissenschaft, 57*(3), 299–315.

Hoffjann, O. (2014). Presse- und Medienarbeit in der Unternehmenskommunikation. In A. Zerfaß & M. Piwinger (Hrsg.), *Handbuch Unternehmenskommunikation. Strategie – Management – Wertschöpfung* (2. Aufl., S. 671–690). Wiesbaden: Gabler.
Horkheimer, M., & Adorno, T. W. (1971). *Dialektik der Aufklärung*. Frankfurt a. M.: Fischer (Erstauflage 1944).
Kohring, M., & Borchers, N. S. (2013). Werbung mit System? Eine konstruktive Kritik systemtheoretischer Theorien der Werbung. *Medien & Kommunikationswissenschaft, 61*(2), 221–234.
Kohring, M., & Hug, D. M. (1997). Öffentlichkeit und Journalismus. Zur Notwendigkeit der Beobachtung gesellschaftlicher Interdependenz – Ein systemtheoretischer Entwurf. *Medien Journal, 21*(1), 15–33.
Lindner, R. (1977). *Das Gefühl von Freiheit und Abenteuer. Ideologie und Praxis der Werbung*. Frankfurt a. M.: Campus Verlag.
Luhmann, N. (1964). *Funktionen und Folgen formaler Organisationen*. Berlin: Duncker & Humblot.
Luhmann, N. (1996). *Die Realität der Massenmedien*. Opladen: Westdeutscher Verlag.
Luhmann, N. (2005). *Einführung in die Theorie der Gesellschaft*. Heidelberg: Carl-Auer.
Merten, K. (1973). Aktualität und Publizität. Zur Kritik der Publizistikwissenschaft. *Publizistik, 18*(3), 216–235.
Merten, K. (1999). *Einführung in die Kommunikationswissenschaft. Band 1: Grundlagen der Kommunikationswissenschaft*. Münster: Lit-Verlag.
Meyer, T. (2001). *Mediokratie. Die Kolonisierung der Politik durch die Medien*. Frankfurt a. M.: Suhrkamp.
Meyer, T. (2003). Die Theatralität der Politik in der Mediendemokratie. *Aus Politik und Zeitgeschichte, 53,* 12–19.
Neuberger, C. (1996). *Journalismus als Problembearbeitung. Objektivität und Relevanz in der öffentlichen Kommunikation*. Konstanz: UVK Universitätsverlag.
Oeckl, A. (1964). *Handbuch der Public Relations. Theorie und Praxis der Öffentlichkeitsarbeit in Deutschland und der Welt*. München: Süddt. Verlag.
Ontrup, R., & Schicha, C. (1999). Die Transformation des Theatralischen. In R. Ontrup & C. Schicha (Hrsg.), *Medieninszenierungen im Wandel* (S. 7–18). Münster: Lit-Verlag.
Packard, V. (1964). *Die geheimen Verführer. Der Griff nach dem Unterbewussten in jedermann*. Frankfurt a. M.: Econ-Verlag.
Polanyi, K. (1978). *The Great Transformation. Politische und ökonomische Ursprünge von Gesellschaften und Wirtschaftssystemen*. Frankfurt a. M.: Suhrkamp.
Saxer, U. (2008). Gestaltung von Realität durch Public Relations. *Communicatio Socialis, 41*(4), 360–371.
Schmidt, S. J. (1999). Werbung. In J. Wilke (Hrsg.), *Mediengeschichte der Bundesrepublik Deutschland. Bundeszentrale für politische Bildung* (S. 518–544). Bonn: Böhlau.
Schmidt, S. J. (2002). Werbung oder die ersehnte Verführung. In H. Willems (Hrsg.), *Die Gesellschaft der Werbung. Kontexte und Texte. Produktionen und Rezeptionen. Entwicklungen und Perspektiven* (S. 101–119). Wiesbaden: VS Verlag für Sozialwissenschaften.
Schmidt, S. J., & Spieß, B. (1996). *Die Kommerzialisierung der Kommunikation. Fernsehwerbung und sozialer Wandel 1956–1989*. Frankfurt a. M.: Suhrkamp.
Schulze, G. (1992). *Die Erlebnisgesellschaft. Kultursoziologie der Gegenwart*. Frankfurt a. M.: Campus Verlag.
Schulz, J. (2014). Faktisch – praktisch – gut. Kulturkritik als Verbraucherschutz. In A. Galling-Stiehler, E. von Haebler, F. Hickmann, & J. Schulz (Hrsg.), *Als Ob. Produktive Fiktionen* (S. 172–177). Berlin: Ästhetik & Kommunikation.

Schwab, F. (2010). Medien, Emotionen und Unterhaltung. *tv-diskurs, 14*(1), 14–17.
Weischenberg, S. (1994). Journalismus als soziales System. In K. Merten, S. J. Schmidt, & S. Weischenberg (Hrsg.), *Die Wirklichkeit der Medien. Eine Einführung in die Kommunikationswissenschaft* (S. 427–454). Opladen: Westdeutscher Verlag.
Weischenberg, S., Malik, M., & Scholl, A. (2006). *Die Souffleure der Mediengesellschaft. Report über die Journalisten in Deutschland.* Konstanz: UVK Universitätsverlag.
Westerbarkey, J. (2000). *Das Geheimnis. Die Faszination des Verborgenen.* Berlin: Aufbau.
Willems, H., & Kautt, Y. (2003). *Theatralität der Werbung. Theorie und Analyse massenmedialer Wirklichkeit: Zur kulturellen Konstruktion von Identitäten.* Berlin: Gruyter.
Zerfaß, A. (2004). *Unternehmensführung und Öffentlichkeitsarbeit: Grundlegung einer Theorie der Unternehmenskommunikation und Public Relations* (2. Aufl.). Wiesbaden: VS Verlag für Sozialwissenschaften.
Zurstiege, G. (2005). *Zwischen Kritik und Faszination. Was wir beobachten, wenn wir die Werbung beobachten, wie sie die Gesellschaft beobachtet.* Köln: Halem.

Evolution des Journalismus 4

Die Geschichte des Journalismus ist stets die Geschichte eines sich verändernden Journalismus gewesen; dabei haben politische Macht und wirtschaftliches Kalkül seine Unabhängigkeit und seine Qualität immer wieder bedroht. Unsere These dazu lautet: Redaktionen werden von Seiten der publizistischen Organisation – wir haben sie als Öffentlichkeitsorganisationen eingeführt – zunehmend Erwartungen ausgesetzt, die dem journalistischen Leistungssystem zuwiderlaufen. D. h. Redaktionen erbringen neben journalistischer Arbeit mitunter auch Leistungen, die mit Journalismus wenig, manchmal auch nichts zu tun haben. Nach unserem Eindruck neigen die meisten Analysen dazu, folgenden Unterschied nicht zu sehen oder zu vernachlässigen: Zwischen dem öffentlichen Leistungssystem Journalismus und dessen Veränderungen einerseits und der organisational formierten bzw. deformierten Praxis von Redaktionen andererseits.

Wir skizzieren in Anlehnung an Schimank (2011) Beziehungsspiele, mit denen Veränderungen im Journalismus erklärt werden können. Demnach können Wandlungsprozesse als Auseinandersetzungen um Differenzierungsstrukturen zwischen Leistungsproduzenten bzw. zwischen ihnen und ihren Leistungsempfängern verstanden werden. Drei Beziehungen des Journalismus sind dabei für uns insbesondere relevant. Erstens sind dies die Grenzen des Journalismus zu seinen Publika (Kap. 4.1), zweitens sind es Grenzen zu den anderen Leistungssystemen des Öffentlichkeitssystems (Kap. 4.2) und drittens die Grenzen zu den beiden ausgewählten Funktionssystemen Politik und Wirtschaft (Kap. 4.3). Eine vierte und eine fünfte Grenze behalten wir dabei im Blick: Die vierte verläuft zwischen einzelnen Redaktionen bzw. zwischen einzelnen Massenmedien, die journalistische Inhalte anbieten, und kann als Wettbewerbsspiel bezeichnet werden. Sie wird ebenso im

Folgenden implizit wie explizit zu thematisieren sein wie die fünfte: die der Medientechnik bzw. den technischen Verbreitungsmedien. Auf den ersten Blick mag es vermessen erscheinen, Medientechnik im Kontext der Evolution des Journalismus nicht mehr Raum zu geben. Da technikdeterministische Thesen aber schon lange nicht mehr ernsthaft vertreten werden (vgl. Häußling 2010, S. 625), wollen wir die Folgen technischer Innovationen (nur) dort diskutieren, wo sie eine relevante Rolle spielen. Bei allen Beschreibungen haben wir primär stets den Journalismus im Blick. Wir interessieren uns nicht dafür, wie Journalismus andere irritiert, sondern nur, wie er verändert wird bzw. wie er mit Veränderungen umgeht.

4.1 Publikumsspiele

Zum Leistungssystem Journalismus gehören seine Publika als Leser, Hörer und Zuschauer. Im Sinne des Luhmannschen Kommunikationsbegriffs (vgl. Luhmann 1987b, S. 191 ff.), der die Rezeption zu einem konstitutiven Element der Kommunikation macht, bewegen wir uns ‚in der Innenwelt' des Journalismus, wenn wir nach dem Verhältnis zwischen den journalistischen Mitteilungen und deren Publika fragen. Das für Massenkommunikation typische zeitliche, räumliche und soziale Auseinanderziehen von Mitteilung und Rezeption kann dazu verleiten, deren strukturellen Zusammenhang zu ‚vergessen' und ein Gegenüber von Journalismus und Publikum zu konstatieren. Auf der Handlungsebene der Akteure stellt es sich auch genau so dar. Operativ findet die Mitteilung notwendig vor der Rezeption statt, verbunden mit allen Möglichkeiten des Misslingens der Kommunikation. Im Journalismus als Organisationsleistung mutiert die Beziehung zwischen Mitteilung und Rezeption in das Verhältnis zwischen Angebot und Nachfrage.

Wie alle anderen Funktionssysteme ist auch das Öffentlichkeitssystem offen für Inklusion. In einem Funktionssystem Leistungsrollen zu übernehmen, ist allerdings meist an mehrere Voraussetzungen geknüpft, darunter oft sogar staatlich geregelte Berufsrollen. Publikumsrollen einzunehmen geschieht hingegen vor dem Hintergrund prinzipieller Freiheit und Gleichheit weitgehend zugangsfrei, allerdings mit nennenswerten praktischen Ausnahmen. An erster Stelle steht die Bezahlschranke; sie wird wirksam, sobald die Publika auf Leistungen zugreifen, die nur in Form von Wirtschaftsgütern angeboten werden. Aber Geld ist nicht das einzige Erfolgsmedium, das in der modernen Gesellschaft ungleich verteilt ist. Die Freiheits- und Gleichheitsrechte der Moderne regeln das Dürfen, nicht das Können. Auch Erfolgsmedien wie Aufmerksamkeit, Macht und Wissen verteilen sich je nach individueller Karriere unterschiedlich. Dass es Reiche und Arme, Prominente und Nobodys, Entscheidungsträger und Einflussarme, akademisch Gebildete

4.1 Publikumsspiele

und am Hauptschulabschuss Gescheiterte gibt, gehört ebenso zu den modernen Normalitäten wie dessen Kritik daran. Trotz dieser durchgängigen Differenz von Besser- und Schlechtergestellten ist der Megatrend Inklusion in der öffentlichen Kommunikation augenfällig. Als Kulturphänomen schlägt er sich beispielsweise nieder in dem Oberlehrer-Lamento über den Kulturverfall der Unterhaltung, wie er sich an Romanen, Filmen, Comics, Schlagern, Computerspielen etc. zeige. Entsprechend können, idealtypisch gesprochen, zwei Entwicklungspfade beobachtet werden, die inzwischen von der Digitalisierung mit noch unabsehbaren Konsequenzen überlagert werden.

In Anlehnung an Schimank (2011) unterscheiden wir zwischen quantitätsfixierten Angeboten, welche den Zugang in jeder Hinsicht möglichst niedrigschwellig anlegen, und qualitätsorientierten Angeboten, welchen das Einhalten bestimmter Standards wichtig ist. Aus der Publikumsperspektive beschrieben, kann der Unterschied auch so gefasst werden: Auf der einen Seite finden sich die gesellschaftlich Schlechtergestellten, die ein Interesse an Inklusion haben und dabei auf möglichst geringe Zugangshürden zu journalistischen Leistungen (vgl. Schimank 2011, S. 272) angewiesen sind. Sie werden fündig in journalistischen Spielarten, die abschätzig als „Häppchen-Journalismus" oder „Fast-Food-Journalismus" bezeichnet werden. Wir sprechen von quantitätsfixiertem Konsistenzjournalismus. Professionelle Standards bei der Themenauswahl und -aufbereitung werden bei Bedarf den Zugangsmöglichkeiten geopfert, die als (vermutete) Publikumswünsche ausgeflaggt werden. Das gilt für viele Medien, die erst später auf einen journalistischen Markt kamen, z. B. *RTL* und *Focus*, und immer schon für Boulevardzeitungen.

Von Konsistenzjournalismus sprechen wir, weil dessen Veröffentlichungen darauf abzielen, ein konsistentes Bild von der Welt zu zeichnen und die eigenen Auswahlentscheidungen als alternativlos darzustellen. Hier finden sich zahlreiche Parallelen zum Informationsjournalismus (vgl. Weischenberg 1995, S. 112). Den Publika werden einfache und eindeutige Deutungsmuster für die aktuellen Ereignisse angeboten. Weil Polarisierung Aufmerksamkeit schafft, haben Boulevardmedien beispielsweise eine Tendenz, Partei zu ergreifen; es handelt sich hier, selbst bei Kampagnen, die sie führen, allerdings in der Regel nicht primär um eine Parteilichkeit in der Sache, sondern um ein Parteiergreifen, das Aufmerksamkeit, Anschlusskommunikation und Kaufbereitschaft erzeugen soll. Das Medium will dadurch, dass es sich zum Akteur, zum Mitspieler macht, für seine Publika interessanter werden. Der quantitätsfixierte Konsistenzjournalismus gibt regelmäßig der Versuchung nach, den Korridor der journalistischen Profession um eines erhofften zusätzlichen Kommunikations- und Verkaufserfolgs willen zu überschreiten und sich aus den Leistungssystemen der Unterhaltung, der Werbung und der Öffentlichkeitsarbeit zu bedienen.

Den qualitätsorientierten Kontingenzjournalismus fragen demgegenüber eher sozial Bessergestellte nach, die an Distinktion durch Anerkennung hoher journalistischer Standards und Exklusivität des so gestalteten Leistungsangebots interessiert sind (vgl. Schimank 2011, S. 272). Dieser Journalismus ist geprägt von einer starken Binnenorientierung – redaktionsintern an Kollegen und Vorgesetzten sowie journalismusintern an anderen Redaktionen. Das Risiko dieser Selbstbezüglichkeit, den Interessenwandel bzw. veränderte Mediengewohnheiten von Teilen der Publika aus dem Blick zu verlieren, ist dabei nicht gering. Der Journalismus kann es so lange in Kauf nehmen, wie er nicht direkt vom Publikumserfolg abhängt (z. B. öffentlich-rechtliche Rundfunkanstalten) oder es ihm ökonomisch gut geht (z. B. *Die Zeit* oder in der Vergangenheit regionale Tageszeitungen).

Als Kontingenzjournalismus soll er bezeichnet werden, weil er die Bedingungen seiner Arbeit und seiner Wirklichkeitskonstruktionen reflektiert – vor allem aber nicht nur in Krisen. Diese These ist zu erläutern. Journalismus hat schon immer ein kontingentes Bild von der Welt gezeichnet. Während den beobachteten Akteuren wie Politikern diese Kontingenz stets bewusst war, weil sie darunter litten und sich missverstanden fühlten, haben große Teile der unbeteiligten Publika das journalistische Bild von der Welt in der Regel als alternativlos akzeptiert: als wahr, als unabhängig und als angemessene Zusammenfassung der Tagesereignisse. Walter Cronkite's „And that's the way it is" steht stellvertretend dafür. Journalismus hatte keinen Grund, an dieser Erwartungshaltung seiner Publika etwas zu ändern. Er selbst inszenierte seine Publikationsentscheidung daher gerne als konsistent und alternativlos.

Mit dem Internet hat sich auch an diesem Punkt Grundlegendes verändert. Im Gegensatz zu früher wird die Kontingenz von Publikationsentscheidungen heute nicht nur für die thematisch Betroffenen sichtbar, weil nicht-gewählte Alternativen (z. B. in den Foren der Themen- und Encounter-Öffentlichkeiten) im Internet potenziell für alle sichtbar werden und bleiben. Wenn die Kontingenz journalistischer Entscheidungen in dieser Weise offenkundig und tendenziell von allen ständig erlebt wird, hat Journalismus diese Entscheidungen z. B. zu begründen (vgl. Neuberger und Quandt 2010, S. 73). Kontingenzjournalismus thematisiert die Glaubwürdigkeit und Zuverlässigkeit von sich widersprechenden Quellen ebenso wie die eigenen Arbeitsbedingungen (z. B. im Rahmen der Kriegsberichterstattung). Damit legitimiert sich der Journalismus (vgl. Malik 2004).

Der quantitätsfixierte Konsistenzjournalismus und der qualitätsorientierte Kontingenzjournalismus sind zwei Idealtypen, denen zwei idealtypische Publika gegenüberstehen. Auch wenn sich die Grenzen weder auf Seiten der Publika noch auf Seiten der Redaktionen in der Praxis lupenrein ziehen lassen – es kommt zwischen diesen Idealtypen zu Hegemonieansprüchen (vgl. Schimank 2011, S. 279 f.). Den Qualitätszeitungen und öffentlich-rechtlichen Sendern stehen die Boulevardzeitungen und der private Rundfunk gegenüber. Beide nehmen für sich eine Vormachtstellung im Journalismus in Anspruch. Die einen begründen es mit Qualität, die anderen mit der Größe ihres Publikums.

4.2 Führungsspiele

Journalismus, Unterhaltung, Werbung und Öffentlichkeitsarbeit haben als Leistungssysteme der Öffentlichkeit auf den ersten Blick selbstredend viele Gemeinsamkeiten. Auf den zweiten Blick zeigen sich deutliche Unterschiede, die im vorherigen Kapitel skizziert wurden. Jetzt wollen wir bei einem dritten Blick fragen, wo der Journalismus Elemente der anderen Leistungssysteme adaptiert bzw. wo Journalismus endet und z. B. die Unterhaltung beginnt. Dabei steht der Journalismus für uns immer im Mittelpunkt.

Die deutschsprachige Journalismusforschung thematisiert bereits seit einigen Jahren Entgrenzungen bzw. Hybridisierungen im Journalismus (vgl. z. B. Neuberger 2004; Pörksen und Scholl 2011). Der systemtheoretischen Perspektive wird dabei eine gewisse Ratlosigkeit unterstellt; so fragt Loosen, ob es zu empirischen Evidenzen von Entgrenzungsphänomenen im Journalismus keine theoretische Basis gebe (vgl. Loosen 2007). Wir verfolgen hier eine strikte Differenzperspektive und versuchen dabei (normativ motivierten?) Dogmatismus zu vermeiden:

- *Erstens* gehen wir davon aus, dass jede öffentliche Kommunikation *einem* der vier Leistungssysteme zuzuordnen ist.
- *Zweitens* adaptiert jedes der vier Leistungssysteme Strukturelemente der anderen – verbindliche Selbstdarstellungen orientieren sich beispielsweise an journalistischen Darstellungsformen. Da dies auf der Strukturebene zu beobachten ist, sind hier keine Grenzverletzungen zu konstatieren.
- *Drittens* nehmen wir aber nicht dogmatisch an, dass alle Inhalte, die als redaktionell gekennzeichnet sind, auch journalistische Inhalte sind. Wenn sich in Organisationen als „Multireferenten" (Wehrsig und Tacke 1992, S. 234) eine Vielzahl gesellschaftlicher Logiken findet, dann spricht nichts dagegen, dass sich auch in der zweifelsohne heterogenen Organisation Verlag bzw. Sender unterschiedliche Logiken finden. Entgrenzungen sind auf Redaktionsebene, nicht aber auf Ebene des Leistungssystems Journalismus zu finden. Eine solche Perspektive eröffnet dann die Möglichkeit, Unterhaltung, Öffentlichkeitsarbeit oder Werbung im redaktionellen Raum zu finden. Wenn diese Möglichkeit theoretisch eingeräumt wird, wird damit nicht die These vertreten, dass sich Redaktionen völlig beliebig der vier Leistungssysteme bedienen – dies kann nur empirische Forschung zeigen.

Im Folgenden stehen der zweite und dritte Punkt im Mittelpunkt der Überlegungen:

- *Ein anderer Journalismus:* Journalismus hat immer schon Elemente der anderen Leistungssysteme des Öffentlichkeitssystems übernommen. Vieles spricht dafür, dass dies momentan zunimmt. Diese Entwicklung dürfte vor allem, aber nicht nur bei Massenmedien zu beobachten sein, die sich durch Werbeeinnahmen und/oder Verkaufserlöse finanzieren müssen.
- *Etwas anderes als Journalismus:* Zudem halten wir die These für zutreffend, dass insbesondere bei Massenmedien, die sich durch Werbeeinnahmen und/oder Verkaufserlöse finanzieren müssen, journalistische Inhalte im Vergleich zur Unterhaltung und zu Selbstdarstellungen tendenziell auf dem Rückzug sind. Dies geht in der Regel auf Entscheidungen der Medienorganisation zurück.

4.2.1 Journalismus versus Unterhaltung

Journalismus und Unterhaltung pflegen seit jeher ein enges Verhältnis. So hat Journalismus immer schon unterhalten wollen – durch Metaphern, Zitate, Personalisierung (vgl. Weischenberg 2007, S. 122 f.). Journalismus übernimmt bzw. adaptiert dabei Unterhaltungselemente (vgl. Abb. 4.1). Unterschieden werden kann hier auf der einen Seite zwischen relevanten Themen, die mit Hilfe unterhaltender Elemente wie Prominenz unterhaltend aufbereitet werden – der so genannten *Infotainisierung* (vgl. Wittwen 1995). Auf der anderen Seite finden sich journalistische Bereiche wie der *Celebrity-Journalismus*, der durch einschlägige Zeitschriften, aber augenscheinlich auch zunehmend auf den ‚Vermischtes'-Seiten in Tageszeitungen mehr Platz einnimmt. Es gibt verschiedene empirische Hinweise, dass beides in den vergangenen zehn bis 15 Jahren zugenommen hat (vgl. z. B. Trebbe und Maurer 2007, S. 227; Bernhard und Scharf 2008).

Jenseitige Entwicklungen sind solche, in denen Unterhaltung Journalismus ersetzt. Hier werden die Inhalte eines Massenmediums wie einem TV- und Radio-Sender oder einer Tageszeitung kontingent gesetzt und gefragt, welche Leistungssysteme den Publika angeboten werden. Während diesseitige Abstufungen noch auf journalistische Entscheidungen zurückgehen und mithin ein Beispiel für einen ‚anderen Journalismus' sind, gehen solche jenseitigen Abstufungen in der Regel auf Verlags- und Senderleitungen zurück. Sie sind ein Anzeichen dafür, dass die Leitung davon überzeugt ist, dass Publika offenkundig eher durch andere Inhalte zu gewinnen sind. Einschlägige Programmanalysen der TV-Sender sprechen scheinbar dagegen (vgl. Krüger 2012, S. 479), allerdings ist die Untersuchungs-

4.2 Führungsspiele

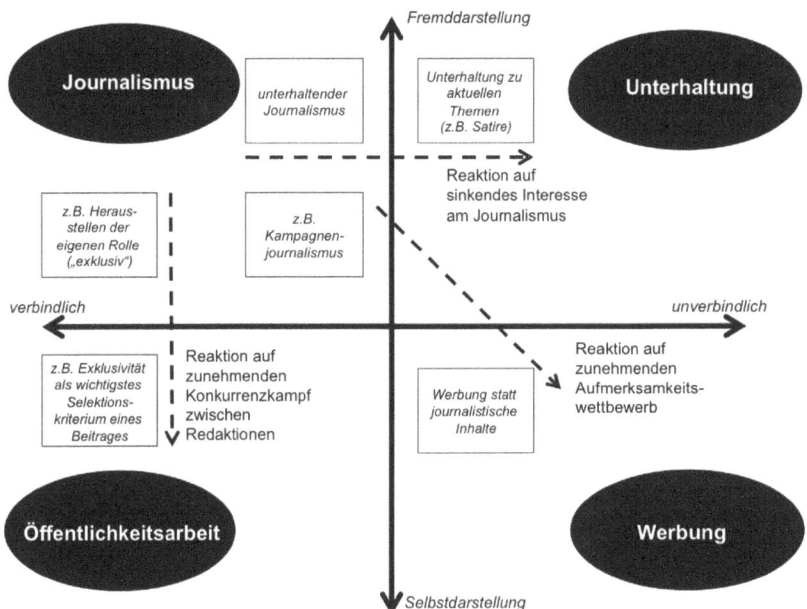

Abb. 4.1 Beziehungen des Journalismus zur Unterhaltung, Öffentlichkeitsarbeit und Werbung

anlage für diese Frage oft unzureichend, da sie in der Regel nur auf der Ebene der Sendeformen codiert werden (vgl. Neuberger 2004).

4.2.2 Journalismus versus Öffentlichkeitsarbeit

Hier geht es weniger um die klassische Frage des PR-Journalismus-Diskurses, wie sich PR und Journalismus gegenseitig beeinflussen bzw. ob und wie sie voneinander abhängig sind, sondern darum, wie Journalismus – diesseits – verbindliche Selbstdarstellungen in eigener Sache betreibt und wie Massenmedien – in einer jenseitigen Perspektive – Journalismus durch Öffentlichkeitsarbeit ersetzen.

Die These, dass Journalismus in eigener Sache verbindliche Selbstdarstellungen betreibe, ist nur auf den ersten Blick provokant. Solche Selbstdarstellungen gab es immer schon – z. B. in der *Hausmitteilung* oder im *Rückspiegel* des *Spiegel*, in denen die besonderen Leistungen bei der Recherche bzw. die Folgen der eigenen Berichterstattung gelobt werden. Journalismus thematisiert hier seine eigene

Leistungsstärke, Redaktionen versuchen, sich damit gegen andere Redaktionen zu profilieren. Es ist zu vermuten, dass sich mit der ökonomischen Krise des Journalismus dieser Wettbewerb verschärft hat und dass Redaktionen noch offensiver versuchen, ihre eigene Leistungsstärke z. B. durch das Herausstellen exklusiver Geschichten oder des weltweiten Korrespondentennetzes zu betonen. Mit solchen diesseitigen Reaktionen versuchen Redaktionen, ihre Leser, Zuschauer und Hörer an sich zu binden.

‚Grenzwertig' sind hingegen Beiträge, die nur aus dem Grund prominent platziert werden, weil mit ihnen ein Wettbewerbsvorteil – in der Regel die Exklusivität – behauptet werden kann, die aber außer dieser Exklusivität kaum Nachrichtenwert besitzen. Wenn Exklusivität als zentraler Nachrichtenfaktor „journalistische Regeln außer Kraft" (Niggemeier 2012, S. 73) setzt, dann zeigt dies, wie sehr ökonomische Zwänge journalistische Programme nicht nur beeinflussen, sondern dass Selbstdarstellungskriterien mitunter wichtiger sind als journalistische Kriterien. Unzweifelhaft jenseitig und mithin kein Journalismus sind bezahlte Beiträge im redaktionellen Bereich eines Massenmediums. Während die Beiträge in anzeigenfinanzierten Zeitungsbeilagen zu Sonderthemen noch als kalkuliertes Missverständnis entschuldigt werden können, sind die zurückliegenden TV-Schleichwerbeskandale ein Beispiel dafür, wie schwer es Redaktionen mitunter haben, sich gegen die Geschäftsleitungen zu behaupten.

4.2.3 Journalismus versus Werbung

Wie das grundsätzliche Verhältnis zwischen journalistischen und werblichen Inhalten in einem Massenmedium ist, erlebt jede Redaktion, wenn sie ihre aktuelle Zeitung, Zeitschrift oder Sendung plant. Die Zeitungsredaktion erfährt dann in aller Regel morgens, wie viel Platz die Werbeanzeigen den redaktionellen Inhalten lässt, und die Zeitschriftenredaktion weiß, wie viel Inhalteproduktion durch Anzeigen finanziert wird bzw. wie viel Inhaltsseiten sie produzieren darf/muss, damit genügend Anzeigenseiten zur Verfügung stehen. Potenzielle Werbekunden treffen bei Massenmedien immer seltener auf ein „Ausverkauft!" oder gar ein „Kein Zutritt für Werbekunden!". Je prekärer die eigene finanzielle Situation eines Massenmediums ist, desto weniger dürfte die Entscheidung hinterfragt werden, journalistische Inhalte zu Gunsten bezahlter Inhalte zu ersetzen. Dies ist hinreichend bekannt.

Spannender in den Beziehungen zwischen Journalismus und unverbindlichen Selbstdarstellungen sind diesseitige Entwicklungen, also Veränderungen in denen Journalismus Elemente bzw. Kriterien werblicher Programme adaptiert. Zu nennen sind hier insbesondere Mittel, mit denen Journalismus Aufmerksamkeit für seine

4.2 Führungsspiele

Inhalte herzustellen versucht – sei es durch große Überschriften, provokante Bilder etc. Dazu ist auch Kampagnenjournalismus zu zählen, der eine Geschichte bewusst nicht an einem Tag veröffentlicht, sondern scheibchenweise in mehreren Episoden erzählt, um die Aufmerksamkeit für das eigene Medium aufrecht zu erhalten.

Mit werblichen Elementen im Journalismus reagieren Redaktionen einerseits auf den zunehmenden Konkurrenzkampf zwischen Redaktionen, andererseits aber auch auf den zunehmenden Konkurrenzkampf mit anderen Leistungssystemen der Öffentlichkeit. Eine Redaktion muss sich nicht nur gegen andere Redaktionen durchsetzen, sondern – und das nicht nur in TV-Sendern – sich auch gegen Unterhaltungsangebote behaupten. Das Dilemma: Je mehr Journalismus unterhaltende und werbliche Elemente einsetzt, desto unübersichtlicher werden die Unterschiede zur Werbung und zur Unterhaltung – und desto mehr vor allem werbliche Elemente wird Journalismus einsetzen, um Aufmerksamkeit für seine Angebote zu schaffen.

Im unübersichtlichen Grenzgebiet zwischen verbindlichen und unterhaltenden Selbstdarstellungen, eindeutig aber nicht auf der Seite des Journalismus sind Beiträge zu den Produkten zu verorten, die Verlage und Sender verkaufen. Viele Massenmedien haben das meiste Geld immer schon damit verdient, dass sie die Aufmerksamkeit, die sie mit ihrer journalistischen Arbeit geweckt haben, an Werbekunden verkauft haben. Zunehmend mehr Medien nutzen diese Aufmerksamkeit für eigene Geschäfte: Die *Süddeutsche Zeitung* berichtet in redaktionellen Beiträgen über die neueste DVD-CD-Buch-Wein-Edition. Verlage berichten vorher und nachher über Fachvorträge – die sie selbst organisieren und mit denen sie durch Teilnahmegebühren Geld verdienen. Als Klassiker kann hier schon die Berichterstattung zur „Volksbibel" der *Bild* gelten, deren Höhepunkt die Übergabe eines Exemplars an den Papst war.

Welche Veränderungen sind hier in den kommenden Jahren zu erwarten? Die Technikentwicklung scheint ein Förderprogramm für die Hybridisierung der vier Leistungssysteme des Öffentlichkeitssystems zu sein. Die Digitalisierung begünstigt nicht nur multi- und crossmediale Anwendungen nach der Maxime ‚one content, all media', sie trägt auch zu Transformationen der Berufspraxis bei: Von der Journalistin zur Pressesprecherin, vom Onlineredakteur zum Werbetexter, vom Kampagnenplaner zum Kolumnisten, von der TV-Reporterin zur Unterhaltungskünstlerin. Der wirtschaftliche Wettbewerb wird dem Journalismus einerseits noch mehr Elemente aus der Unterhaltung, Öffentlichkeitsarbeit und Werbung aufdrängen. Aber zugleich dürfte sich bei Medienorganisationen ein Dualismus verschärfen: Auf der einen Seite die massenmedialen Angebote, die sich der vier Leistungssysteme kreativ bedienen – mit dem einzigen Ziel, Aufmerksamkeit für ihre kollektiven Informationsangebote zu erzielen. Dass sich die *Bild* von der früheren Position des publizistischen ‚Schmuddelkindes' inzwischen in der ‚Mitte der

Medienlandschaft' wiederfindet, ist ein Indiz dafür (vgl. Arlt und Storz 2011). Auf der anderen Seite sind massenmediale Organisationen zu finden, die ganz wesentlich auf – immer bessere – journalistische Inhalte setzen wie etwa *Die Zeit* oder das Onlineportal *Carta*. Dass die Digitalisierung zugleich ein Förderprogramm für journalistische Qualität im Sinne von Beobachtungskapazitäten, Perspektivenvielfalt, analytische Tiefe und aktuelle Reichweiten sein kann, lässt sich selbst an einzelnen Beiträgen von Tageszeitungen ablesen.

4.3 Domänenspiele

Abschließend stehen die Beziehungen zu zwei anderen Funktionssystemen im Mittelpunkt, die seit jeher für den Journalismus eine besondere Relevanz besaßen: die Politik und die Wirtschaft. Dabei wird zum einen die These vertreten, dass der Journalismus seinen Nimbus einer übergeordneten, gesamtgesellschaftliche Vernunft repräsentierenden Instanz spätestens unter Online-Bedingungen verliert. Zum zweiten wird gezeigt, dass Journalismus in der Vergangenheit doppelt politisiert war und sich momentan auf dem Weg zu einer doppelten Ökonomisierung befindet.

Dass der Journalismus spätestens im Internet seine Führungsrolle als gesellschaftspolitischer Hoffnungsträger kritisch-aufklärerischer Diskurse einbüßt, wird erst im historischen Rückblick voll verständlich. In der funktional differenzierten Gesellschaft hat sich die Herrschaft etablierende Kumulation aufgelöst, die Politik, Religion, Recht und Wirtschaft an der Spitze auf Thronen und an Altären zusammengeführt hatte. Im Modernisierungsprozess verliert die Gesellschaft Spitze und Zentrum, weil die Funktionsfelder auseinander treten. Politik, Recht, Wirtschaft, Wissenschaft etc. folgen ihren je besonderen Logiken. Die Öffentlichkeit wird, wir haben es beschrieben, zu einem eigenen Funktionssystem. Die politisch Mächtigen denken an ihre Macht, die Wirtschaft will mehr Haben, die Wissenschaft interessiert nur die Wahrheit, die Juristen nur das Recht, die Religion wird zur Privatangelegenheit: wer sieht sich noch für das große Ganze verantwortlich? Wenn jeder Funktionsbereich zuerst an sich denkt, wenn alle Akteure verstrickt sind in den Eigensinn ihres Teilbereichs, wer behält dann das Allgemeine im Auge, wer hat noch den Überblick? Die Erwartungen richten sich an den Staat und die politischen Akteure, denen aber nur dann zugetraut wird, das allgemeine Beste im Blick zu behalten, wenn sie von einer kritischen Öffentlichkeit beobachtet werden. Kollektive Vernunft wird eher von der Öffentlichkeit erwartet als von der Politik. „Die Begriffstradition stellt die Kategorie Öffentlichkeit in einen engen Zusammenhang mit Staatlichkeit einerseits und Vernünftigkeit andererseits. Der Staat ist das, wo-

4.3 Domänenspiele

rauf die Öffentlichkeit zielt, um ihre Meinungen in Entscheidungen umzusetzen. Die Vernunft ist das, worauf die Öffentlichkeit sich beruft, um diese Meinungen mit Gründen zu versorgen." (Baecker 1996, S. 89)

Das bleibt nicht unbestritten, auch das Gegenbild der Öffentlichkeit als Ort oberflächlicher, wankelmütiger Meinungen findet Anhänger, aber es ist bis heute ein Erwartungsmuster, dass im öffentlichen Diskurs am Ende die Aufklärung siegt, die am öffentlichen Gebrauch erprobte Vernunft. Nun kann kollektive Vernunft nicht von Veröffentlichungen erwartet werden, die der Unterhaltung dienen oder an strategische Zwecke ihrer Absender gebunden sind. Es bleibt nur eine Adresse, der Journalismus. Der Hoffnungsträger einer Öffentlichkeit, der Leistungen im Sinne demokratischer Kontrolle und gemeinwohlorientierter Kritik zugetraut werden, ist der Journalismus.

Diese honorige, reputationsstarke Position des Journalismus war strukturell immer gefährdet, weil sie an zwei Voraussetzungen gebunden ist, die schwer zu erfüllen sind. Diese beiden Voraussetzungen sind seine Unabhängigkeit und seine Qualität. Alle wollen einen unabhängigen Journalismus, aber niemand will ihn wirklich, sobald er/sie selbst das Thema ist. Und da immer eine(r) das Thema ist, droht der unabhängigen Berichterstattung und Kommentierung stets Gefahr. Was helfen öffentliche Mitteilungen über das aktuelle Geschehen für die eigene Meinungs- und Entscheidungsfindung, wenn sie mit Rücksicht auf interessierte Kreise zurechtgebogen sind, wenn Nachteiliges, obwohl es relevant ist, weggelassen, und Erfreuliches, obwohl nur Beiwerk, in den Mittelpunkt gestellt wird? Den Wert des Journalismus begründet zuallererst seine Unabhängigkeit. Da Journalismus in der und für die Gesellschaft gemacht wird, ist und bleibt er Teil ihrer Auseinandersetzungen und Konflikte und deshalb eine begehrte Adresse, bei der angeklopft und auf die Einfluss genommen wird. Unabhängigkeit des Journalismus existiert nur auf der Basis dessen grundsätzlicher sozialer Abhängigkeit. Diese drückt sich beispielsweise darin aus, dass journalistische Unabhängigkeit jederzeit auch öffentlich in Frage gestellt wird, denn diejenigen, sie sich schlechter dargestellt sehen, werden das in der Regel nicht auf eigene Fehler zurückführen, sondern auf Abhängigkeiten der Journalisten von „der anderen Seite".

Hier kann Qualität helfen, die im Grunde nur ein anderer Name für Unabhängigkeit ist. Journalismus kann sich nicht mit dem zufrieden geben, was ihm von interessierter Seite als Informationen offiziell zur Verfügung gestellt oder diskret zuschoben wird. Er muss Themen auf ihre Relevanz, Beiträge auf ihre Stichhaltigkeit überprüfen. Zu recherchieren, sich aus eigener Kraft Informationen zu besorgen, macht ein wesentliches Moment der Unabhängigkeit aus. Die dafür notwendigen Ressourcen und Kompetenzen kosten Geld. Unabhängigkeit des Journalismus existiert nur auf der Basis dessen grundsätzlicher finanzieller Abhängigkeit.

Ob und inwieweit sich diese strukturellen Umstände journalistischer Arbeit zu Problemen auswachsen, das ändert sich von Fall zu Fall. Es sind Umstände, die den Journalismus auch in der Online-Öffentlichkeit begleiten. Aber es kommen neue Umstände hinzu. In der Online-Öffentlichkeit wird der Journalismus, den es als unabhängigen und qualitativ guten im Netz wahrscheinlich mehr gibt als je zuvor, zu einer Randerscheinung. Quantitativ war er das meistens, quantitativ haben Unterhaltung, Werbung und Öffentlichkeitsarbeit weitgehend dominiert. Jetzt wird er aus dem Focus der Aufmerksamkeit verdrängt, weil der Eigenwert des Öffentlichkeitssystems stärker zur Geltung kommt. In ihrer Eigenlogik zu funktionieren, bedeutet für die öffentliche Kommunikation, der Aufmerksamkeit Aufmerksamkeit zu schenken. Das Internet generalisiert das Starprinzip: Die meiste Aufmerksamkeit bekommt, was und wer die größte Aufmerksamkeit schon hat. Damit geht automatisch eine aus dem Boulevard schon bekannte Unempfindlichkeit dafür einher, womit die Aufmerksamkeit gewonnen wird. Aufmerksamkeit wird zudem schneller und viel genauer messbar. Der redaktionelle Beitrag, der seine Klickrate nicht erreicht, verschwindet. Jedes einzelne Redaktionsmitglied ist jederzeit daraufhin kontrollierbar, wie viel Aufmerksamkeit es produziert. Die öffentliche Kommunikation wird in einer Weise selbstbezüglich, die den Umweltbezügen Platz und Relevanz raubt. Man kann es am sichersten an der Häufigkeit und der aufgeregten Tonart erkennen, mit der Beiträge kritisieren, welchen Beiträgen Aufmerksamkeit geschenkt wird. Über nichts vermag sich die öffentliche Kommunikation inzwischen mehr aufzuregen als über sich selbst.

Die Möglichkeit, dass öffentliche Diskurse zu Klärung und Aufklärung beitragen, eine Kontroll- und Kritikfunktion ausüben, ist weiterhin gegeben. Mehr fundierte kritische Beiträge als sie das Internet bereithält, standen öffentlich nie zur Verfügung. Trotzdem wird niemand ernsthaft dafür argumentieren, dass sich im und durch das Internet eine kompetente kollektive Urteilskraft realisiert. Der Journalismus hat seinen Nimbus einer übergeordneten, gesamtgesellschaftliche Vernunft repräsentierenden Instanz definitiv verloren. Das ist kein wirkliches Problem, er wird dadurch erst einmal weder schlechter noch besser, ihm fehlt jetzt nur der Glorienschein. In seinen Selbstbeschreibungen schlägt es sich als Selbstmitleid nieder.

Politik war immer das zentrale Thema journalistischer Berichterstattung in Massenmedien jenseits von Special Interest-Medien (vgl. z. B. Blöbaum 1994, S. 180). Die Relevanz politischer Themen liegt auf der Hand: Denn wenn Journalismus kollektive Informationen zu entscheidungsrelevantem Neuen anbietet, sind dies Entscheidungen, die möglichst viele betreffen – und welche Entscheidungen betreffen größere Publika als die kollektiv bindenden Entscheidungen der Politik? Erstens war der Journalismus mithin auf einer thematischen Ebene politisiert. Ak-

4.3 Domänenspiele

tuelle Untersuchungen zeigen, dass dies abnimmt und andere thematische Bereiche deutlich zunehmen (vgl. Maier et al. 2009, S. 28; Blöbaum 2011, S. 56).

Zweitens sind parteipolitische Interessen in vielen Redaktionen ein zentrales journalistisches Selektionskriterium gewesen. Parteien haben lange Zeit auf viele Redaktionen einen prägenden Einfluss gehabt. Dies begann im 19. Jahrhundert: „Wo eine politische Partei auftaucht, die zahlreich genug zu sein scheint, die nötigen Abonnenten zu liefern, da wird derselben alsbald ein Blatt angeboten werden." (Lukas 1867, zit. n. Blöbaum 1994; S. 195) In einer solchen Abhängigkeitssituation orientierten sich Journalisten bei ihren Selektionsentscheidungen immer auch an den vermuteten parteipolitischen Präferenzen ihrer Leser – ob sie sie nun teilten oder nicht. Dies mag seitdem rückläufig sein, aber auch heute strukturieren vielfach parteipolitische Interessen Leser- und Journalistenerwartungen. Ähnliches hat Marcinkowski für den öffentlich-rechtlichen Rundfunk konstatiert: Wegen parteipolitischer Interventionen könne erst mit Einführung privat-kommerzieller Anbieter von einem autonomen Rundfunk gesprochen werden (vgl. Marcinkowski 1993, S. 153), vorher prägten parteipolitische Interessen in hohem Maße journalistische Selektionsentscheidungen.

Die Entpolitisierung journalistischer Selektionsentscheidungen geht heute einher mit einer Ökonomisierung. Journalismus war von Beginn an vor allem in Organisationen zu finden, die sich durch Werbeeinnahmen und/oder Verkaufserlöse finanzierten, insofern haben die Kosten journalistischer Arbeit stets eine Rolle gespielt. Als massiver ökonomischer Zwang hat sich diese Rahmenbedingung so lange nicht ausgewirkt, wie ausreichend Gewinne zu verzeichnen waren. Weil z. B. die wirtschaftliche Situation vieler Tageszeitungen in der Bundesrepublik bis zum Jahrtausendwechsel im Großen und Ganzen gut war, haben sich finanziell motivierte Interventionen der Verlage in Grenzen gehalten. Dies hat sich mit der ökonomischen Krise des Journalismus grundlegend geändert. Journalistische Selektionsentscheidungen sind seitdem zunehmend ökonomischen Kriterien unterworfen: Welcher Bericht schadet oder nutzt welchem Werbekunden? In welchem Verhältnis stehen Rechercheaufwand und zu erwartende Aufmerksamkeit der Veröffentlichung zueinander? Auf einer massenmedialen Ebene werden – siehe oben – sogar journalistische Inhalte zugunsten anderer Programminhalte kontingent gesetzt.

Zweitens werden Ökonomie bzw. ökonomische Entscheidungen ein zunehmend wichtigeres journalistisches Thema (vgl. Maier et al. 2009, S. 28; Blöbaum 2011, S. 56). Journalismus gibt mit seiner Fremdbeobachtung den Lesern Orientierung bei deren Kaufentscheidungen: von Produkttests über die Börsenberichterstattung bis hin zur Berichterstattung von Unternehmensskandalen. Jenseits des eigentlichen Wirtschaftsteils finden sich viele Beiträge zu Wirtschaftsthemen auch im Serviceteil.

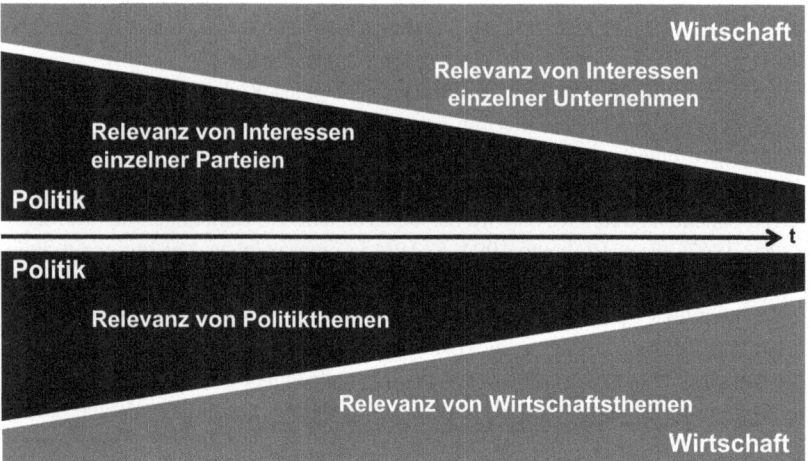

Abb. 4.2 *Die doppelte Entpolitisierung und doppelte Ökonomisierung des Journalismus*

In den vergangenen Jahren ist mithin eine doppelte Entpolitisierung und eine doppelte Ökonomisierung des Journalismus zu beobachten (vgl. Abb. 4.2). Auch wenn die Entwicklungen zunächst analytisch getrennt zu beobachten sind, können sie sich gegenseitig verstärken. Je größer der Anteil der Wirtschaftsthemen in einem Medium ist, desto größer ist die Gefahr, dass viele Selektionsentscheidungen von Interessen einzelner Unternehmen (Werbekunden) beeinflusst werden – und vice versa; es handelt sich strukturell um dieselbe Wechselwirkung wie im Fall des parteipolitischen Einflusses.

Veränderungen sind auch in den Beziehungen zu anderen Funktionssystemen zu beobachten. Während die traditionelle Kultur- bzw. Feuilletonberichterstattung eher auf dem Rückzug zu sein scheint, werden Sport und Wissenschaft für den Journalismus wichtiger. Diese Veränderungen sind bislang deutlich weniger in den Blick geraten, weil ihre Folgen als weniger weitreichend eingeschätzt werden. Gleichwohl zeigen Schlagworte wie das des *Fanjournalismus* im Sportjournalismus, dass sich hier neue Einflüsse geltend machen, gegen die sich die Autonomie des Journalismus behaupten muss.

Für alle hier beobachteten Veränderungen trifft zu, dass sich in ihnen gesellschaftliche Entwicklungstendenzen ausdrücken. Es gibt eine eilige Kritik der journalistischen Arbeit, die ihr solche Prozesse als selbst verschuldete Defizite zurechnet. Wenn jedoch die verbindliche Fremddarstellung von Neuigkeiten übergreifenden Interesses als journalistisches Leistungssystem angemessen gefasst ist, käme es geradezu journalistischem Versagen gleich, würden sich solche gesellschaftlichen Veränderungen nicht niederschlagen. Ohne Zweifel bestätigt die journalistische Kommunikation solche Tendenzen, indem sie diese aufgreift – aber sie erfindet sie nicht. Journalistische Qualität entscheidet sich auch an der Frage, ob der Journalismus die Kritik an solchen Veränderungen mit thematisiert, sofern gesellschaftliche Stimmen von nennenswerter Zahl und Gewicht sie artikulieren.

4.4 Fazit

Aktuelle Diagnosen des Journalismus leiden oft darunter, dass sie Journalismus weitgehend singulär beschreiben. Dies ist zwar bequem, weil man damit zu vermeintlich klaren Antworten kommt. Es wird aber weder der Komplexität des Journalismus selbst noch den aktuellen Veränderungen gerecht. In diesem Kapitel wurde der Journalismus daher im größeren Kontext verortet. *Erstens* haben wir Journalismus in die Erwartungen seiner Publika eingebettet, wobei schnell die Vielfalt des Journalismus als Arbeitsfeld deutlich wurde. So ist eine Zweiteilung des Journalismus zu beobachten, deren Teile sich durch starke Fliehkräfte weiter voneinander entfernen dürften. *Zweitens* wurden die Beziehungen zur Unterhaltung, Werbung und Öffentlichkeitsarbeit als weitere Leistungssysteme der Öffentlichkeit vorgestellt. Die gewählte Einheitsperspektive (vgl. Görke 2007a, S. 174) ermöglicht eine plausible Begründung der These, dass in Redaktionen auch etwas anderes als Journalismus betrieben wird. Dies mögen manche als Provokation empfinden, wir sind hingegen der Auffassung, dass mit dieser undogmatischen Konzipierung aktuelle Entwicklungen angemessener beschrieben werden können. *Drittens* haben wir Journalismus in Beziehung zu relevanten Funktionssystemen wie Politik und Wirtschaft gesetzt. Hier wurde deutlich, dass Journalismus als Arbeitsfeld immer schon in hohem Maße und mehrfach abhängig gewesen ist und dass sich diese Abhängigkeiten momentan verändern – nicht mehr und nicht weniger. Diese Abhängigkeiten sind ein Beispiel dafür, dass Journalismus offen ist für gesellschaftliche Veränderungen – auch dafür, wie er Gesellschaft selbst verändern kann.

Dieser komplexe analytische Rahmen ist offen für heute noch nicht absehbare Veränderungen. Wie alle theoretischen Neukonzeptionen kann auch unser Ansatz als Programm für empirische Forschung gelesen werden. Während zu einigen singulären Fragen dieses Ansatzes bereits gesicherte empirische Ergebnisse vorliegen und an den entsprechenden Stellen genannt wurden, wurden andere Fragen (z. B. zum Verhältnis von journalistischen, werblichen, unterhaltenden und Öffentlichkeitsarbeits-Inhalten in Massenmedien) bislang kaum thematisiert. Dabei wird es eine der größten Herausforderungen der Journalismus-Forschung bleiben, theoretisch wie empirisch den Grad journalistischer Autonomie zu beschreiben (vgl. dazu auch Weber 2000).

Literatur

Arlt, H.-J., & Storz, W. (2011). *Drucksache „Bild". Eine Marke und ihre Mägde*. Frankfurt a. M.: Otto Brenner Stiftung.
Baecker, D. (1996). Oszillierende Öffentlichkeit. In: R. Maresch (Hrsg.), *Medien und Öffentlichkeit. Positionierungen Symptome Simulationsbrüche* (S. 89–107). O. O.: Boer Verlag.
Bernhard, U., & Scharf, W. (2008). „Infotainment" in der Presse. *Publizistik, 52*(2), 231–250.
Blöbaum, B. (1994). *Journalismus als soziales System. Geschichte, Ausdifferenzierung und Verselbständigung*. Opladen: Westdeutscher Verlag.
Blöbaum, B. (2011). Wandel der Qualitätsmedien. In R. Blum, H. Bonfadelli, K. Imhof, & O. Jarren (Hrsg.), *Krise der Leuchttürme öffentlicher Kommunikation. Vergangenheit und Zukunft der Qualitätsmedien* (S. 49–64). Wiesbaden: VS Verlag für Sozialwissenschaften.
Görke, A. (2007). Perspektiven einer Systemtheorie öffentlicher Kommunikation. In C. Winter, A. Hepp, & F. Krotz (Hrsg.), *Theorien der Kommunikations- und Medienwissenschaft. Grundlegende Diskussionen, Forschungsfelder und Theorieentwicklungen* (S. 173–191). Wiesbaden: VS Verlag für Sozialwissenschaften.
Häußling, R. (2010). Techniksoziologie. In G. Kneer, & M. Schroer (Hrsg.), *Handbuch spezielle Soziologien* (S. 623–644). Wiesbaden: VS Verlag für Sozialwissenschaften.
Krüger, U. M. (2012). Stabilität und Wandel im Fernsehangebot Programmstrukturen von ARD/Das Erste, ZDF, RTL, Sat.1 2001 bis 2011. *Media Perspektiven, 10*, 474–498.
Loosen, W. (2007). Entgrenzung des Journalismus: empirische Evidenzen ohne theoretische Basis? *Publizistik, 52*(1), 63–79.
Luhmann, N. (1987b). *Soziale Systeme*. Frankfurt a. M.: Suhrkamp.
Lukas, J. (1867). *Die Presse. Ein Stück moderner Versimpelung*. Regensburg.
Maier, M., Ruhrmann, G., & Stengel, K. (2009). *Der Wert von Nachrichten im deutschen Fernsehen. Inhaltsanalyse von TV-Nachrichten im Jahr 2007*. Düsseldorf: Landesanstalt für Medien Nordrhein-Westfalen.
Malik, M. (2004). *Journalismusjournalismus. Funktion, Strukturen und Strategien der journalistischen Selbstthematisierung*. Wiesbaden: VS Verlag für Sozialwissenschaften.
Marcinkowski, F. (1993). *Publizistik als autopoietisches System. Politik und Massenmedien. Eine systemtheoretische Analyse*. Opladen: Westdeutscher Verlag.
Neuberger, C. (2004). Lösen sich die Grenzen des Journalismus auf? Dimensionen und Defizite der Entgrenzungsthese. In G. Roters, W. Klingler, & M. Gerhards (Hrsg.), *Medienzukunft – Zukunft der Medien* (S. 95–112). Baden-Baden: Nomos.
Neuberger, C., & Quandt, T. (2010). Internet-Journalismus: Vom traditionellen Gatekeeping zum partizipativen Journalismus? In W. Schweiger, & K. Beck (Hrsg.), *Handbuch Online-Kommunikation* (S. 59–79). Wiesbaden: VS Verlag für Sozialwissenschaften.
Niggemeier, S. (2012). Darf man … PR-Helfer sein? *Medium, 1/2,* 73.
Pörksen, B., & Scholl, A. (2011). Entgrenzung des Journalismus. Analysen eines Mikro-Meso-Makro-Problems aus der Perspektive der konstruktivistischen Systemtheorie. In T. Quandt, & B. Scheufele (Hrsg.), *Die Herausforderung einer Modellierung von Mikro-Meso-Makro-Links in der Kommunikationswissenschaft* (S. 25–54). Wiesbaden: VS Verlag für Sozialwissenschaften.
Schimank, U. (2011). Gesellschaftliche Differenzierungsdynamiken – ein Fünf-Fronten-Kamp. In T. Schwinn, C. Kroneberg, & J. Greve (Hrsg.), *Soziale Differenzierung. Hand-*

Literatur

lungstheoretische Zugänge in der Diskussion (S. 261–284). Wiesbaden: VS Verlag für Sozialwissenschaften.

Trebbe, J., & Maurer, T. (2007). „Unterhaltungspublizistik": Journalistische Gratwanderungen zwischen Fernsehinformation und Unterhaltung. In A. Scholl, R. Renger, & B. Blöbaum (Hrsg.), *Journalismus und Unterhaltung. Theoretische Ansätze und empirische Befunde* (S. 211–231). Wiesbaden: VS Verlag für Sozialwissenschaften.

Weber, S. (2000). *Was steuert Journalismus? Ein System zwischen Selbstreferenz und Fremdsteuerung.* Konstanz: UVK.

Wehrsig, C., & Tacke, V. (1992). Funktionen und Folgen informatisierter Organisationen. In T. Malsch, & U. Mill (Hrsg.), *ArBYTE. Modernisierung der Industriesoziologie?* (S. 219–239). Berlin: edition sigma.

Weischenberg, S. (1995). *Journalistik. Medienkommunikation: Theorie und Praxis.* Opladen: Westdeutscher Verlag.

Weischenberg, S. (2007). Genial daneben. Warum Journalismus nicht (Gegen-)Teil von Unterhaltung ist. In A. Scholl, R. Renger, & B. Blöbaum (Hrsg.), *Journalismus und Unterhaltung* (S. 117–132). Wiesbaden: VS Verlag für Sozialwissenschaften.

Wittwen, A. (1995). *Infotainment. Fernsehnachrichten zwischen Information und Unterhaltung.* Bern: Peter Lang.

Evolution der Öffentlichkeitsarbeit 5

Dass sich Öffentlichkeitsarbeit laufend neu erfinden muss, überrascht nicht. Allein die Konkurrenzsituation zwischen verschiedenen Öffentlichkeitsarbeit treibenden Organisationen führt zu einem Kampf um Aufmerksamkeit und einem Ringen um Vertrauenswürdigkeit. Wie sich die Öffentlichkeitsarbeit in den vergangenen Jahren verändert hat, soll im Folgenden erneut mit den Beziehungsspielen von Schimank erläutert werden: die Beziehungen zu den Publika der Öffentlichkeitsarbeit (Kap. 5.1), die Beziehungen zu den anderen Leistungssystemen der Öffentlichkeit (Kap. 5.2) sowie die Beziehungen zur Wirtschaft (Kap. 5.3). Aus der Beschreibung dieser Beziehungen lassen sich Erklärungsansätze für zurückliegende Veränderungen ebenso finden wie Hinweise für künftige Entwicklungen.

5.1 Publikumsspiele

Zwischen der Öffentlichkeitsarbeit und ihren Publika hat sich in den zurückliegenden Jahrzehnten Erhebliches verändert. Das rasante Wachstum der Öffentlichkeitsarbeit gerade auch in Deutschland (vgl. z. B. Wienand 2003, S. 145) kann in Teilen als Reaktion auf zunehmend kritischere Publika interpretiert werden. Dieses Wachstum dürfte wiederum zu Gegenreaktionen im Publikum geführt haben, das den professionellen ‚Inszenierern' zunehmend skeptischer begegnete. Die gestiegene Skepsis kann wiederum zu Reaktionen in der Öffentlichkeitsarbeit führen etc. Die skizzierte Spirale lässt erahnen, wie intensiv sich Teile der Publika und Teile der Öffentlichkeitsarbeit beobachten und ihr Verhalten entsprechend anpassen.

Dieser strategische Charakter des Leistungssystems der Öffentlichkeitsarbeit ist ein zentraler Unterschied zum Leistungssystem des Journalismus. Zwei Punkte sind es, an welchen sich Veränderungen im Verhältnis zwischen der Öffentlichkeitsarbeit und ihren Publika vor allem beobachten lassen. Erstens die Frage danach, *was veröffentlicht wird*; sie wollen wir im Folgenden unter dem Begriff der Transparenz bzw. Intransparenz erläutern. Zweitens stellt sich die Frage, *wie veröffentlicht wird*; in Anlehnung an die bereits beim Journalismus getroffene Unterscheidung wollen wir hier Konsistenz- und Kontingenzstrategien erörtern.

5.1.1 Was wird veröffentlicht: Transparenz vs. Intransparenz

Soweit Öffentlichkeitsarbeit mit der Verbindlichkeit der Informationen in der Sachdimension überzeugen will, beziehen sich die Erwartungen der Publika – in einer ersten Annäherung – darauf, dass keine relevanten Informationen zurückgehalten werden. Das hört sich einfach und unschuldig an. Schlagwörter wie das *Zeitalter der Transparenz* (Finel und Lord 2001), *Transparenzgesellschaft* (Han 2012) und *Tyrannei der Transparenz* (Strathern 2000) signalisieren jedoch Komplikationen, die mit dem Transparenzbegriff selbst zusammenhängen.

‚Mehr Transparenz!' wird gewöhnlich in Situationen gefordert, die Menschen nicht überblicken und als riskant empfinden. Was als notwendige Transparenz verlangt wird, ist allerdings in hohem Maße beobachterabhängig und eine Zuschreibungsleistung (vgl. Jansen 2010, S. 26). Beim Kauf eines Gebrauchtwagens will der eine einen Blick unter die Motorhaube werfen, eine zweite möchte einen Gutachter dazu holen dürfen, während ein Dritter sagt, dass ohnehin niemand verlässlich sagen könne, ob das Auto nach einem Tag oder nach 20 Jahren am Straßenrand liegenbleibe – und deshalb an mehr Transparenz erst gar nicht interessiert ist.

Mit dem Wunsch nach Transparenz kann man in einer als unsicher empfundenen Situation weitere Informationen recherchieren bzw. einfordern, um das wahrgenommene Risiko zu minimieren. Transparenz ist insoweit nichts anderes als Kontrolle. Das Problem: Transparenz erweitert das Wissen – auch das Wissen darüber, was man nicht weiß; sie erhöht die Komplexität und führt damit zu neuer Intransparenz, die erneut Selektivität erfordert und die Kontingenz von Handlungen und mithin das Risiko erhöht – was dann wiederum zum Wunsch nach mehr Transparenz führt (vgl. Jansen 2010, S. 26 f). In dieser Spirale (vgl. Abb. 5.1) kann man sich ewig bewegen – aus ihr heraus führt nur Vertrauen: In einer als unsicher wahrgenommenen Situation kann man trotz des konstatierten Informationsdefizites vertrauen, indem man an Handlungen anderer anschließt (vgl. Kohring 2004,

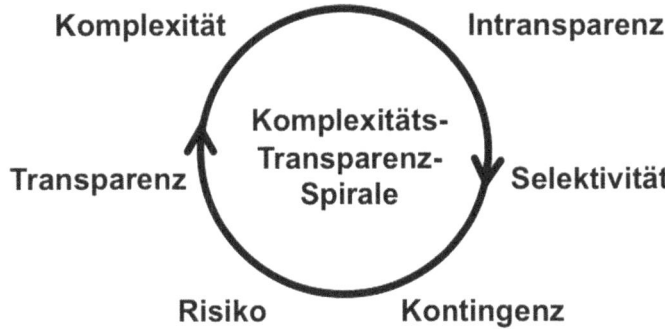

Abb. 5.1 Komplexitäts-Transparenz-Spirale. (Jansen 2010, S. 27)

S. 130). Vertrauen und Transparenz sind mithin als funktionale Äquivalente zu betrachten. Die Forderung nach mehr Transparenz ist Ausdruck abnehmenden Vertrauens und die Wendung hin zur Hoffnung auf Gewissheit (vgl. Stehr und Wallner 2010, S. 11). Kontrolle bzw. Transparenz kann man sich wegen ihres Aufwandes daher nur selektiv leisten oder sie ist als Fiktion gegeben, während Intransparenz die Regel ist (vgl. Baecker 2010, S. 113).

In gesellschaftstheoretischer Perspektive ist die Transparenzgesellschaft eine Verwandte ersten Grades der Entscheidungsgesellschaft (vgl. Schimank 2005) und der Risikogesellschaft (vgl. Beck 1986). Sehr ähnlich argumentiert Greven in seiner Kontingenzgesellschaft (vgl. Greven 2000), in der zunehmend die Kontingenz künftiger Entwicklungen thematisiert wird.

Wie sehr die Risikogesellschaft zum Ruf nach mehr Transparenz führt, zeigen die bekannten Transparenztreiber, NGOs wie *Transparency International*, *Lobby Control* oder *abgeordnetenwatch.de*. Sie haben vermutlich mit dazu beigetragen, dass Transparenz im Vergleich zur Kontrolle ein so positiv besetzter Begriff ist. Während Kontrolle nicht selten mit Allmachtsmotiven assoziiert wird, wird Transparenz vor allem als – selbstverständliche! – Bringschuld angesehen. Und wenn sie von außen eingefordert wird, dann vor allem im Interesse *der* Öffentlichkeit und Aufklärung. Mit dem Schlagwort der *Tyrannei der Transparenz* hat Marilyn Strathern (2000) jedoch deutlich gemacht, dass hinter den vermeintlich ehrenhaften Transparenzforderungen zumeist handfeste Partikularinteressen stehen (vgl. Stehr und Wallner 2010, S. 12): NGOs wie *Foodwatch* und *Lobby Control* prangern Praktiken von Unternehmen an – um öffentliche Aufmerksamkeit zu erzielen und damit Spenden zu akquirieren. Die Opposition will die Regierung mit einem Untersuchungsausschuss zur ‚Aufklärung' zwingen – um ein Streitthema möglichst lange auf der politischen Agenda zu halten. Aus der Perspektive der

Ankläger gibt es wenig Angenehmeres als eine Transparenzforderung, weil die Transparenzforderung dem allgemeinen Gefühl bzw. der Ohnmacht entspricht – jeder hat das Gefühl bzw. den Verdacht, dass andere etwas verheimlichen. Vor allem aber liegt die Beweislast auf Seiten der vermeintlich intransparenten Organisationen. Allein: Ein Intransparenzvorwurf ist nicht widerlegbar. Wie soll jemand „beweisen", dass es nichts mehr zu verheimlichen gibt? Die Transparenzforderung ist mithin der Hexenprozess des 21. Jahrhunderts.

Als Verstärker dieser Entwicklung wirkt zweifelsohne das Internet, das in vielen Bereichen Transparenzgewinne ermöglicht hat, ohne hohe Intransparenzkosten zu verursachen. Die Transparenz des Immobilien- und Gebrauchtwagenmarktes hat dank einschlägiger Portale ebenso zugenommen wie die Einschätzung der Qualität von Produkten und Dienstleistungen durch Kundenbewertungsportale im Web 2.0 (vgl. Reisch 2010). Dass es hier nach wie vor auch Intransparenz gibt – z. B. durch die Frage der Zuverlässigkeit von Bewertungen oder durch das schiere Informationsangebot –, muss nicht weiter erläutert werden.

Die Öffentlichkeitsarbeit hat hier eine doppelte Rolle. Einerseits versucht sie, durch Transparenzforderungen andere Organisationen in die Defensive zu bringen und die eigenen Interessen durchzusetzen. Andererseits veröffentlicht sie vor allem das, was die Publika wissen *sollten bzw. ihrer Einschätzung nach dürfen* und versucht durch die Inszenierung von Transparenz Intransparenz intransparent zu machen. Die Beobachtbarkeit von Unbeobachtbarkeit und Risiken führt schnell zur Unterstellung absichtlicher Heimlichkeit (vgl. Jansen 2010, S. 27). Dieser zweite Aspekt soll im Folgenden im Mittelpunkt stehen.

Was eine transparente von einer intransparenten Organisation unterscheidet, ist erneut eine reine Zuschreibung: „Eine transparente Organisation ist eine Organisation, in der sich bestimmte Beobachter innerhalb oder außerhalb der Organisation nach Bedarf über für sie interessante Zustände der Organisation informieren können. Eine intransparente Organisation ist eine Organisation, in der das nicht der Fall ist." (Baecker 2010, S. 112) Weitere Unterscheidungen können ergänzt werden: Teile einer Organisation können als transparent bewertet werden, andere hingegen nicht; für den einen ist etwas transparent (z. B. durch einen exklusiven Zugang), für den anderen nicht; der eine schätzt etwas als transparent ein, der andere nicht (vgl. Baecker 2010, S. 112). Seidenglanz weist zurecht darauf hin, dass es bei Transparenzzuschreibungen nicht um die tatsächliche Nutzung von Transparenzangeboten geht, sondern darum, inwieweit Informationen verfügbar erscheinen bzw. deren Verfügbarkeit unterstellt wird. Die Unterstellung von Verfügbarkeit führt dazu, dass eine Situation als kontrollierbar wahrgenommen wird (vgl. Seidenglanz 2014). In einer solchen Situation sind zwei Reaktionen denkbar: Entweder nutzt man die angebotenen Informationen und erhöht damit erneut die

5.1 Publikumsspiele

Komplexität, oder man akzeptiert die prinzipielle Kontrollierbarkeit der Situation und vertraut (vgl. Seidenglanz 2014).

Hier zeigt sich, warum zugeschriebene Transparenz für die Öffentlichkeitsarbeit wichtig ist. Als funktional äquivalente Strategie für Vertrauen wird Transparenz vor allem in Situationen fehlenden Vertrauens oder gar des Misstrauens eingefordert. Im besten Falle führen Transparenzforderungen ‚nur' zu Nachfragen, die beantwortet werden müssen und damit Komplexität erhöhen, im schlechteren Falle entscheiden sich Kunden, potenzielle Mitarbeiter, Investoren und die Politik für Organisationen, die sie als transparenter und mithin vertrauenswürdiger wahrnehmen.

Warum sträuben sich Organisationen dann vor „zu viel" Transparenz? Transparenz kann die Autonomie von Organisationen einschränken. In der Politik kann ohne Arkan-Politik „kein Verfahren und somit keine Legitimität hergestellt werden: Der Ort der faktischen Entscheidung muss ‚unsichtbar' gemacht werden" (Lange 2003, S. 131). In der Wirtschaft muss beispielsweise die Forschungsabteilung intransparent bleiben, sonst würde sich Innovation nicht mehr lohnen. Der Ausweg der Öffentlichkeitsarbeit aus diesem Dilemma kann mit Szyszka als funktionale Transparenz bezeichnet werden. Eine Organisation lässt in dem Maße Transparenz zu, wie dies Zugewinn verspricht, drohenden Schaden abwenden oder eingetretenen Schaden eingrenzen soll (vgl. Szyszka 2004, S. 157).

Das hört sich einfach an, der Alltag der Öffentlichkeitsarbeit ist aber schwieriger. Denn letztlich gilt es, Intransparenz zu sichern, sich aber transparent zu geben (vgl. ausführlich dazu Hoffjann 2013a). Intransparenz zu sichern ist nichts anderes als Geheimhaltung. Als *Geheimhaltung* soll die Nichtmitteilung beziehungsrelevanten Wissens wider Erwarten verstanden werden (vgl. Westerbarkey 2000, S. 15). Die Merkmale eines Geheimnisses sind entsprechend die Nichtmitteilung, die Beziehungsrelevanz des Inhaltes, die Mitteilungserwartung sowie die Veränderung des jeweiligen Handlungszusammenhangs durch die Tatsache der Geheimhaltung (vgl. Sievers 1974, S. 18). Damit wird schnell deutlich, dass Öffentlichkeitsarbeit immer schon auch Öffentlichkeitsverhinderungsarbeit gewesen ist. Letztlich beruhen alle Strategien der Außendarstellung auf dem Prinzip organisierter Nicht-Öffentlichkeit. Die Inszenierung des Außenauftritts macht eben nur Sinn, wenn der dahinter liegende Arkanbereich geschützt wird (vgl. Westerbarkey 2000, S. 176).

Um die besonderen Probleme der Sicherung von Intransparenz und der Inszenierung von Transparenz zu erläutern, muss zwischen einfachen und reflexiven Geheimnissen unterschieden werden (vgl. Sievers 1974). Bei einfachen Geheimnissen kann es bekannt sein, dass ein Geheimnis vorliegt. Entsprechend können einfache Geheimnisse sprachlich durch Ablehnung gesichert werden. So gehört das Rezept von *Coca Cola* zu den am Besten gehüteten und zugleich bekanntesten

Geheimnissen. Der von Publika akzeptierte Anspruch auf Privatsphäre bzw. Nicht-Öffentlichkeit organisationalen Handelns wird dabei ständig neu verhandelt. Ist die ernsthafte Erkrankung des erfolgreichen Vorstandsvorsitzenden dessen Privatangelegenheit, oder haben Anleger einen Anspruch auf dieses Wissen? Für Organisationen ist die Einschätzung von zentraler Bedeutung, ob die Existenz eines Geheimnisses akzeptiert wird oder nicht. Wird sie akzeptiert, reicht eine einfache Geheimhaltung, um Transparenzzuschreibungen nicht zu gefährden. Vielfach nutzen Organisationen sogar die Thematisierung der Existenz eines Geheimnisses, um die Organisation interessanter zu machen und somit einen Mythos zu schaffen.

Transparenzzuschreibungen und mithin die Vertrauenswürdigkeit sind bedroht, wenn die Existenz eines Geheimnisses als illegitim bewertet wird oder wenn die Verweigerung einer Antwort als Eingeständnis verstanden wird. Ein Beispiel hierfür ist ein Vorstandsvorsitzender, der sich Journalisten regelmäßig zu allen – auch privaten Fragen – stellt, aber zur Frage nach Gerüchten zu geplanten Entlassungen einen Kommentar verweigert. In solchen Fällen kann ein Geheimnis zunächst durch eine einfache verbale Lüge bewahrt werden. Eine solche Lüge bedarf häufig weiterer reflexiver Lügen – also Lügen, die die Lüge stützen. Wenn bereits Spekulationen über die mögliche Existenz von Geheimnissen Transparenzzuschreibungen gefährden, ist statt einer einfachen Geheimhaltung eine reflexive Geheimhaltung notwendig. Sie ist nichts anderes als die Inszenierung von Transparenz, mit der die Tatsache verborgen wird, dass überhaupt ein Geheimnis existiert (vgl. Sievers 1974, S. 31). In der Organisationspraxis kommt es nicht selten vor, dass auch die Öffentlichkeitsarbeit selbst von dem Wissen um das Geheimnis ausgeschlossen wird. In jedem Fall stellt reflexive Geheimhaltung hohe Anforderungen u. a. an öffentliche Auftritte von Organisationsvertretern, da bereits ein als nicht authentisch bewerteter Auftritt als Anzeichen für die Existenz eines Geheimnisses bewertet werden kann (vgl. Goffman 1998, S. 55; Luhmann 1989, S. 70). Damit hängt eng die Methode zusammen, bei reflexiver Geheimhaltung von existierenden Geheimnissen dadurch abzulenken, dass andere Themen und Fakten etc. veröffentlicht werden (vgl. Sievers 1974, S. 84; Westerbarkey 2000, S. 180 f.). Grundsätzlich folgen alle veröffentlichten Beschreibungen, die relevanteren geheim gehaltenen vorgezogen werden, dem Prinzip der Ablenkung durch Hinlenkung (vgl. Westerbarkey 2000, S. 180 f.). Eine solche Ablenkung von Geheimnissen kann z. B. durch eine Hinlenkung zu Themengebieten erfolgen, in denen sich die Organisation als sehr positiv wahrnimmt.

Die Erläuterungen haben gezeigt, wie hoch die Geheimhaltungs-, Kontroll- und Inszenierungskosten sind. Die hier entstehende Komplexität ist u. a. umso größer, je mehr Mitglieder die Geheimnisse kennen, je mehr Geheimnisse existieren, je intensiver die Kontakte zu den Publika sind und je größer der Aufwand ist, eine vertrauenswürdige Ablenkung durch weitere reflexive Lügen zu inszenieren. Die Geheimhaltung und die Inszenierung von Transparenz können innerhalb von Organisationen schließlich einen Großteil der intern insgesamt verfügbaren Eigenkomplexität in Anspruch nehmen und dadurch einen zunehmenden Teil der Ressourcen für die Geheimhaltung oder auch deren Kontrolle beanspruchen, die damit für die Verarbeitung und Lösung anderer Probleme nicht mehr verfügbar sind (vgl. Sievers 1974, S. 74). Der Staatssicherheitsapparat der DDR ist hierfür ein zugleich eindrucksvolles und beängstigendes Beispiel.

5.1.2 Wie wird es veröffentlicht: Konsistenz versus Kontingenz

Analog zum quantitätsfixierten Konsistenzjournalismus bzw. zum qualitätsorientierten Kontingenzjournalismus lassen sich in der Öffentlichkeitsarbeit Konsistenz- und Kontingenz-Strategien unterscheiden (vgl. Hoffjann 2013a). Das Sichtbarmachen bzw. die Thematisierung der Kontingenz von Entscheidungen in Journalismus und Öffentlichkeitsarbeit hat auf den ersten Blick viele Gemeinsamkeiten: Konsistente Beschreibungen reduzieren Komplexität, indem den Publika eine kollektive Information als gegeben und alternativlos präsentiert wird, während kontingente Beschreibungen die Komplexität und Kontingenz der Welt thematisieren und damit erst ein Risikobewusstsein bei den Publika erzeugen können. Auf den zweiten Blick gibt es aber einen deutlichen Unterschied: Während der Journalismus als unabhängiger Fremdbeschreiber die Gesellschaft beobachtet und über Relevantes berichtet, versucht die Öffentlichkeitsarbeit mit der Präsentation der eigenen Entscheidungen bzw. der Art der Darstellung der eigenen Interessen Entscheidungen Dritter zu beeinflussen. Dies scheint erst einmal für Konsistenzstrategien in der Öffentlichkeitsarbeit zu sprechen, die in ganz unterschiedlichen Diskursen als Grund für die Vertrauenswürdigkeitszuschreibungen genannt werden (vgl. z. B. Arntzen 1993, S. 55 ff.; Bruhn 2005, S. 84).

Konsistenz- und Kontingenzstrategien können bei der Öffentlichkeitsarbeit auf zwei Ebenen betrachtet werden. Erstens ist dies die bereits genannte Frage, wie Öffentlichkeitsarbeit in ihren Beschreibungen den paradoxen Charakter von Entscheidungen thematisiert. Wenn wir letztlich nur die Fragen, die prinzipiell unentscheidbar sind, entscheiden können, zeigt dies die Kontingenz von Entscheidungen auf (vgl. von Foerster 1993, S. 153). Davon zu unterscheiden sind zweitens mögliche inhaltliche Widersprüche zwischen verschiedenen Beschreibungen eines Unternehmens. Wie werden z. B. Mitarbeiterentlassungen gegenüber Mitarbeitern einerseits und Aktionären andererseits begründet und kommentiert? Werden Sie gegenüber den Finanzmärkten als Garantie für bessere Renditen gefeiert, während sie gegenüber den Mitarbeitern als schmerzvolle Einschnitte dargestellt werden? Letztlich zeigt sich hier der multireferentielle Charakter von Organisationen (vgl. Wehrsig und Tacke 1992, S. 234) und damit die Widersprüchlichkeit von Organisationen.

Beginnen wir mit Konsistenzstrategien, die in der Öffentlichkeitsarbeit immer noch dominant sein dürften: Getroffene Entscheidungen werden hier als zwangsläufig dargestellt, entsprechend werden nur die Vorteile veröffentlicht – und die intern vermutlich viel diskutierten Nachteile und Risiken verschwiegen. Beispiele für eine solche Konsistenzstrategie sind in der Unternehmenskommunikation Konzepte wie das der Corporate Identity, der Integrierten Kommunikation und des Impression Management (vgl. Theis-Berglmair 2008, S. 118). Ihnen ist gemeinsam, dass Beschreibungen geglättet und Widersprüche vermieden werden, um die Vertrauenswürdigkeit der Öffentlichkeitsarbeit nicht zu gefährden: „Integrierte Kommunikation ist ein Prozess der Analyse, Planung, Organisation, Durchführung und Kontrolle, der darauf ausgerichtet ist, aus den differenzierten Quellen der internen und externen Kommunikation von Unternehmen eine Einheit herzustellen, um ein für die Zielgruppen der Kommunikation *konsistentes Erscheinungsbild* über das Unternehmen bzw. ein Bezugsobjekt des Unternehmens zu vermitteln." (Bruhn 2005, S. 84; Hervorhebung OH/HJA)

Kontingenzstrategien hingegen schaffen Raum für entgegengesetzte Meinungen, für Lernprozesse oder für Entschuldigungen für Entscheidungen, die sich *ex post* als „falsch" erwiesen haben. Kontingenzstrategien können damit den Aufwand eines Entscheidungsprozesses und die „Gewissensnöte" der Entscheider angemessener thematisieren. Manager werden dann nicht mehr als unfehlbare Helden beschrieben, sondern als Menschen, die sich irren können (vgl. Baecker 1994). Kontingenzstrategien scheinen in moderne Gesellschaften zu passen, in denen die Einsicht in die Kontingenz künftiger Entwicklungen wächst (vgl. Schmidt 2002, S. 28 f.). Anwendungen der sozialen Medien wie Blogs, Social Communities oder Wikis können diese Kontingenz sichtbar machen. Genau deshalb dürften sich viele Unternehmen mit diesen Formen so schwer tun. Sie fürchten – nicht immer zu Unrecht –, dass die Thematisierung von Gegenargumenten die Vertrauenswürdigkeit gefährdet (vgl. Theis-Berglmair 2008, S. 118 f.). Eine Kontingenzstrategie *par excellence* sind (halb-)öffentliche Entscheidungsprozesse wie z. B. bei der Auswahl eines neuen Produktionsstandortes eines Unternehmens. Die Legitimation der Entscheidung soll hier durch die Inszenierung des Verfahrens gesichert werden (vgl. Luhmann 1983). Die Nachteile eines solchen transparenten Verfahrens sind im vergangenen Kapitel ausführlich beschrieben worden.

Die Aspekte der Transparenz bzw. Intransparenz sowie der Kontingenz bzw. Konsistenz können abschließend parallelisiert werden. Sozial Bessergestellte, die an der Exklusivität des Leistungsangebots interessiert sind (vgl. Schimank 2011, S. 272), erwarten von der Öffentlichkeitsarbeit eher Transparenz und eine Thematisierung von Entscheidungsalternativen, während gesellschaftlich Schlechtergestellte, die ein Interesse an Inklusion haben und dabei auf möglichst geringe Zugangshürden angewiesen sind, deutlich weniger komplexitätssteigernde Transparenz und daher auch Konsistenzstrategien akzeptieren. Einzuschränken ist zwar, dass im Gegensatz zum Journalismus hier sicherlich auch Fragen des Involvements und der (kritischen) Haltung gegenüber einer Organisation eine größere Rolle spielen. Grundsätzlich zeigt sich hier, dass sich der Aufstand eines Teils des Publikums gegenüber der Öffentlichkeitsarbeit darin äußert, dass sie eine größere Transparenz erwarten, sich für die diskutierten Entscheidungsalternativen interessieren und Widersprüche akzeptieren.

Die Darstellung der Transparenz bzw. Intransparenz sowie der Kontingenz bzw. Konsistenz zeigt noch einmal die Plausibilität der oben eingeführten Unterscheidung zwischen Öffentlichkeitsarbeit als einem Leistungssystem der Öffentlichkeit und Public Relations als einer organisationalen Disziplin. Einerseits ist offenkundig, dass z. B. Transparenz bzw. ihre Inszenierung sowohl für Öffentlichkeitsarbeit im Sinne eines Kommunikationsinstrumentes als auch für PR als Legitimation gleichermaßen relevant sind: Der Wahrheit versprechenden Öffentlichkeitsarbeit glaubt man ebenso wenig, wenn sie etwas verheimlicht, wie der PR, die zeigen will, dass eine Organisation im Einklang mit moralischen und gesetzlichen Normen handele. Andererseits ist das kein Argument gegen den kategorialen Unterschied zwischen Öffentlichkeitsarbeit und PR. Es zeigt vielmehr, warum Öffentlichkeitsarbeit und mit ihr vor allem die Pressearbeit ein bevorzugtes Instrument der PR sind: Wer als ‚moralisch' akzeptiert sein möchte, schafft dies besser durch zurückhaltende und verbindliche Formen der Selbstdarstellung bzw. durch Fremddarstellungen des Journalismus als durch die laute Werbung. Genau aus diesem Grund wird die Werbung bis heute nicht nur, aber eben vor allem bei Absatzzielen eingesetzt.

5.2 Führungsspiele

Die Öffentlichkeitsarbeit übernimmt wie der Journalismus zahlreiche Elemente der anderen Leistungssysteme. Das verändert die Öffentlichkeitsarbeit selbst, damit verändert die Öffentlichkeitsarbeit aber auch den Journalismus, die Werbung und die Unterhaltung. Wie haben sich die Beziehungen der Öffentlichkeitsarbeit zu den anderen Leistungssystemen der Öffentlichkeit aus der Perspektive der Öffentlichkeitsarbeit verändert? Dabei soll wieder unterschieden werden zwischen

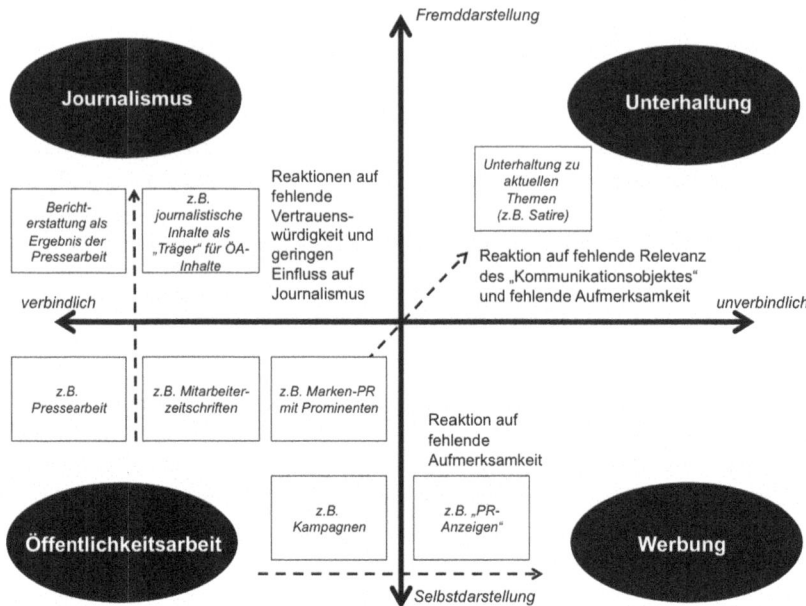

Abb. 5.2 Beziehungen der Öffentlichkeitsarbeit zum Journalismus, zur Unterhaltung sowie zur Werbung

einer anderen Öffentlichkeitsarbeit, die Elemente der übrigen Leistungssysteme übernimmt, sowie *etwas anderem als Öffentlichkeitsarbeit*, also den Mutationen der Öffentlichkeitsarbeit hin zu Journalismus, Unterhaltung und Werbung (vgl. Abb. 5.2).

5.2.1 Öffentlichkeitsarbeit und Journalismus

Wie die Öffentlichkeitsarbeit den Journalismus beeinflusst, gehört zu den klassischen Fragen der Kommunikationswissenschaft. Hier stehen mithin auch Machtfragen zwischen den beiden Leistungssystemen im Mittelpunkt. Andererseits simuliert Öffentlichkeitsarbeit den Journalismus nicht mehr nur in den Beziehungen zu Redaktionen, sondern zunehmend auch im „direkten" Kontakt mit ihren Publika. Überspitzt formuliert: Die vertrauenswürdigste Form der Öffentlichkeitsarbeit ist immer noch der Journalismus. In dieser zweiten Dimension kann ebenfalls zwischen einer anderen Öffentlichkeitsarbeit und etwas anderem als Öffentlichkeitsarbeit differenziert werden. Vor allem diese zweite Form dürfte mittelfristig zu einer Bedrohung für Öffentlichkeitsorganisationen werden.

a. Öffentlichkeitsarbeit versus Journalismus

Organisationen und ihre Öffentlichkeitsarbeit haben im Journalismus eine prioritäre Adresse und seit jeher eine herausragende Bedeutung. Wenn Journalismus mit seinen verbindlichen Fremdbeschreibungen ganz wesentlich der Gesellschaft eine Orientierung ermöglicht, kann es für Organisationen wie für Personen nicht gleichgültig sein, welche Mitteilungen er macht. Es muss damit gerechnet werden, dass seine (Nicht-)Berichterstattung Entscheidungen beeinflusst: Welche Produkte werden gekauft? Welche Aktien werden gekauft oder verkauft? Welche Partei wird gewählt? Es ist gewiss kein Einfluss im Sinne direkter Steuerung, aber der Entscheidungskontext verändert sich. Kurzum: Auf die Existenz des Journalismus könnte die Öffentlichkeitsarbeit zwar durchaus verzichten, den existierenden Journalismus kann sie aber nicht ignorieren (vgl. Hoffjann 2007). Deshalb ist bereits seit Anfang des 19. Jahrhunderts die Pressearbeit zunächst in staatlichen Institutionen (vgl. Kunczik 1997) und bis heute auch in – zunehmend kleineren – Unternehmen entstanden. Zitate wie „Eine Bewegung, über die nicht berichtet wird, findet nicht statt." (Raschke 1985, S. 343) zeigen, welche Relevanz journalistischer Berichterstattung und mithin der Pressearbeit zugeschrieben werden. Eingeschränkt wird die Relevanz der Pressearbeit durch die Frage, inwieweit eine Organisation und ihre spezifischen Themen überhaupt zum Gegenstand der selektiven journalistischen Beobachtung werden.

Wegen ihrer hohen Vertrauenswürdigkeit und der geringen Kosten ist die Pressearbeit in den meisten Organisationen aber ohne Zweifel das wichtigste Instrument der Öffentlichkeitsarbeit (vgl. Bruhn 2006, S. 70). Als Presse- und Medienarbeit sollen hier alle Beeinflussungsversuche gegenüber der Zwischenzielgruppe der Journalisten verstanden werden, mit denen indirekt die journalistischen Publika als eigentliche Zielgruppen der Unternehmenskommunikation erreicht werden sollen (vgl. Hoffjann 2014). Im Rahmen einer *etwas anderen Öffentlichkeitsarbeit* ist zu beobachten, dass der Journalismus zunehmend genauer simuliert wird. Presse- und Medienarbeit versucht, journalistische Selektionskriterien zu erfüllen, indem sie Anreize für eine Berichterstattung schafft. Diese Anreize reichen von dem Versprechen der Exklusivität über die Inszenierung von Veranstaltungen und provokanten Statements bis hin zum Einsatz prominenter Testimonials. Damit setzt die Pressearbeit zwar an journalistischen Programmen an, verletzt aber nicht die journalistische Autonomie, sondern schafft Berichterstattungsanlässe in der Umwelt. Der Journalismus kann diese Angebote ablehnen oder – kritisch bzw. weniger kritisch – über sie berichten. Angesichts der zunehmenden Ausbreitung und Professionalisierung der Presse- und Medienarbeit trifft der Journalismus mittlerweile aber fast nur noch auf solche „getunten" Veranstaltungen und Kommunikationsangebote von Unternehmen. Wenn die Presse- und Medienarbeit journalistische Operationsweisen in der Sach-, Sozial- und Zeitdimension simuliert bzw. instrumentalisiert (vgl. dazu ausführlich Hoffjann 2014), zeigt dies noch einmal eindrucksvoll, warum in der Presse- und Medienarbeit journalistische Vorerfahrungen tendenziell zwar wieder abnehmen, immer aber noch ein relevanter Aspekt sind (vgl. Bentele et al. 2012, S. 42 f).

In Zeiten zurückgehender Redaktionsressourcen dürften insbesondere kleinere Redaktionen zunehmend der Verlockung erliegen, Angebote der Presse- und Medienarbeit ohne eine weitere Prüfung und Bearbeitung zu übernehmen. Wenn die Publika journalistischer Angebote das akzeptieren, können sich Verlage und Sender veranlasst sehen, weitere Ressourcen einzusparen – bis das Vertrauen in die Leistungsstärke einer Redaktion eines Tages völlig verschwunden sein sollte. Die meisten Anzeigenblätter und viele kleinere private Radiosender haben schmerzvoll erfahren müssen, wie wichtig journalistische Autonomie und Ressourcen für den Erfolg sind.

Etwas anderes als Öffentlichkeitsarbeit ist im Kontext der Presse- und Medienarbeit schlicht und ergreifend das Ergebnis der Beeinflussungsversuche: die journalistische Fremddarstellung. Von einer umfassenden Steuerung des Journalismus kann bis heute aber nicht die Rede sein (vgl. Hoffjann 2013b). Beispielhaft belegen dies Untersuchungen zur Frage, ob Bewertungen und Frames der Pressearbeit übernommen wurden. Hier zeigt sich, dass der Journalismus bei diesem Kernbereich journalistischer Berichterstattung bislang sehr aktiv ist (Bentele und Nothhaft 2004, S. 90; Fröhlich und Rüdiger 2004, S. 127).

b. Öffentlichkeitsarbeit als Journalismus

Öffentlichkeitsarbeit als verbindliche Selbstdarstellung steht unter einem Motivverdacht. In der Presse- und Medienarbeit ahmt Öffentlichkeitsarbeit Journalismus nach, um mit ihren Selbstdarstellungen zum Thema des Journalismus zu werden. In den vergangenen Jahren hat eine andere Entwicklung zugenommen: Öffentlichkeitsarbeit versucht in größerem Umfang, auch in der direkten Kommunikation mit ihren Publika Journalismus zu simulieren. Dazu werden verbindliche Selbstdarstellungen als verbindliche Fremddarstellungen getarnt und oft gemeinsam mit journalistischen Angeboten präsentiert. Hier lässt sich eine weitere Verschiebung in den Beziehungen zwischen der Öffentlichkeitsarbeit und ihren Publika beobachten: Veröffentlichungen der Öffentlichkeitsarbeit kommen seltener in Form offener

5.2 Führungsspiele

Selbstdarstellungen daher, sondern sind immer öfter als Fremdbeschreibungen getarnt – mal besser, mal schlechter.

Der seit Jahren boomende Corporate-Publishing-Markt (vgl. Weichler 2014) ist ein Indiz hierfür. In der Medienwelt gibt es seit einigen Jahren nahezu keinen Begriff mehr, der nicht in Zusammenhang mit „Corporate" verwendet wird: von Corporate TV über Corporate Books bis hin zu Corporate Blogs. Vermeintlich unabhängige Medien werden hier von Unternehmen genutzt. Entsprechend kann Corporate Publishing als Instrument der Unternehmenskommunikation verstanden werden, das sich der Mittel des Journalismus bedient, um die Aufmerksamkeit ihrer Zielgruppen zu erreichen (vgl. Bischl 2000). Die Auflage allein der Kundenzeitschriften dürfte mittlerweile die der Publikumszeitschriften deutlich übertreffen (vgl. Weichler 2014). Da überrascht es nicht, dass auch Öffentlichkeitsorganisationen, die bislang vor allem traditionelle journalistische Produkte herausgaben, zunehmend hier tätig werden: Im Branchenverband *Forum Corporate Publishing* sind Branchengrößen wie der *Axel Springer Verlag, Burda, Gruner & Jahr* und der *Süddeutsche Verlag* Mitglied – ebenso wie *Rewe*.

Bei dieser Simulation von Journalismus lassen sich mit der Unterscheidung von „einer anderen Öffentlichkeitsarbeit" und „etwas anderem als Öffentlichkeitsarbeit" zwei Entwicklungen identifizieren. *Auf der Seite der Öffentlichkeitsarbeit* sind eindeutig die meisten Mitarbeiterzeitschriften und viele Kundenzeitschriften zu verorten, wenn sie durch ihren Namen und durch den Unternehmensbezug der Themen noch deutlich als Selbstbeschreibung zu erkennen sind. Journalismus wird hier ähnlich wie in der Pressearbeit auf der Strukturebene „simuliert": Diese Simulation beginnt beim Aufbau und beim Layout der Formate, setzt sich fort auf der Ebene journalistischer Darstellungsformen und reicht bis hin zu journalistischen Nachrichtenfaktoren. Wie in der Pressearbeit sind die Themen aber strategisch ausgewählt und strategisch aufbereitet. Im Mittelpunkt stehen nicht vermutete Publikumsinteressen, sondern Unternehmensinteressen. Kritische Beiträge dürften hier kaum vorkommen – und wenn, dann wohl vor allem, um bereits geäußerte Kritik abzufangen. Bei Mitarbeiter- bzw. Mitgliederzeitschriften kann die Öffentlichkeitsarbeit mit Hoffmann (2007, S. 570 f) als Journalismus für die Organisation verstanden werden: Der quasi-journalistische Charakter zeigt sich bei solchen Zeitschriften darin, dass sie Mitarbeitern und Mitgliedern ein Forum bzw. eine Orientierung innerhalb der Organisation ermöglichen – ähnlich wie der Journalismus für die Gesellschaft. Diese Zeitschriften bleiben aber letztlich Öffentlichkeitsarbeit, weil sie sich allein auf die Organisation und aus ihr auch ihre Selektionskriterien beziehen.

Etwas anderes als Öffentlichkeitsarbeit ist hingegen in Zeitschriften wie *mobil, der Apotheken-Umschau*, dem *Lufthansa Magazin* oder der *ADAC-Motorwelt* zu

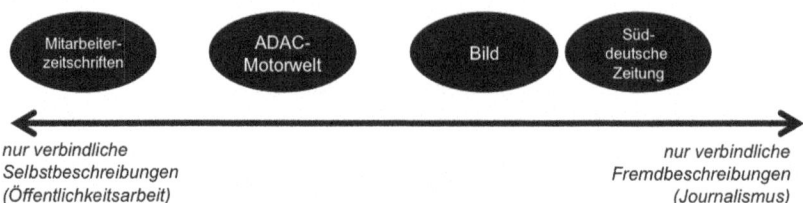

nur verbindliche
Selbstbeschreibungen
(Öffentlichkeitsarbeit)

nur verbindliche
Fremdbeschreibungen
(Journalismus)

Abb. 5.3 Zuordnung beispielhafter massenmedialer Angebote zum Anteil verbindlicher Selbst- bzw. Fremdbeschreibungen

beobachten. Hier gibt es eine Vielzahl von Themen wie z. B. Portraits über Prominente oder Autotests, die in keinem Zusammenhang mit Organisationsinteressen stehen. Sie simulieren Journalismus nicht, sondern sind nichts anderes Journalismus. Mit welchem Ziel investieren Unternehmen teilweise enorme Gelder in solche journalistischen Angebote? Solche journalistischen Angebote dienen als „Trägerrakete" für Öffentlichkeitsarbeit. Denn vom Interesse und der zugeschriebenen Vertrauenswürdigkeit für die journalistischen Berichte profitieren die Selbstdarstellungen zum Unternehmen bzw. zu Unternehmensinteressen. An dem journalistischen Charakter der Mehrzahl der Inhalte in solchen Kundenzeitschriften ändert der Befund wenig, dass in ihnen negative Wertungen eher selten zu finden sind (vgl. Eicher 2003, S. 110).

Wenn man diese Überlegungen mit denen aus Kap. 4.2.2 zum Verhältnis vom Journalismus zur Öffentlichkeitsarbeit zusammenführt, kann eine Skala aufgespannt werden, auf der massenmediale Angebote verortet werden können (vgl. Abb. 5.3): Am einen Pol sind Angebote mit ausschließlich verbindlichen Selbstdarstellungen (Öffentlichkeitsarbeit), am anderen mit ausschließlich verbindlichen Fremdbeschreibungen (Journalismus) zu finden. Damit würde der dogmatische Dualismus „journalistische Publikation" vs. „keine journalistische Publikation" überwunden, ohne die Unterscheidung Journalismus vs. Öffentlichkeitsarbeit aufzuheben. Mit einem solchen deskriptiven Ansatz können Veränderungen innerhalb eines massenmedialen Angebotes plausibel und undogmatisch beschrieben werden. Da sich in traditionell journalistisch geprägten Angeboten wie der *Süddeutschen Zeitung* oder dem *Handelsblatt* zunehmend auch Öffentlichkeitsarbeit wiederfindet – in Boulevardblättern wie *BILD* sowieso –, dürften sich die Anteile journalistischer Inhalte im Vergleich zu einigen Corporate-Publishing-Angeboten wie der *ADAC-Motorwelt* und der *mobil* angleichen. Das sagt zwar noch wenig über die journalistische Qualität der Corporate-Publishing-Angebote aus, aber viel darüber, wie schwer es der Journalismus in vielen Verlagen bzw. Sendern hat, sich gegen die ökonomischen Interessen zu wehren. Starre Grenzen zwischen ausschließlich Journalismus und Öffentlichkeitsarbeit treibenden massenmedialen Angeboten dürfte es vermutlich noch nie gegeben haben – das Tempo der momentanen Angleichung ist gleichwohl atemberaubend. Und die Stellung traditionell journalistisch geprägter Angebote dürfte dies nicht stärken.

5.2.2 Öffentlichkeitsarbeit versus Werbung

Grundsätzlich ist Öffentlichkeitsarbeit auf Abgrenzung zur Werbung bedacht, da sich beide ja gerade durch den Aspekt der (fehlenden) Verbindlichkeit voneinander unterscheiden. Eine Öffentlichkeitsarbeit, die in hohem Maße Elemente der Werbung übernähme, würde schnell weitere Vertrauenswürdigkeit einbüßen. Und dennoch lassen sich Tendenzen finden, bei denen Öffentlichkeitsarbeit auf die Werbung ‚zugeht' oder sogar in sie ‚übergeht' – so paradox Letzteres klingen mag. Diese Entwicklung ist vor allem darin begründet, dass Öffentlichkeitsarbeit vielfach vor dem Problem fehlender Aufmerksamkeit steht. Dies zeigt sich sowohl im Rahmen der Pressearbeit gegenüber dem Journalismus als auch der ‚direkten' Kommunikation mit ihren Publika. Werbliche Mittel bzw. Werbung selbst kann hier helfen, diese Aufmerksamkeitsdefizite zu beheben.

Im Kontext einer *anderen Öffentlichkeitsarbeit* scheinen hier vor allem Kampagnen an Bedeutung zu gewinnen. Kampagnen können mit Röttger als dramaturgisch angelegte, thematisch begrenzte und zeitlich befristete kommunikative Strategien zur Erzeugung öffentlicher Aufmerksamkeit verstanden werden (vgl. Röttger 2006). In der Sozialdimension sind sie mithin auf eine Zielgruppe beschränkt, in der Sachdimension stehen ein Thema bzw. ein Themenkomplex im Mittelpunkt und in der Zeitdimension ein Zeitraum und innerhalb dieses Zeitraumes eine dramaturgische Planung. Solche Kampagnen sind in der Werbung schon lange selbstverständlich, weil wegen der hohen Kosten schon früh Effizienz- und Effektivitätsfragen gestellt wurden. So wurden die Wirkungen unterschiedlicher zeitlicher Werbedruckverteilungen (vgl. Hofsäss und Engel 2003, S. 197–199) schon früh untersucht (vgl. z. B. Zielske 1959 in Schenk et al. 1990, S. 86 f). Entsprechend sind eine genaue Zielgruppenansprache, eine Fokussierung auf ein Produkt bzw. ein Thema und vor allem die genaue zeitliche Planung der Werbeschaltung selbstverständlich.

Mit Kampagnen übernimmt die Öffentlichkeitsarbeit – so unsere These – ein zentrales Strukturelement der Werbung. Ein Planen von Kampagnen war bis vor einigen Jahren in der Öffentlichkeitsarbeit wenig ausgeprägt – Gegenbeispiele waren ohne Zweifel NGOs wie *Greenpeace* (von Bernstorff 2012). Insbesondere in der Zeitdimension scheinen die Presse- und Medienarbeit und Kampagnen in einem Spannungsverhältnis zueinander zu stehen. Während die tagesaktuelle Pressearbeit eher reagierend und kurzfristig agiert, setzen Kampagnen eine mittelfristige Planung, eine proaktive Herangehensweise und eine Beschränkung auf wenige Themen voraus. Wie schwer das vielen Organisationen fällt, zeigt eine Verbände-Umfrage, nach der die Beschränkung auf wenige Themen kaum gelingt (vgl. Sittler und Hoffjann 2007, S. 93).

In der jenseitigen Betrachtung *etwas anderes als Öffentlichkeitsarbeit* findet sich Öffentlichkeitsarbeit vor allem in bezahlten und als ‚Anzeigen' gekennzeichneten PR-Anzeigen wieder. Diese können umgekehrt auch als Strategien der Werbung interpretiert werden, Strukturelemente der Öffentlichkeitsarbeit zu übernehmen. Die Hoffnung besteht hier vor allem in dem kalkulierten Missverständnis, dass sie von den Publika als Journalismus missverstanden werden. Daraus ergeben sich vergleichbare Vertrauenswürdigkeitsrisiken für den Journalismus, wie sie bereits mehrfach skizziert wurden.

5.2.3 Öffentlichkeitsarbeit versus Unterhaltung

Wie gegenüber der Werbung so hat Öffentlichkeitsarbeit auch gegenüber der Unterhaltung Berührungsängste, da sie um ihre Vertrauenswürdigkeit fürchtet. Wenn Öffentlichkeitsarbeit dennoch Unterhaltungselemente adaptiert oder gar auf die Seite der Unterhaltung wechselt, dann dürfte dies einerseits vor allem auf fehlende Aufmerksamkeit zurückzuführen sein, die aus der fehlenden Relevanz ihres Kommunikationsobjektes resultiert. Andererseits kann dies auch als Anpassungsleistung an einen zunehmend unterhaltungsorientierten Journalismus interpretiert werden.

Besonders deutlich werden im Kontext *einer anderen Öffentlichkeitsarbeit* unterhaltende Maßnahmen im Rahmen der Pressearbeit für Verbrauchsgüter. Zahnpasta, Nudeln und Schokoriegel stehen vor dem Problem, dass nur wenige journalistische Angebote über sie berichten, nicht zuletzt weil die Publika gegenüber diesen Produkten meist gering involviert sind und daher auch wenig Interesse an journalistischen Berichten zeigen. Daher sind bei Verbrauchsgütern zunehmend mehr Presse- und Medienaktivitäten zu beobachten, die weniger auf Produkteigenschaften denn auf das Markenimage zielen. Und hierzu werden vor allem unterhaltende Elemente genutzt. So sollen Prominente wie Paris Hilton für Dosensekt oder Heidi Klum für Epiliergeräte allein mit ihrer Prominenz eine journalistische Berichterstattung gewährleisten. Diese Aktivitäten können alternativ als Reaktion auf die oben beschriebene zunehmende Unterhaltungsorientierung des Journalismus interpretiert werden. So sind Home Stories von Spitzenkandidaten in der Politik zu einer unvermeidbaren Selbstverständlichkeit geworden. Als das bekannteste Beispiel für die Unterhaltungsorientierung und zugleich gelungene Beeinflussung des Journalismus kann die *Formel 1* interpretiert werden, bei der sich Millionen Menschen freiwillig die mit Werbung beklebten Rennwagen der Autokonzerne anschauen (vgl. Turner 2004, S. 83).

Etwas anderes als Öffentlichkeitsarbeit und mithin auf der Seite der Unterhaltung ist unbezahltes Product Placement zu verorten. Bei diesen so genannten Produktbeistellungen werden Produktionsfirmen z. B. kostenlos Autos zur Verfügung gestellt. Angesichts der neuen Freiheiten beim Product Placement dürften solche unbezahlten Formen aber mittlerweile zu den Ausnahmen zählen. Zudem zeigen Studien zum Product Placement, dass es durch die komplexe Situation mit dem zu thematisierendem Objekt bzw. Thema, der Handlung und der Handlungsintegration kaum möglich ist, „wirkungsoptimale ‚Dosierungen'" (Zipfel 2009, S. 168) zu finden.

5.3 Domänenspiele

Öffentlichkeitsarbeit von Organisationen kostet Zeit und damit Geld, wenn sie durch bezahlte Arbeit geleistet wird. Damit muss zwar nicht die operative Geschlossenheit gefährdet sein, aber auf der Strukturebene sind die ‚Türen für die Wirtschaft' weit geöffnet. Diese Abhängigkeit hat sich bereits beim Journalismus gezeigt. Und dort ist auch schon herausgearbeitet worden, wie das Ökonomisierungs-Spiel als Spezialfall des Domänen-Spiels (vgl. Schimank 2011, S. 276) ein Leistungssystem der Öffentlichkeit verändern kann. Wir wollen dies im Wesentlichen in zwei Schritten erläutern. Zunächst wollen wir herausarbeiten, wie die Abhängigkeit vom Geld und mithin Wirtschaftlichkeitsüberlegungen die Öffentlichkeitsarbeit innerhalb von Organisationen verändern. Anschließend wollen wir mit dem Begriff der Korruption beschreiben, wie Öffentlichkeitsarbeit treibende Organisationen mit Geld journalistische Veröffentlichungsentscheidungen zu beeinflussen versuchen.

Hingegen wollen wir uns nicht damit beschäftigen, dass Wirtschaft als Thema der Öffentlichkeitsarbeit zunehmend wichtiger wird. Vordergründig betrachtet kann dies mit den steigenden Ausgaben in Unternehmen für die Öffentlichkeitsarbeit belegt werden (vgl. Bentele et al. 2012, S. 105). Dieses Wachstum dürfte auf verschiedene gesellschaftliche Entwicklungen zurückzuführen sein. Dazu zählen z. B. der Wandel vieler Märkte vom Verkäufer- zum Käufermarkt, der eine Information und ‚Umwerbung' von Käufern wichtiger gemacht hat, oder die oben beschriebene Forderung nach einem höheren Maß an Transparenz, die wiederum auf andere Entwicklungen zurückgeführt werden kann. Gemeinsam mit den vorhandenen finanziellen Ressourcen dürfte dies dazu beigetragen haben, dass Wirtschaftsthemen in der Öffentlichkeitsarbeit – ähnlich wie im Journalismus – zunehmend wichtiger werden. Es ist zudem offenkundig, dass die Öffentlichkeitsarbeit ebenso wie die Werbung eines Unternehmens vor allem wirtschaftliche Argumente veröffentlichen wird, während die Öffentlichkeitsarbeit einer Partei vor allem politische Themen publizieren wird. Es bedarf wohl keiner weiteren Erläuterung, dass Öffentlichkeitsarbeit und Werbung als Selbstdarsteller in hohem Maße von den inhaltlichen Rationalitäten des jeweiligen gesellschaftlichen Kontextes geprägt sind. Daher wollen wir uns im Kontext der Domänenspiele auf die Frage beschränken, wie Wirtschaftlichkeitsüberlegungen die Arbeit der Öffentlichkeitsarbeit verändert haben.

Während der Journalismus in Öffentlichkeitsorganisationen wie Verlagen und Sendern eingebunden ist, ist die Öffentlichkeitsarbeit in Organisationen wie Unternehmen, aber auch so genannten Non-Profit-Organisationen wie Parteien, Verbänden oder Kirchen verankert. Eine Ökonomisierung der Öffentlichkeitsarbeit ist in all diesen Organisationen zu beobachten. Denn Öffentlichkeitsarbeit wird einerseits im eigenen Interesse darauf Rücksicht nehmen, dass die wirtschaftliche Prosperität gesichert bleibt. Dies ist in aller Regel ein anonymer und stummer Druck durch die Knappheit des jeweils eigenen Budgets (vgl. Schimank 2011, S. 276). Andererseits gibt es aber auch durchaus eine existenzielle Einflussnahme durch die jeweiligen Organisationen, wenn finanzielle und mithin personelle Ressourcen zugeteilt oder entzogen werden.

Diese direkte Zuteilung von Budgets ist zunächst einmal die prägendste Einflussnahme auf die Öffentlichkeitsarbeit seitens der Wirtschaft. Denn der Erfolg des Leistungssystems Öffentlichkeitsarbeit hängt vor allem von den finanziellen und personellen Ressourcen ab, die ihr in ‚ihrer' Organisation zur Verfügung stehen. Ein internationaler Konzern wird andere Mittel für Öffentlichkeitsarbeit zur Verfügung stellen als eine lokal tätige Bürgerinitiative. Mit diesem Beispiel lassen sich viele scheinbar widersprüchliche Aspekte zur Relevanz ökonomischer Ressourcen illustrieren. Zunächst zeigt sich hier, dass selbst ehrenamtliche Arbeit in einer Bürgerinitiative aus einer ökonomischen Perspektive betrachtet werden kann, weil die Zeitknappheit der Engagierten die Möglichkeiten der Initiative einschränken kann. Mit diesem Beispiel können zudem die Grenzen eindrucksvoll aufgezeigt werden, an die euphorische Beschreibungen von Öffentlichkeitsarbeit stoßen. So hatte Ronneberger in seinem Buch „Legitimation durch Information" (1977) die Funktion erkannt, dass wenn für alle Interessen gleichermaßen geworben werde, das Interesse, das sich durchsetzt, legitimiert sei. Aber wie legitim ist es, wenn ein ehrenamtlich tätiger Pressesprecher einer millionenschweren Kampa-

5.3 Domänenspiele

gne gegenübersteht? ‚Unfair' würde man antworten, wenn man nur ökonomische Ressourcen berücksichtigen würde. Aber eine solche Perspektive scheint verkürzt zu sein – wie dieses Beispiel schließlich auch zeigt. Denn gerade in Auseinandersetzungen zwischen finanzstarken Konzernen und kleinen Bürgerinitiativen ergibt sich nicht selten, dass neben dem ökonomischen Kapital auch das soziale, kulturelle und symbolische Kapital wichtig und mitunter auch wichtiger sein können (vgl. Bourdieu 1987). Ökonomische Ressourcen determinieren mithin sicherlich nicht den Erfolg der Selbstdarstellung, sie dürften ihn aber ohne Zweifel beeinflussen. Dazu dürfte auch der Umstand zu zählen sein, dass Größe und Status – z. B. eines großen Konzerns – als Nachrichtenfaktoren die Chancen erhöhen, zum Thema journalistischer Berichterstattung zu werden (vgl. Saffarnia 1993, S. 421).

Dennoch ist die Öffentlichkeitsarbeit deutlich weniger ökonomisiert als die Werbung. Das traditionell hohe Maß der Ökonomisierung der Werbung ist darauf zurückzuführen, dass sie in Deutschland für rund 20 Mrd. € (vgl. ZAW 2013, S. 21) Aufmerksamkeit mit Anzeigen bzw. Spots „kauft". Die Perspektivierung der Werbung auf die Wirtschaft ging so weit, dass Schmidt Werbung in seinem Theorieentwurf als Subsystem der Wirtschaft modellierte und konstatierte, „dass Werbung den Leitwerten des Wirtschaftssystems unterliegt und alle Interaktionen mit anderen Sozialsystemen an dieser Wertorientierung ausgerichtet werden" (Schmidt und Spieß 1996, S. 43). So herausragend die Bedeutung wirtschaftlicher Ressourcen für die Werbung sein mag, so sehr erkennen wir das Primat der Werbung in den kollektiven Informationen, die die Werbung publiziert und für wichtig erachtet. Gleichwohl hat die herausragende Bedeutung des Geldes für die Werbung dazu geführt, dass Fragen der Effektivität und Effizienz bei ihr nicht erst seit Henry Fords Ausspruch „Fünfzig Prozent bei der Werbung sind immer rausgeworfen. Man weiß aber nicht, welche Hälfte das ist." intensiv diskutiert und erforscht werden. In der Praxis hat dies dazu geführt, dass mit der *Media Planung* ein eigener Bereich entstanden ist, der mit einer unüberschaubaren Vielzahl an Kennzahlen einen wirtschaftlich optimalen Einkauf von Werbezeit und -raum zu realisieren versucht.

So weit ist die Ökonomisierung in der Öffentlichkeitsarbeit noch nicht fortgeschritten. Dies dürfte vor allem daran liegen, dass die klassische Presse- und Medienarbeit in aller Regel deutlich preiswerter ist als das Schalten von Anzeigen und Spots. Potenziell kann mit einer Pressemitteilung eine nationale Berichterstattung erzielt werden. Hinzu kommt, dass in der Pressearbeit Wirkungen deutlich schwieriger zu messen sind, da der Journalismus – bis auf noch zu thematisierende Ausnahmen – die Selbstdarstellungen der Öffentlichkeitsarbeit autonom verarbeitet. Und nicht zuletzt scheint sich der Unterhalt einer Stelle für Öffentlichkeitsarbeit auch deshalb zu lohnen, weil sie als zentraler Ansprechpartner für viele interessierte Publika wie für Journalisten dient, auf diese Weise die Organisation entlastet und vor der Kritik der Nichtansprechbarkeit schützt.

Die Öffentlichkeitsarbeit scheint sich daher noch im Paradies zu befinden: „Die Unternehmenskommunikation ist eine der letzten Funktionen, bei der die Zuweisung der finanziellen und personellen Ressourcen meist noch über die Fortschreibung von Budgets entsprechend der Ertragslage des Unternehmens erfolgt." (Zerfaß und Pfannenberg 2005, S. 16) Die Vertreibung aus dem Paradies dürfte allerdings kurz bevorstehen bzw. bereits zu beobachten sein. ‚Schuld' daran ist in erster Linie der wahrgenommene Erfolg der Öffentlichkeitsarbeit, der zu steigenden Budgets geführt und damit zunehmend mehr das Interesse organisationsinterner Controller geweckt hat. Hinzu kommt, dass andere – und kostspieligere – Formen verbindlicher Selbstdarstellungen jenseits der Presse- und Medienarbeit weiter zunehmen dürften. Dies reicht von Journalismus simulierenden Publikationen wie Kunden- und Mitgliederzeitschriften bis hin zu Bewegtbildformaten, mit denen Organisationen im Internet selbst zum Fernsehsender werden wollen (vgl. Zerfaß et al. 2008, S. 20).

All dies dürfte dazu geführt haben, dass in Praxis und Wissenschaft gleichermaßen in den vergangenen 20 Jahren die Evaluationsdebatte enorm an Fahrt aufgenommen hat (vgl. z. B. Pfannenberg und Zerfaß 2005). Sie ist ein Beispiel für den anonymen und stummen Druck (vgl. Schimank 2011, S. 276), den sich die Öffentlichkeitsarbeit in einigen Organisationen selbst auferlegt, in anderen von außen zu spüren bekommt. Daher müsse sie „ihren Beitrag zur Wertschöpfung des Unternehmens auch in die ‚Sprache' des Top-Managements bzw. der Unternehmensführungen übersetzen und überzeugend präsentieren [.], um kritische Budgetsituationen zu überstehen" (Mast 2005, S. 27). Ziel seien daher vor allem „outfloworientierte Maßnahmen" (Mast 2005, S. 33), mit denen der Einfluss der Kommunikation auf den Unternehmenswert gemessen werde könne. Mit einem solchen Nachweis könne dann, so die Hoffnung, verhindert werden, dass die Öffentlichkeitsarbeit wie die Werbung in wirtschaftlichen Krisenzeiten eines Unternehmens zu den ersten Streichkandidaten zählt (vgl. Bentele et al. 2012, S. 105).

Nachdem wir herausgearbeitet haben, wie die Arbeit der Öffentlichkeitsarbeit innerhalb von Organisationen ökonomisiert ist, wollen wir fragen, wie Öffentlichkeitsarbeit treibende Organisationen mit Geld scheinbar journalistische Veröffentlichungsentscheidungen zu beeinflussen versuchen. Wir wollen dies nicht mit beschönigenden Begriffen wie Schleichwerbung oder Product Placement bezeichnen, sondern als Korruption: Wenn Publikationsentscheidungen einer als Journalist tätigen Person oder eines Verlages bzw. einer Redaktion, die sich auf vermeintlich journalistische Inhalte beziehen, durch Zahlung von Geld oder geldwerten Leistungen beeinflusst werden, handelt es sich um journalistische Korruption. Analog zum politischen Korruptionsverständnis besteht hier ein Austauschverhältnis zwischen journalistischer Berichterstattung und ökonomischen Ressourcen (vgl. Alemann und Kleinfeld 1992, S. 279). Rechtlich mögen hier große Unterschiede zu finden sein, funktional sehen wir diese nicht: Dem Bürger werden politisch legitimierte Entscheidungen und dem Leser journalistisch ausgewählte Nachrichten „vorgegaukelt", obwohl beide Entscheidungen letztlich durch finanzielle Erwägungen einer einzelnen Person oder der Organisation beeinflusst wurden.

Gleichwohl müssen wir einräumen, dass der Begriff journalistischer Korruption missverständlich sein kann. Weil im Falle journalistischer Korruption die Autonomie des Journalismus verletzt wird, zählen solche Veröffentlichungsentscheidungen systemtheoretisch zur Umwelt des Journalismus. Wir wollen dies dennoch als journalistische Korruption bezeichnen, weil die korrumpierte Person oder der korrumpierte Verlag den Eindruck journalistischer Berichterstattung aufrechterhalten.

Die Facetten journalistischer Korruption sind bunt und wie im Falle jeglicher Korruption nicht immer explizit. Auf der persönlichen Ebene von Journalisten reicht dies von der Einladung zu Luxusreisen bis dahin, dass freie Journalisten lukrative Aufträge für die Öffentlichkeitsarbeit der betreffenden Unternehmen erhalten (vgl. Kartheuser 2013a). Wie bei jeder Korruption ist der Graubereich hier besonders groß – und wird von beiden Seiten gerne als Schutzargument genutzt: Korrupt wäre ein Journalist nur dann, wenn er positiv über das einladende Unternehmen schriebe, *weil* er befürchtet, sonst in Zukunft nicht mehr eingeladen zu werden. Ähnlich unübersichtlich sind die Verhältnisse auf der Ebene der Redaktionen bzw. Verlage und Sender. Noch sehr vage sind die Hinweise für eine Korruption, wenn eine Redaktion über wichtige Werbekunden bevorzugt und bevorzugt positiv berichtet. Deutlich expliziter, aber nicht öffentlich sind journalistische Korruptionen, bei denen für einen redaktionellen Bericht das Schalten einer Anzeige vorausgesetzt wird. Öffentlich erkennbar sind hingegen Geschäfte, die den schönen Namen „Medienkooperation" oder „Medienpartnerschaft" tragen und bei denen Absender und Redaktion öffentlich als Partner auftreten (vgl. Kartheuser 2013b). Der besondere Charme all dieser Geschäfte liegt für alle Beteiligten darin, dass sie von nahezu allen betrieben werden – und daher selbst kritischer Medienjournalismus oft „Beißhemmungen" zu haben scheint, darüber zu berichten (vgl. Kartheuser 2013c). Veränderungen und mithin eine weitere Ökonomisierung in Journalismus und Öffentlichkeitsarbeit gleichermaßen sind hier insbesondere auf ökonomische Probleme von Öffentlichkeitsorganisationen zurückzuführen – und dürften in den kommenden Jahren weiter zunehmen.

5.4 Fazit

Es ist deutlich geworden, dass die Öffentlichkeitsarbeit wie der Journalismus in laufenden Veränderungsprozessen und vor ähnlichen Problemen und vergleichbaren Erwartungen ihrer Publika stehen.

Bei den *Beziehungen zwischen der Öffentlichkeitsarbeit und ihren Publika* haben wir vermutet, dass die Transparenzerwartungen und -forderungen großer Teile der Publika zunehmen. Hier ist zu erwarten, dass die Transparenzspirale noch nicht an ihrem Ende angekommen ist. Einerseits hat die Intransparenz kaum öffentliche Vertreter, andererseits verdienen alle Beteiligten prächtig am Geschäft mit der Transparenzillusion. Transparenztreiber wie *Foodwatch*, *Transparency International* und *Lobby Control* freuen sich über Spenden, der Journalismus über aufmerksamkeitsstarke Skandalgeschichten und selbst bei den angegriffenen Organisationen dürfte sich zumindest die Öffentlichkeitsarbeit (heimlich) freuen. Denn Transparenz fordernde NGOs und Journalisten sind hier die beste Arbeitsplatzgarantie. Bei der Frage nach dem *Wie* der Veröffentlichungen hat sich wie bei der Transparenz gezeigt, dass sozial Bessergestellte und Involvierte nicht nur an mehr Transparenz, sondern auch an Hintergründen interessiert sind, während gesellschaftlich Schlechtergestellte deutlich weniger komplexitätssteigernde Transparenz und daher auch Konsistenzstrategien bevorzugen. Hier scheint die Schere zwischen diesen beiden Polen weiter auseinanderzugehen. Während der Journalismus bei der sehr ähnlichen Entwicklung vor der angenehmen Situation steht, dass sich soziale besser- und schlechtergestellte Publika gezielt die Angebote heraussuchen, die ihren Erwartungen entsprechen, stehen Öffentlichkeitsarbeit treibende Organisationen in der Regel beiden Publikumsgruppen gegenüber. Hier dürfte es in Zukunft noch ausdifferenziertere Angebote für die verschiedenen Interessen und Erwartungen geben.

In den *Führungsspielen haben wir die Beziehungen zu den anderen Leistungssystemen Journalismus, Werbung und Unterhaltung* untersucht. Es ist gezeigt worden, dass die Öffentlichkeitsarbeit sich Strukturelementen der drei anderen Leistungssysteme hemmungslos bedient, um die Probleme fehlender Aufmerksamkeit und Vertrauenswürdigkeit zu lösen. Die Innovationszyklen der Aufmerksamkeitsstrategien dürften dabei zunehmend kürzer werden. Dieser reflexive Charakter kann ebenfalls bei den Vertrauenswürdigkeitsstrategien beobachtet worden. Auch wenn die Öffentlichkeitsarbeit sich durch ihre Verbindlichkeit von der Werbung unterscheidet, so geht es bei ihr eher darum, als weniger vertrauens*un*würdig bewertet zu werden. Hier stellt sich die Frage, wie lange die Publika noch glauben, glauben und vertrauen zu können. „Nicht nur erkenntnistheoretisch, sondern auch sozialpsychologisch sind wir heute offenbar bereit, die große Lektion der Gegenaufklärung zu lernen: Es geht nicht ohne Fälschung." (Bolz 2005, S. 102) Für die kommenden Jahre kann dies dazu führen, dass expressive Aspekte noch wichtiger werden (vgl. Hoffjann 2013a).

Auch die Öffentlichkeitsarbeit kennt und praktiziert zahlreiche diesseitige Strategien, zusätzlich aber auch einige jenseitige Strategien, die wie im Falle des

Journalismus nicht risikolos sind. Gegenüber dem *Journalismus* ist zu erwarten, dass Öffentlichkeitsarbeit zunehmend versucht, selbst journalistische Angebote als „Trägerraketen" für Unternehmensbotschaften anzubieten. Hierzu sind Branchennewsletter von Unternehmen ebenso zu zählen wie die publizistischen Aktivitäten von *Red Bull* unter dem Namen *Servus TV,* das u. a. über *Red Bull*-„Events" wie Seifenkistenrennen berichtet. Man mag versucht sein, diese schnell als Gefahr für traditionelle Öffentlichkeitsorganisationen zu sehen. Da diese aber durch „Dauerwerbesendungen" in der Prime Time oder durch Öffentlichkeitsarbeit zu eigenen Kongressen, Bücher- und CD-Reihen fleißig an ihrer eigenen Vertrauensunwürdigkeit arbeiten, stellt sich eines Tages vielleicht die Frage, ob es solche traditionellen Öffentlichkeitsorganisationen noch braucht. Gegenüber der *Werbung* ist zu erwarten, dass Öffentlichkeitsarbeit zunehmend mehr auf Kampagnen setzt und versucht, bei PR-Anzeigen zunehmend mehr die Kennzeichnung als Werbung zurückzudrängen. Eines Tages würde dies dann bereits als journalistische Korruption zu bezeichnen sein. Insbesondere gegenüber dem Journalismus hängt die weitere *Unterhaltungsorientierung* davon ab, wohin sich der Journalismus und die journalistischen Publika entwickeln. Wie viel unterhaltende Elemente wollen wir im Journalismus? Wie viel „trockene" Information verkraften wir?

In den *Domänenspielen* haben wir schließlich gezeigt, wie das dominante Funktionssystem Wirtschaft die Öffentlichkeitsarbeit beeinflusst. Auch wenn die Öffentlichkeitsarbeit auf absehbare Zeit deutlich weniger ökonomisiert bleiben wird als die Werbung, so führen der ihr zugeschriebene Erfolg und ihr Wachstum dazu, dass zunehmend mehr die Frage nach ihrer Wirtschaftlichkeit gestellt wird. Es gibt viele Beispiele dafür, wie akzeptierte, aber gleichwohl von vielen als ‚sinnlos' bezeichnete Kennzahlen den zu untersuchenden Gegenstand verändert haben. Für die Öffentlichkeitsarbeit kann dies dazu führen, dass sie sich auf Kennzahlenrelevante Tätigkeiten konzentriert und andere Bereiche dafür aufgibt. Ein Beispiel könnte hierfür die Rolle als *boundary spanner* (vgl. Thompson 1967) sein, die sich u. a. aus der Nähe zum Journalismus ergibt. Wenn Kennzahlen nur mehr organisationsexterne Wirkungen untersuchen, dürfte die Rolle als interner Berater schnell aufgegeben werden.

Literatur

Alemann, U. von, & Kleinfeld, R. (1992). Begriff und Bedeutung der politischen Korruption aus politikwissenschaftlicher Sicht. In A. Benz & W. Seibel (Hrsg.), *Zwischen Kooperation und Korruption. Abweichendes Verhalten in der Verwaltung* (S. 259–282). Baden-Baden: Nomos.

Arntzen, F. (1993). *Psychologie der Zeugenaussage. System der Glaubwürdigkeitsmerkmale.* München: C. H. Beck Verlag.

Baecker, D. (1994). *Postheroisches Management. Ein Vademecum.* Berlin: Merve.
Baecker, D. (2010). Das Quantum Management. In S. A. Jansen, E. Schröter, & N. Stehr (Hrsg.), *Transparenz. Multidisziplinäre Durchsichten durch Phänomene und Theorien des Undurchsichtigen* (S. 112–130). Wiesbaden: VS Verlag für Sozialwissenschaften.
Beck, U. (1986). *Risikogesellschaft. Auf dem Weg in eine andere Moderne.* Frankfurt a. M.: Suhrkamp Verlag.
Bentele, G., & Nothhaft, H. (2004). Das Intereffikationsmodell. Theoretische Weiterentwicklung, empirische Konkretisierung und Desiderate. In K.-D. Altmeppen, U. Röttger, & G. Bentele (Hrsg.), *Schwierige Verhältnisse. Interdependenzen zwischen Journalismus und PR* (S. 67–104). Wiesbaden: VS Verlag für Sozialwissenschaften.
Bentele, G., Seidenglanz, R., Fechner, R., & Dolderer, U. (2012). *Profession Pressesprecher 2012 – Vermessung eines Berufsstandes.* Berlin: Helios Media.
Bernstorff, A. G. von. (2012). *Einführung in das Campaigning.* Heidelberg: Carl-Auer.
Bischl, K. (2000). *Die Mitarbeiterzeitung. Kommunikative Strategien der positiven Selbstdarstellung von Unternehmen.* Wiesbaden: Westdeutscher Verlag.
Bolz, N. (2005). *Blindflug mit Zuschauer.* München: Wilhelm Fink Verlag.
Bourdieu, P. (1987). *Die feinen Unterschiede. Kritik der gesellschaftlichen Urteilskraft.* Frankfurt a. M.: Suhrkamp.
Bruhn, M. (2005). *Kommunikationspolitik.* München: Vahlen.
Bruhn, M. (2006). *Integrierte Kommunikation in den deutschsprachigen Ländern. Bestandsaufnahme in Deutschland, Österreich und der Schweiz.* Wiesbaden: Gabler.
Eicher, M. (2003). *Kundenzeitschriften: Imagegestaltung im Zeitschriftenformat? Eine Inhaltsanalyse zur Funktion von neun Schweizer Kundenzeitschriften.* Luzern: Lizentiatsarbeit Universität Zürich.
Finel, B. I., & Lord, K. M. (Hrsg.). (2001). *Power and conflict in the age of transparency.* Indianapolis: Palgrave Macmillan.
Foerster, H. v. (1993). *KybernEthik.* Berlin: Merve Verlag.
Fröhlich, R., & Rüdiger, B. (2004). Determinierungsforschung zwischen PR-„Erfolg" und PR-„Einfluss". Zum Potenzial des Framing-Ansatzes für die Untersuchung der Weiterverarbeitung von Polit-PR durch den Journalismus. In J. Raupp & J. Klewes (Hrsg.), *Quo vadis Public Relations? Auf dem Weg zum Kommunikationsmanagement: Bestandsaufnahme und Entwicklungen* (S. 125–141). Wiesbaden: VS Verlag für Sozialwissenschaften.
Goffman, E. (1998 [1959]). *Wir alle spielen Theater. Die Selbstdarstellung im Alltag.* München: Piper Taschenbuch.
Greven, M. (2000). *Kontingenz und Dezision.* Opladen: Leske + Budrich Verlag.
Han, B.-C. (2012). *Transparenzgesellschaft.* Berlin: Matthes & Seitz.
Hoffjann, O. (2007). *Journalismus und Public Relations. Ein Theorieentwurf der Intersystembeziehungen in sozialen Konflikten* (2. Aufl.). Wiesbaden: VS Verlag für Sozialwissenschaften.
Hoffjann, O. (2013a). *Vertrauen in Public Relations.* Wiesbaden: Springer VS.
Hoffjann, O. (2013b). Public Relations und Journalismus: Verblassender Klassiker oder Evergreen? In O. Hoffjann & S. Huck-Sandhu (Hrsg.), *UnVergessene Diskurse – 20 Jahre PR- und Organisationskommunikationsforschung* (S. 315–337). Wiesbaden: Springer VS.

Literatur

Hoffjann, O. (2014). Presse- und Medienarbeit in der Unternehmenskommunikation. In A. Zerfaß & M. Piwinger (Hrsg.), *Handbuch Unternehmenskommunikation. Strategie – Management – Wertschöpfung* (2. Aufl., S. 671–690). Wiesbaden: Gabler.

Hoffmann, J. (2007). Journalismus für die Organisation, PR für die Gesellschaft. *Medien & Kommunikationswissenschaft, 55*(4), 555–576.

Hofsäss, M., & Engel, D. (2003). *Praxishandbuch Mediaplanung. Forschung, Studien und Werbewirkung. Mediaagenturen und Planungsprozess. Mediagattungen und Werbeträger*. Berlin: Cornelsen.

Jansen, S. A. (2010). Undurchsichtige Transparenz. Ein Manifest der Latenz. Oder was wir aus Terrornetzwerken, von Geldautomatensprengungen und Bankenaufsicht lernen könnten. In S. A. Jansen, E. Schröter, & N. Stehr (Hrsg.), *Transparenz. Multidisziplinäre Durchsichten durch Phänomene und Theorien des Undurchsichtigen* (S. 23–40). Wiesbaden: VS Verlag für Sozialwissenschaften.

Kartheuser, B. (2013a). Starker Antrieb. Die großzügigen Angebote der Automobilbranche. In Netzwerk Recherche (Hrsg.), *Gefallen an Gefälligkeiten. Journalismus und Korruption* (S. 9–16). Berlin.

Kartheuser, B. (2013b). Wes Brot ich ess, des Lied ich sing. Fragwürdige Kooperationen mit Redaktionen und Verlagen. In Netzwerk Recherche (Hrsg.), *Gefallen an Gefälligkeiten. Journalismus und Korruption* (S. 17–28). Berlin.

Kartheuser, B. (2013c). Die Welt ist schön. Luxusreisen mit ThyssenKrupp. In Netzwerk Recherche (Hrsg.), *Gefallen an Gefälligkeiten. Journalismus und Korruption* (S. 29–38). Berlin.

Kohring, M. (2004). *Vertrauen in Journalismus. Theorie und Empirie*. Konstanz: UVK.

Kunczik, M. (1997). *Geschichte der Öffentlichkeitsarbeit in Deutschland*. Köln: Böhlau.

Lange, S. (2003). *Niklas Luhmanns Theorie der Politik. Eine Abklärung der Staatsgesellschaft*. Wiesbaden: Westdeutscher Verlag.

Luhmann, N. (1983). *Legitimation durch Verfahren*. Frankfurt a. M.: Suhrkamp.

Luhmann, N. (1989). *Vertrauen. Ein Mechanismus der Reduktion sozialer Komplexität* (3. Aufl.). Stuttgart: UTB.

Mast, C. (2005). Werte schaffen durch Kommunikation: Was von Kommunikationsmanagern erwartet wird. In J. Pfannenberg & A. Zerfaß (Hrsg.), *Wertschöpfung durch Kommunikation. Wie Unternehmen den Erfolg ihrer Kommunikation steuern und bilanzieren* (S. 27–35). Frankfurt a. M.: Frankfurter Allgemeine Buch.

Pfannenberg, J., & Zerfaß, A. (Hrsg.). (2005). *Wertschöpfung durch Kommunikation. Wie Unternehmen den Erfolg ihrer Kommunikation steuern und bilanzieren*. Frankfurt a. M.: Frankfurter Allgemeine Buch.

Raschke, J. (1985). *Soziale Bewegungen. Ein historisch-systematischer Grundriss*. Frankfurt a. M.: Campus.

Reisch, L. A. (2010). Von blickdicht bis transparent. Konsum 2.0. In S. A. Jansen, E. Schröter, & N. Stehr (Hrsg.), *Transparenz. Multidisziplinäre Durchsichten durch Phänomene und Theorien des Undurchsichtigen* (S. 41–55). Wiesbaden: VS Verlag für Sozialwissenschaften.

Ronneberger, F. (1977). *Legitimation durch Information*. Düsseldorf: Econ.

Röttger, U. (2006). Campaigns (f)or a better world? In U. Röttger (Hrsg.), *PR-Kampagnen. Über die Inszenierung von Öffentlichkeit* (3. Aufl., S. 9–24). Wiesbaden: VS Verlag für Sozialwissenschaften.

Saffarnia, P. A. (1993). Determiniert Öffentlichkeitsarbeit tatsächlich den Journalismus? Empirische Belege und theoretische Überlegungen gegen die PR-Determinierungshypothese. *Publizistik, 38*(3), 412–425.

Schenk, M., Donnerstag, J., & Höflich, J. (1990). *Wirkungen der Werbekommunikation.* Köln: Böhlau.

Schimank, U. (2005). *Die Entscheidungsgesellschaft.* Wiesbaden: VS Verlag für Sozialwissenschaften.

Schimank, U. (2011). Gesellschaftliche Differenzierungsdynamiken – ein Fünf-Fronten-Kamp. In T. Schwinn, C. Kroneberg, & J. Greve (Hrsg.), *Soziale Differenzierung. Handlungstheoretische Zugänge in der Diskussion* (S. 261–284). Wiesbaden: VS Verlag für Sozialwissenschaften.

Schmidt, S. J. (2002). Werbung oder die ersehnte Verführung. In H. Willems (Hrsg.), *Die Gesellschaft der Werbung. Kontexte und Texte. Produktionen und Rezeptionen. Entwicklungen und Perspektiven* (S. 101–119). Wiesbaden: VS Verlag für Sozialwissenschaften.

Schmidt, S. J., & Spieß, B. (1996). *Die Kommerzialisierung der Kommunikation. Fernsehwerbung und sozialer Wandel 1956–1989.* Frankfurt a. M.: Suhrkamp.

Seidenglanz, R. (2014). Transparenz und Vertrauen. Einsichten in eine komplexe Beziehung. In G. Bentele & J. Seiffert (Hrsg.), *Öffentliches Vertrauen in der Mediengesellschaft.* Wiesbaden: Wiesbaden (i. E.).

Sievers, B. (1974). *Geheimnis und Geheimhaltung in sozialen Systemen.* Opladen: Westdeutscher Verlag.

Sittler, L., & Hoffjann, O. (2007). Verbände: Die Gießkannen-Kommunikation. *Public Affairs Manager, 2*(3), 90–95.

Stehr, N., & Wallner, C. (2010). Transparenz: Einleitung. In S. A. Jansen, E. Schröter, & N. Stehr (Hrsg.), *Transparenz. Multidisziplinäre Durchsichten durch Phänomene und Theorien des Undurchsichtigen* (S. 9–19). Wiesbaden: VS Verlag für Sozialwissenschaften.

Strathern, M. (2000). The tyranny of transparency. *British Educational Research Journal, 26*(3), 309–321.

Szyszka, P. (2004). PR-Arbeit als Organisationsfunktion. Konturen eines organisationalen Theorieentwurfs zu Public Relations und Kommunikationsmanagement In U. Röttger (Hrsg.), *Theorien der Public Relations. Grundlagen und Perspektiven der PR-Forschung* (S. 149–168). Wiesbaden: VS Verlag für Sozialwissenschaften.

Theis-Berglmair, A. M. (2008). Organizational Communication and public relations: A conceptual framework for a common ground. In A. Zerfaß, B. van Ruler, & K. Sriramesh (Hrsg.), *Public relations research. European and international perspectives and innovations* (S. 111–123). Wiesbaden: VS Verlag für Sozialwissenschaften.

Thompson, J. D. (1967). *Organizations in action: Social science bases of administrative science.* New York: Transaction Publishers.

Turner, S. (2004). Orchestrierte Kommunikation. In S. Kemmler, J. Ballentin, C. Gerlitz, & S. Emrich (Hrsg.), *Die Depression der Werbung. Berichte von der Couch* (S. 79–98). Göttingen: Business Village.

Wehrsig, C., & Tacke, V. (1992). Funktionen und Folgen informatisierter Organisationen. In T. Malsch & U. Mill (Hrsg.), *ArBYTE. Modernisierung der Industriesoziologie?* (S. 219–239). Berlin: edition sigma.

Weichler, K. (2014). Corporate Publishing: Publikationen für Kunden und Multiplikatoren. In A. Zerfaß & M. Piwinger (Hrsg.), *Handbuch Unternehmenskommunikation. Strategie, Management, Wertschöpfung* (2. Aufl.). Wiesbaden: Springer Gabler (i. V.).

Westerbarkey, J. (2000). *Das Geheimnis. Die Faszination des Verborgenen.* Berlin: Aufbau.
Wienand, E. (2003). *Public Relations als Beruf. Kritische Analyse eines aufstrebenden Kommunikationsberufes.* Wiesbaden: VS Verlag für Sozialwissenschaften.
ZAW. (2013). *Werbung in Deutschland 2013.* Berlin: edition zaw.
Zerfaß, A., & Pfannenberg, J. (2005). Kommunikations-Controlling: Neue Herausforderungen für das Management. In J. Pfannenberg & A. Zerfaß (Hrsg.), *Wertschöpfung durch Kommunikation. Wie Unternehmen den Erfolg ihrer Kommunikation steuern und bilanzieren* (S. 14–26). Frankfurt a. M.: Frankfurter Allgemeine Buch.
Zerfaß, A., Mahnke, M., Rau, H., & Boltze, A. (2008). *Bewegtbildkommunikation im Internet – Herausforderungen für Journalismus und PR. Ergebnisbericht der Bewegtbildstudie 2008.* Leipzig: Universität Leipzig.
Zielske, H. A. (1959). The remembering and forgetting of advertising. *Journal of Marketing, 23,* 239–243.
Zipfel, A. (2009). Wirkungen von Product Placement. In A. Gröppel-Klein & C. C. Germelmann (Hrsg.), *Medien im Marketing. Optionen der Unternehmenskommunikation* (S. 151–174). Wiesbaden: Gabler.

Evolution der Öffentlichkeit 6

Für den Journalismus und die Öffentlichkeitsarbeit haben wir zwischen verschiedenen Entwicklungspfaden unterschieden, in denen sich die Beziehungen zwischen ihnen und ihren Publika verändert haben. Im Journalismus grenzten wir den quantitätsfixierten Konsistenzjournalismus ab vom qualitätsorientierten Kontingenzjournalismus ab. In der Öffentlichkeitsarbeit unterschieden wir einerseits ebenfalls zwischen Konsistenz- und Kontingenzstrategien und andererseits zwischen Transparenz- und Intransparenz-Varianten. Dieser Abschnitt reflektiert die Evolution des Funktionssystems Öffentlichkeit insgesamt, hier aus der Publikumsperspektive, anschließend unter 6.2 mit Blick auf Führungsspiele innerhalb der Öffentlichkeit sowie unter 6.3 auf Domänenspiele zwischen der Öffentlichkeit und anderen gesellschaftlichen Funktionssystemen.

6.1 Publikumsspiele: Populär und elitär

Mit Blick auf das Publikum erscheint es einerseits überraschend, in der Öffentlichkeit Schranken qualitätsorientierter Angebote zu vermuten, die von eher sozial Bessergestellten nachgefragt werden und die an Distinktion durch Anerkennung hoher Standards und Exklusivität des so gestalteten Leistungsangebots interessiert sind (vgl. Schimank 2011, S. 272). Zeichnet sich nicht gerade die Öffentlichkeit dadurch aus, dass sie leicht zugänglich ist, offen für alle? Andererseits stellt sich die Frage, warum sich nur in der Öffentlichkeit die Differenz von möglichst niedrigschwelligen versus exklusiveren Angeboten nicht finden sollte. Wenn sich im Journalismus vordergründige Boulevardblätter und hintergründige Wochenzeitungen, in der Unterhaltung Mario Barth und Harald Schmidt, in der Werbung *Media Markt* und *Bang & Olufsen* sowie in der Öffentlichkeitsarbeit *Red Bull*-Events und Regierungspressekonferenzen gegenüberstehen, zeigt sich daran, dass in der Öffentlichkeit insgesamt mindestens zwei Entwicklungspfade unterschieden werden. Diese beiden Entwicklungspfade wollen wir einerseits als *populäre*, andererseits als *elitäre* Öffentlichkeit bezeichnen. Die zweifache Wertung, welche diese Bezeichnungen implizieren, gehört seit der Herausbildung eines Funktionssystem Öffentlichkeit zu dessen Selbstbeschreibung. Aus der elitären Perspektive werden Veröffentlichungen, die ein sehr breites Publikum erreichen, als minderwertig beschrieben. Aus der populären Perspektive werden andere Veröffentlichungen als abgehoben und schwer verständlich bewertet. Unter analytischen Gesichtspunkten gibt es keinen Anlass, solche Auf- und Abwertungen zu übernehmen: Es geht um Inklusions- und Exklusionsprozesse *innerhalb* eines prinzipiell auf universelle Inklusion zielenden Funktionssystems. Wie bei allen bereits erläuterten Polen der Publikumsspiele ist zu erwarten, dass es in der modernen hochdifferenzierten Gesellschaft in allen Kontexten immer eine Nachfrage nach beiden geben wird.

Was kennzeichnet die elitäre und die populäre Öffentlichkeit? Wenn Öffentlichkeit die Funktion hat, dass die Gesellschaft sich über sich selbst informieren kann, dann hilft sie bei der Orientierung in der Gesellschaft – daran hat sich bis heute nichts geändert. Orientierung freilich nicht nur operativ verstanden, sondern auch im Sinn des Dabeiseins und Dazugehörens. Veränderungsprozesse auf Seiten der Publika beobachten wir in zwei Hinsichten, die wir anhand dieser beiden Fragen erläutern: *Was* beschäftigt die Öffentlichkeit und dient damit der gesellschaftlichen Orientierung? Und *wie* vollziehen sich solche Orientierungsprozesse?

Viele Themen und Beiträge lassen ihre Orientierungsleistung sofort erkennen. Das Lesen des Wetterberichtes hilft, sich am nächsten Tag passend zu kleiden; die Kenntnis von Stauprognosen ermöglicht, die mutmaßlich schnellste Route zu finden; Finanznachrichten verschaffen Orientierung im Dschungel der Anlagemöglichkeiten; und die Anzeigen von Supermärkten helfen bei der Auswahl des nächsten Einkaufsortes. Wie aber helfen die Meldungen und Berichte über Privates aus dem Leben von Prominenten auf den Vermischtes-Seiten und in den People-Magazinen bei der Orientierung? Oder das Sehen einer Comedy-Serie? Ihnen allen ist gemeinsam, dass die Kenntnis spezifischer Öffentlichkeitsangebote in spezifischen Gruppen gegenseitig unterstellt wird. Diese Unterstellungsunterstellungen sind ja gerade der „Kniff", der zur Emergenz von Öffentlichkeit geführt hat (vgl. Merten 1999, S. 226). Das Erlebnis des Dazugehörens und Dabeiseins können Klatsch- und Tratschgeschichten über Prominente nicht weniger vermitteln als Nachrichten über einen Terroranschlag oder einen Börsencrash. Solche, viele andere, potenziell

6.1 Publikumsspiele: Populär und elitär

Tab. 6.1 *Pole einer elitären und populären Öffentlichkeit*

Elitäre Öffentlichkeit		Populäre Öffentlichkeit
Informationsjournalismus	⇔	Unterhaltungsjournalismus
Öffentlichkeitsarbeit	⇔	Werbung
Informierende Öffentlichkeitsarbeit	⇔	Unterhaltende Öffentlichkeitsarbeit
Fakten	⇔	Fiktionen
Wahrheit	⇔	Authentizität

alle möglichen Themen bilden den Themenhaushalt bzw. das Themenrepertoire der Öffentlichkeit. Und es ist offenkundig, dass sich dieser Themenhaushalt auch strukturell laufend verändert. Der Eindruck, dass „bunte Themen" in der Öffentlichkeit zunehmend nach vorne drängen, wird in Untersuchungen wiederholt bestätigt (vgl. z. B. Trebbe und Maurer 2007, S. 227; Bernhard und Scharf 2008). Damit verbunden ist zum Beispiel auch die Frage, in welchem Verhältnis hier journalistische und Unterhaltungsangebote thematisiert werden, denn typischerweise findet sich das Populäre mehr in der Unterhaltung als im Journalismus.

Zweitens ist zu fragen, *wie* die Leistungssysteme Orientierung verschaffen. Wir haben bereits im Kontext des Journalismus und der Öffentlichkeitsarbeit festgestellt, dass beide Leistungssysteme sich zunehmend an Strukturen der Unterhaltung orientieren. Ein Beispiel im Journalismus ist hierfür das Infotainment, in dem journalistische Inhalte unterhaltungsorientiert aufbereitet werden. Mit einer solchen Unterhaltungsorientierung verbunden sind Fragen der Konsistenz und Kontingenz. Nachfolgend finden sich ausgewählte Unterschiede zwischen einer elitären und einer populären Öffentlichkeit (vgl. Tab. 6.1).

Wie können also diese Veränderungen erklärt werden? „Der Wurm muss dem Fisch schmecken, nicht dem Angler." Mit diesem Satz rechtfertigte der frühere *RTL*-Geschäftsführer Helmut Thoma die vielfach als ‚Verflachung' kritisierte Ausrichtung des *RTL*-Programmes. Seither wird mit dem Satz der Kulturkritik begegnet, wenn sie Phänomene wie das ‚Unterschichtenfernsehen' in den Medien beklagt: ‚Schuld' haben doch die Zuschauer, die ein solches Programm durch Einschalten nachfragen. Eine solche Argumentation mag man als Versuch der Programmmacher interpretieren, sich der Verantwortung zu entziehen. Wir halten jedoch eine solche Argumentation für unterkomplex. Um die zunehmende Popularisierung vieler massenmedialer Angebote verstehen zu können, müssen mehrere Entwicklungen berücksichtigt werden – dazu zählen auch die Ökonomisierungsprozesse, die wir im Abschn. 6.3 erläutern. Aus der Publikumsperspektive sehen wir vor allem zwei Faktoren.

Das Projekt des schönen Lebens
So groß die Vorteile einer funktional differenzierten Gesellschaft mit ihren Freiheits- und Gleichheitsrechten sowie der Etablierung einer Fünf-Tage-Woche für die breite Bevölkerung sind, so sehr hat beides gleichermaßen zu einer „Bürde der Reflexion" (Schulze 1992, S. 52) geführt. Wer sich das Lebensnotwendige in kürzeren Arbeitszeiten sichern kann, für wen die Freiheiten und Zwänge des Entscheidens zur Alltagserfahrung werden, sieht sich in vielen Situationen auf sich selbst zurückgeworfen. An die Stelle des Überlebens tritt das Erleben: das „Projekt des schönen Lebens" (Schulze 1992, S. 37). Dies hat zum Boom der Tourismusbranche ebenso geführt wie zum Boom der Unterhaltungsindustrie.

Weil in der Unterhaltung alles auf angenehmes Erleben fokussiert ist, hat sie im Vergleich zum Journalismus und zur Öffentlichkeitsarbeit einen zentralen Vorteil: Wer hat schon etwas gegen das Positive und das Schöne? Während im Journalismus vor allem die Konfrontation mit den Härten des Lebens im Mittelpunkt steht, werden diese Härten zwar auch in der Unterhaltung thematisiert – aber immer ironisiert, überzogen dargestellt und damit in den (möglichen) Bereich der Fiktion verschoben. So funktioniert politische Satire: Man wird mit voller Wucht auf dunkle Seiten des Lebens gestoßen – und kann trotzdem darüber lachen.

Diese Erlebnisorientierung hat nicht nur den Siegeszug der Unterhaltung getragen, sie hat auch dazu geführt, dass andere öffentliche Leistungssysteme sich neuen Rezeptionserwartungen ausgesetzt sehen – in welchem Umfang diese Rezeptionserwartungen vielleicht nur ‚vermeintlich' existieren, wird nachfolgend zu diskutieren sein. Daher sucht man auch in verbindlichen und aktualitätsorientierten Formaten wie Nachrichtensendungen und Tageszeitungen nach unterhaltenden Inhalten oder zumindest nach unterhaltenden Elementen. Die legendären Überschriften der *taz* sind hierfür nur ein Beispiel.

Marketingdenken durch Marketingdenken
Soziale Systeme operieren mit der Unterscheidung von Selbstreferenz und Fremdreferenz. Mit der Fremdreferenz beziehen soziale Systeme wie Organisationen beobachtete Änderungen und Erwartungen in ihrer Umwelt in ihre Operationen mit ein. Es ist offenkundig, dass Organisationen, die solche Umwelterwartungen völlig ignorieren würden, schnell vor existenziellen Problemen stünden. Umgekehrt sind Selbstreferenz bzw. redundante Strukturen notwendig, weil hier die Identität und die Kompetenz von Organisationen zu finden sind: Der *Spiegel* erscheint Woche für Woche mit einem überwiegend identischen Aufbau, der typischen „Spiegel-Schreibe" und seiner kritisch-distanziert-spöttischen Haltung zu aktuellen Ereignissen.

6.1 Publikumsspiele: Populär und elitär

Die Herausforderung für Organisationen besteht in der Handhabung der Differenz von Selbstreferenz und Fremdreferenz. Wie sehr orientieren sie sich an wahrgenommenen neuen Wünschen und Veränderungen? Und wie sehr vertrauen sie auf frühere Erfolgsrezepte und eigene Überzeugungen? Früher wurden vor allem die Vorteile stabiler und verlässlicher Organisationsstrukturen beobachtet – bis das Wort „Bürokratie" zum Synonym für verkrustete Organisationen wurde, die wie Dinosaurier aussterben würden. Mit Konzepten wie dem der lernenden Organisation (vgl. Argyris und Schön 1979), vor allem aber mit dem Marketing-Konzept wurde in den vergangenen Jahren die Seite der Fremdreferenz gestärkt. So definiert Meffert den Philosophieaspekt des Marketings wie folgt: „Die bewusste Absatz- und Kundenorientierung aller Unternehmensbereiche. Nicht das Produkt, sondern die Probleme, Wünsche und Bedürfnisse aktueller und potentieller Kunden stehen am Anfang aller Überlegungen" (Meffert 2005, S. 8). Es wird hier die These vertreten, dass insbesondere das Marketing-Paradigma für die Gesellschaft schon weitreichendere Folgen hat, als vielfach angenommen. Auch das trägt zu der Tendenz bei von der elitären hin zur populären Öffentlichkeit.

Erstens prägt das Marketing-Paradigma mittlerweile neben der Wirtschaft zahlreiche weitere gesellschaftliche Bereiche Heute soll selbst eine öffentliche Verwaltung die Bürger als Kunden ansehen und sich an deren Bedürfnissen ausrichten, und in Hochschulen orientieren sich Lehrende an den Evaluationsergebnissen ihrer Studierenden. Allein in der Politik scheinen die Verhältnisse etwas andere zu sein: Zwar haben auch hier Marketing-Begriffe Einzug gehalten, aber dass die Kunden- oder vielmehr Wählerperspektive in der (demokratischen) Politik grundsätzlich verankert ist, liegt auf der Hand. Wie auch immer: Das Marketingdenken hat heute in vielen gesellschaftlichen Bereichen einen institutionellen Charakter erhalten. Neo-institutionalistisches Denken kann hier als Reflexionstheorie in einen systemtheoretischen Rahmen integriert werden (vgl. Tacke 1999, S. 77). Der Neo-Institutionalismus wird damit als Reflexionstheorie genutzt, bei der „die Identität des Systems im Unterschied zu seiner Umwelt nicht nur bezeichnet wird (so dass man weiß, was gemeint ist), sondern begrifflich so ausgearbeitet wird, dass Vergleiche und Relationierungen anknüpfen können" (Luhmann 1987b, S. 620). Wenn Organisationen die Umwelt beobachten, bemerken sie, dass immer mehr Organisationen sich an ihrer Umwelt orientieren. Marketing bzw. eine verstärkte Fremdreferenz ist damit zu einer Institution geworden, die durch Imitation, normativen Druck oder Zwang übernommen wird (DiMaggio und Powell 1983). Oder mit anderen Worten: Organisationen, die ihre Umwelt intensiv beobachten, stoßen vielfach auf die zugewiesene Relevanz des Marketingdenkens – und können sich diesem dann kaum entziehen. Marketingdenken mag zwar in besonders hart umkämpften

Wirtschaftsmärkten besonders ausgeprägt sein – und das wirtschaftliche Gewinnstreben mag ein Motor hierfür sein, sodass Angebot und Nachfrage noch besser zusammenfinden. Letztlich ist dieses Marketingdenken heute in nahezu jedem gesellschaftlichen Bereich zu beobachten. Und der institutionelle Charakter dieses Marketingparadigmas zeigt sich nicht zuletzt darin, dass diejenigen, die daran öffentlich zweifeln, wahlweise belächelt oder kritisiert werden.

Zweitens stellt sich die Frage nach der Effektivität und Effizienz des Marketingdenkens Wenn man das Marketingkonzept als Institution versteht, dann heißt dies, dass es unhinterfragt genutzt wird. Aber wie effizient und effektiv ist die strikte Ausrichtung an den beobachteten Bedürfnissen und Wünschen der Publika? Zunächst einmal stellt sich die Frage, ob die Publika überhaupt immer wissen, was sie wollen. In der Marktforschung zeigt sich dies bei der Produktneuentwicklung. Nicht selten fallen neue Produkte vor ihrer Einführung in der Marktforschung durch, die später zu Bestsellern werden – und umgekehrt. Eine mögliche Alternative wäre einfach und schwierig zugleich. Einfach, weil es nur eigener verlegerischer Ideen bedarf, die über einen längeren Zeitraum erprobt werden, um ihre Akzeptanz zu testen. Schwierig ist es, weil das Risiko des Scheiterns groß und das alles damit ökonomisch riskant ist.

Die Unterhaltungsorientierung ist neo-institutionalistisch hier doppelt verankert. Einerseits ist eine Unterhaltungsorientierung von öffentlichen Kommunikationsangeboten ein Ergebnis des Marketing-Paradigmas, andererseits ist die Unterhaltungsorientierung im Feld der Öffentlichkeitsorganisationen selbst zu einer Institution geworden. In der Summe kann damit begründet werden, warum einerseits Unterhaltung bzw. Unterhaltungsorientierung in einer erlebnisorientierten Gesellschaft wichtiger werden, und warum andererseits Medienunternehmen diese vielfach übernehmen.

Was sind die Folgen einer popularisierten Öffentlichkeit?
Einer populären Öffentlichkeit könnte man vorwerfen, sie sei oberflächlich, kurzatmig und blind für komplexere Fragestellungen. Entgegen zu halten und zu fragen wäre freilich, wie tiefgründig, langfristig und offen für komplexere Fragestellungen denn eine elitäre Öffentlichkeit sei. Wie intensiv haben sich Qualitätsmedien mit einem so konsumverneinenden Thema wie der Konsolidierung öffentlicher Haushalte vor der Finanzkrise beschäftigt? Und wie lange haben Qualitätsmedien die Deregulierung der Finanzmärkte gepriesen (vgl. Arlt und Storz 2010)? Eine elitäre Öffentlichkeit ist also nur bedingt klüger als eine Unterhaltungsöffentlichkeit.

Zweifelsohne würde ein weiteres Voranschreiten der Popularisierung weitere gesellschaftliche Bereiche verändern. Während die Orientierung an den Medien bislang noch relativ undifferenziert als Medialisierung bzw. Mediatisierung diskutiert wird, würde eine weitere Popularisierung bzw. ein weiteres Voranschreiten der Unterhaltungsöffentlichkeit dazu führen, dass der Unterhaltungswert z. B. von Politikern künftig ein noch wichtigeres Selektionskriterium bei ihrem Aufstieg wäre. Politische Talkshows würden dann also eher den Beginn als das Ende einer solchen Entwicklung markieren.

Dass all dies nicht als das ‚Ende des Abendlandes' angesehen werden sollte, zeigen die Chancen einer solchen Popularisierung: Geringere Zugangshürden können eben auch dazu führen, dass größere Teile der Gesellschaft erreicht werden – und geringere exkludiert. Wer das hohe Niveau öffentlicher Diskussionen in der Vergangenheit verklärt, übersieht meist, dass sie eben auch nur kleine Teile der Gesellschaft erreicht haben. Elitär und populär bildet eine stabile Differenzierung des Öffentlichkeitssystems, deren Auflösung weder in die eine noch in die andere Richtung zu erwarten ist.

6.2 Führungsspiele: Der Boom der Öffentlichkeitsarbeit

In den Führungsspielen haben wir bereits für verschiedene Konstellationen aufgezeigt, wie die vier Leistungssysteme Strukturmerkmale der jeweils anderen übernehmen und wo Organisationen ein Leistungssystem – z. B. journalistische Sendungen bei einem TV-Sender – durch ein anderes wie eine Unterhaltungssendung ersetzen. Dies wollen wir jetzt auf der Gesamtebene der Öffentlichkeit zusammenführen: Wir fragen, wie sich die Machtkonstellationen zwischen den vier Leistungssystemen verändert haben – und weiter verändern könnten.

Grundsätzlich beobachten wir die folgende Machtverschiebung in der Öffentlichkeit: Während Journalismus, Unterhaltung und Werbung in den vergangenen Jahren zumindest nicht in einem größeren Umfang expandierten, erlebt das Leistungssystem Öffentlichkeitsarbeit in Deutschland seit rund vier Jahrzehnten einen ungebrochenen Boom. Die Expansion der Öffentlichkeitsarbeit belegen oberflächlich die steigenden Zahlen der Berufstätigen im Feld (vgl. Wienand 2003, S. 145) und plausibler die Arbeiten zur Medialisierungsthese, in denen mit verschiedenen Dimensionen herausgearbeitet wurde, dass sich Organisationen zunehmend mehr an Medien oder vielmehr Massenmedien orientieren (vgl. z. B. Donges 2008; Hoffjann und Gusko 2013). Umgekehrt gibt es viele Hinweise dafür, dass Personal und Ressourcen in Journalismus und Werbung nach Jahrzehnten des Wachstums seit rund 15 Jahren stagnieren bzw. zumindest sich das Wachstum deutlich verlangsamt hat (vgl. z. B. Pöttker 2013; ZAW 2013). Für Unterhaltung liegen hierzu keine empirischen Erkenntnisse vor, allerdings ist auch hier eine ‚Seitwärtsbewegung' zu vermuten.

Wie sind diese Entwicklungen zu erklären? Für ein tieferes Verständnis braucht es hierzu eine Perspektive, in der die Öffentlichkeit ebenso berücksichtigt wird wie ihre Abhängigkeit von der Wirtschaft.

Es wird in den Domänenspielen noch herausgearbeitet, dass die Öffentlichkeit als Funktionssystem eine zunehmende Bedeutung erfährt. Die steigende Bedeutung ist u. a. mit der zunehmenden Komplexität und zunehmenden Unübersichtlichkeit der Gesellschaft zu erklären, die das Ergebnis gesellschaftlicher Ausdifferenzierungsprozesse sind. Wo es auf der einen Seite immer kleinere Nischen mit zunehmend spezialisierteren Perspektiven gibt, wächst auf der anderen Seite der Wunsch, den ‚Überblick zu behalten'. Obwohl alle Leistungssysteme der Öffentlichkeit hierzu ihren spezifischen Beitrag leisten, übernimmt der *Journalismus* mit seinen aktuellen verbindlichen Fremdbeschreibungen eine Führungsrolle. Damit soll nicht quasi durch die Hintertür das Argument eingeführt werden, dass journalistische Beschreibungen ‚besser', weil etwa in einem ontologischen Sinne ‚wahrer' als die der Unterhaltung oder der Öffentlichkeitsarbeit wären. Die Führungsrolle ist hier ausschließlich mit der Zuschreibung bzw. den Erwartungen der Publika zu erklären, die den Journalismus in der Regel nicht unter Motivverdacht stellen und sich in der Anschlusskommunikation eher auf Journalismus als auf konkurrierende Beschreibungen der Öffentlichkeitsarbeit berufen. Die Konsequenz: Der Journalismus wird in einer komplexer werdenden Gesellschaft zunehmend wichtiger. Ein Indiz hierfür ist z. B. in Deutschland das Wachstum der kumulierten Nutzungszahlen der Offline- und Online-Angebote von Tageszeitungen (vgl. BDZV 2013). Damit ist weder etwas über die Qualität des nachgefragten Journalismus gesagt – vieles spricht hier für eine Popularisierung –, noch ist etwas über die nachgefragten Themen gesagt – hier spricht vieles für eine Zunahme von Wirtschafts- und eine Abnahme von politischen Themen. Das Problem scheint also weniger zu sein, dass Journalismus in der modernen Gesellschaft unwichtiger geworden wäre, sondern die Probleme sind eher in den finanziellen Ressourcen und mithin in den Geschäftsmodellen zu finden. Weniger der Journalismus befindet sich in einer Krise, vielmehr funktionieren bisherige journalistische Geschäftsmodelle nicht mehr. Dass diese wirtschaftlichen Probleme aber nicht ohne Folgen für viele journalistische Angebote bleiben, ist bereits ausgeführt worden und muss hier nicht wiederholt werden. Während die ökonomische Krise des Journalismus in Deutschland eine relativ neue Erfahrung ist, ist das Problem in vielen kleineren Ländern seit jeher bekannt: So führen die hohen First-Copy-Kosten dazu, dass es in kleinen Märkten wie in Österreich bis heute kaum ernst zu nehmende privat finanzierte TV-Sender gibt.

6.2 Führungsspiele: Der Boom der Öffentlichkeitsarbeit

Während also die Nachfrage nach und der Bedarf an journalistischen Angeboten so groß wie nie zuvor ist, weisen Teile der Angebotsproduktion durchaus Krisensymptome auf. Daher wagen wir die spekulative These, dass es heute einen Boom an journalistischen Angeboten gäbe, wenn es in Folge der Digitalisierung nicht zu vielen ökonomischen Problemen des Journalismus gekommen wäre. Die Erfolgschancen neuer journalistischer Angebote im Internet halten wir für gut, auch wenn das Internet alles andere als ein journalistisches Medium ist (vgl. Kap. 5 und 7).

Stattdessen ist ein Boom nur in der *Öffentlichkeitsarbeit* zu beobachten. Wenn die Öffentlichkeit zur Orientierung wichtiger geworden ist und ‚die' öffentliche Meinung mithin Entscheidungen beeinflusst, dann ist es auch wichtiger, die Beziehungen zur Öffentlichkeit strukturiert zu bearbeiten. Die gestiegene Bedeutung der Öffentlichkeitsarbeit resultiert zugleich aus den ökonomischen Problemen des Journalismus und der Werbung – dies ist im Kapitel zur Evolution der Öffentlichkeitsarbeit bereits ausgeführt worden. So stärkt es traditionelle journalistische Angebote wie viele Fachzeitschriften nicht, wenn journalistische Inhalte zunehmend gegen Werbung, Unterhaltung und Öffentlichkeitsarbeit ersetzt werden. Kurzfristig mögen viele dieser Inhalte helfen, langfristig verschwimmen damit aber Unterschiede insbesondere zu Corporate-Publishing-Angeboten. Diese haben zudem den unschätzbaren Vorteil, dass sie sich im Gegensatz zu primär journalistischen Angeboten nicht kurzfristig wirtschaftlich refinanzieren müssen, da ihr Mehrwert vor allem in der Beeinflussung der Öffentlichkeit liegt. So gehört einer der größten österreichischen privaten TV-Sender zum Getränkehersteller *Red Bull*. Noch einmal: Solche Entscheidungen sind in aller Regel keine ‚journalistischen' Entscheidungen – denn damit würde sich der Journalismus quasi selbst abschaffen. In der Regel sind es verlegerische, also wirtschaftliche Entscheidungen, die dann wiederum mittelfristig die Rahmenbedingungen für Journalismus schwächen und in einigen Organisationen langfristig zu seiner Abschaffung führen können.

Die gestiegene Bedeutung der Öffentlichkeitsarbeit gegenüber der Werbung ist ebenfalls primär ökonomisch zu erklären. Denn die meisten Maßnahmen der Öffentlichkeitsarbeit sind im Vergleich zur Mediawerbung deutlich preiswerter. Daher wird in der kostspieligeren Mediawerbung bereits seit langer Zeit die Frage nach der Effektivität diskutiert und zunehmend skeptisch beurteilt, während diese Diskussion in der Öffentlichkeitsarbeit noch eher am Anfang steht. Öffentlichkeitsarbeit profitiert hier also tendenziell auch von den zugeschriebenen Effektivitätsproblemen der Mediawerbung.

Mit der größeren Bedeutung der Öffentlichkeitsarbeit steigen proportional auch ihre Kosten. Denn den steigenden Angeboten der Öffentlichkeitsarbeit stehen gleichbleibende Aufmerksamkeitsressourcen gegenüber. Immer mehr Angebote der Öffentlichkeitsarbeit dürften daher zu keinerlei Anschlusskommunikation in der Öffentlichkeit führen bzw. die Angebote dürften weniger Aufmerksamkeit erhalten. Wenn am *Speakers' Corner* die Zahl der Redner immer weiter zunimmt, werden einige von ihnen irgendwann Selbstgespräche führen.

Während die klassischen Werbeausgaben in Deutschland seit Jahren eher stagnieren, gewinnt die Werbung vor allem dort, wo sie versucht, Elemente der Unterhaltung zu übernehmen bzw. bereits Unterhaltung ist. Werbung versucht, Elemente der Unterhaltung z. B. in den so genannten viralen Spots zu übernehmen. Das Produkt und das Unternehmen treten dabei bisweilen so stark in den Hintergrund, dass diese erst durch die Kommunikation über einen Film bekannt werden – was dann durchaus die beabsichtigte Wirkung war. Die strategischen Ziele werden also sehr indirekt erreicht, da Werbung sich hier vor allem an den Interessen ihrer Publika orientiert. Damit aber – und dies ist ebenfalls bereits konstatiert worden – ist die Werbung nicht alleine: Denn Unterhaltung als ‚Stil-Element' prägt nicht nur die Leistungssysteme der Öffentlichkeit, sondern zunehmend auch andere gesellschaftliche Kontexte wie die Erziehung.

6.3 Domänenspiele: Politismus und die Hochzeit von Aufmerksamkeit und Geld

Mit dem Befund der doppelten Entpolitisierung und der doppelten Ökonomisierung des Journalismus wurden bereits Aspekte der Entwicklungen des Verhältnisses der Öffentlichkeit zu den beiden Funktionssystemen Politik und Wirtschaft diagnostiziert. Inspiriert vom Begriff der strukturellen Kopplung sollen die Domänenspiele mit dem politischen und dem ökonomischen System hier in evolutionärer Perspektive charakterisiert werden.

Für die entwickelte moderne Gesellschaft ist davon auszugehen, dass sowohl Öffentlichkeit und Politik strukturell gekoppelt sind als auch Öffentlichkeit und Wirtschaft. Dieser Befund kann nicht überraschen, denn „faktisch sind alle Funktionssysteme durch strukturelle Kopplungen miteinander verbunden und in der Gesellschaft gehalten" (Luhmann 1997, S. 779) Eher beiläufig hält Luhmann darüber hinaus fest, dass es im gesellschaftlichen Innenverhältnis der einheitliche Operationstypus Kommunikation möglich macht, die strukturellen Kopplungen mit operativen Kopplungen in der Form von Verhandlungssystemen zu ergänzen. „Operative Kopplungen können strukturelle Kopplungen nicht ersetzen. Sie setzen sie voraus. Aber sie verdichten und aktualisieren die wechselseitigen Irritationen und erlauben so schnellere und besser abgestimmte Informationsgewinnung in den beteiligten Systemen." (Luhmann 1997, S. 788) Dieser Integrationsmechanismus und die damit direkt angesprochenen Fragen der Interventions- und Steuerungsmöglichkeiten gehören nach unserem Informationsstand zu den besonders schwach ausgearbeiteten Seiten im Theoriedesign des Systemfunktionalismus. Wir können diese Schwachstelle hier nur in Erinnerung rufen, nicht beheben. Richard Münch hat an diesem Punkt angesetzt und gerade nicht „die schärfere Ausdifferenzierung von Sphären nach deren innerer Eigengesetzlichkeit", sondern „die Verknüpfung unterschiedlicher Strukturkomponenten in den konkreten modernen Institutionen" (Münch 1992, S. 22) zum Wesensmerkmal moderner Gesellschaft erklärt. Unabhängig davon, dass die Integrations- und Krisenprozesse funktional differenzierter Gesellschaften bislang nur unzureichend erfasst und beschrieben sind, erscheint uns Münchs Kontraposition nicht überzeugend, sondern vielmehr der systemtheoretische Grundgedanke plausibel, dass gegenläufige Entwicklungen für möglich und wahrscheinlich zu halten sind: Wachsender Eigensinn und steigende Abhängigkeit der Funktionssysteme schließen sich nicht aus, sie entsprechen sich vielmehr, denn dass Autonomie nicht Autarkie meint, liegt schon im Systembegriff als Einheit der Differenz von System und Umwelt begründet. Dass Abhängigkeiten wachsen und verhandelt werden müssen, passt mit mehr Selbstbezüglichkeit zusammen.

Politik
Auf dem wissenschaftlichen Themenfeld Öffentlichkeit wird deren Verhältnis zur Politik besonders gründlich beackert und ebenso umgekehrt von der Politikwissenschaft die Beziehung zur Öffentlichkeit. Das ist leicht zu erklären, denn die gesellschaftliche Funktion der Politik, kollektiv verbindliche Entscheidungen zu treffen und durchzusetzen, lässt sich ohne Öffentlichkeit nicht realisieren. Es liegt in der Logik der kollektiv verbindlichen Entscheidung, dass sie veröffentlicht werden muss; sie kann nur als kollektive Information wirksam werden. Politik muss Öffentlichkeit herstellen, mindestens indem sie ihre Entscheidungen publiziert. Wenn darüber hinaus die Auswahl der Entscheider (Volksvertreter) und die Entscheidungsfindung selbst zu öffentlichen Prozessen werden, sprechen wir von Demokratie. Die politische Bedeutung der öffentlichen Meinung als Selektionsinstanz für Themen und mögliche Beiträge zu einem Thema (vgl. Luhmann 2010, S. 433 ff.) ist in Demokratien besonders hoch.

Diskutiert wird das Verhältnis zwischen Politik und Öffentlichkeit einerseits unter Fragestellungen der Medienpolitik, andererseits unter der Problemstellung der Politikvermittlung mit dem Akzent auf der Beziehung zwischen Politik und Journalismus. Für das Leistungssystem Journalismus findet sich heute keine Variante des Beziehungsspiels mit der Politik mehr, die nicht als dominante Spielart benannt und begründet worden wäre. Die Determinationsthese (Baerns 1985) sieht die Politik in der Vorhand, die den Redaktionen in hohem Maße vorgibt, welche

Themen wann zu behandeln seien. Die Mediokratiethese argumentiert für „die Kolonisierung der Politik durch die Medien" (Meyer 2001). Die Intereffikationsthese (Bentele und Nothhaft 2004) und die Beschreibung als symbiotisches Verhältnis (Jarren und Donges 2002) betonen die Wechselbeziehungen.

Das Zusammenspiel von Öffentlichkeit und Politik ist einerseits ein facettenreich und umfassend bearbeitetes Thema, was auch mit einem ‚Politismus' zusammenhängt, der das politische System mit besonderer Prominenz ausstattet. „So wie der Gesellschaftsbegriff ins Politische verengt ist, so tendiert der Politikbegriff dazu, das politische System zum eigentlichen gesellschaftlichen Teilsystem aufzuwerten." (Kieserling 2003, S. 29) Andererseits lässt sich eine Tendenz zur Abkehr vom „Politismus" beobachten. Bedeutungsverluste des Politischen, die sich als Politikverdrossenheit niederschlagen, resultieren offenkundig aus der Erfahrung, dass die Steuerungs- und Regelungskompetenzen des politischen Systems an ihre Grenzen stoßen, genauer, an die gut gesicherten Grenzen der anderen gesellschaftlichen Funktionssysteme, die ihre eigenen Entscheidungsspielräume gesichert wissen wollen.

Gewiss trifft die Politik und nur sie kollektiv verbindliche Entscheidungen. Wissenschaft, Wirtschaft und Massenmedien können keine Gesetze erlassen. Aber wenn sich die moderne bürgerlicher Gesellschaft um etwas gekümmert hat, dann jedenfalls darum, dem Staat die Möglichkeit willkürlicher Interventionen zu nehmen. Menschen- und Grundrechte, Gewaltenteilung, die Spaltung der Spitze in Regierung und Opposition, Föderalismus, die Abwählbarkeit der Regierung, alles ist darauf ausgerichtet, die kollektiv verbindlichen Entscheidungen unter Kontrolle zu halten. Es hätte ja auch keinen Sinn, sich Freiheit als wichtigsten Wert auf die Fahnen zu schreiben und zugleich eine (Staats-)Instanz einzurichten, welche alle Entscheidungsfreiheiten bei sich monopolisieren kann. Wie sie im konkreten Fall entscheidet, ist das kleinere Problem der Politik. Vorgelagert ist dem stets die große Frage: Worüber soll die Politik überhaupt entscheiden, und welche Entscheidungen soll sie in der Freiheit der Wissenschaft, der Wirtschaft, der Öffentlichkeit, des Rechts etc. belassen?

Herausgebildet hat sich ein Teufelskreis aus falschen Erwartungen und falschen Versprechungen. Unternehmen, Betriebe und Banken, Verbände und Vereine, Schulen, Universitäten, Krankenhäuser, Kirchen etc. treffen Entscheidungen – und feiern ihre Erfolge als ihre Erfolge, sofern diese Entscheidungen gute Ergebnisse zeitigen. Sobald etwas schief geht, spätestens wenn es in Krisen und Katastrophen mündet, werden die Probleme – nicht zuletzt mithilfe von Öffentlichkeitsarbeit und Journalismus – der Politik vor die Türe gekehrt.

Dieselbe Politik, die sich vorher mit guten Gründen herauszuhalten versucht hatte, ist jetzt aufgefordert, möglichst schnell und möglichst ohne jemandem auf die Füße zu treten, die Welt wieder in Ordnung zu bringen. Medienkommentare, Presseerklärungen und Stammtischreden überbieten sich darin, der Politik die Probleme in die Schuhe zu schieben, die auf den anderen Funktionsfeldern der Gesellschaft produziert wurden. Die Experten haben Probleme produziert, jetzt sollen es die Politiker zum Guten wenden. Und die Politik, gefangen im Parteienwettstreit um Wählerstimmen, erklärt sich für zuständig, gibt Versprechungen ab und enttäuscht die Erwartungen solange, bis nur noch Enttäuschungen von ihr erwartet werden. In diese Negativspirale gerät auch die Politikvermittlung, die im Öffentlichkeitssystem geleistet wird.

Wirtschaft

Zugleich sieht sich das Öffentlichkeitssystem von Ökonomisierungstendenzen durchdrungen, welche die Auswahl der Themen und die Gestaltung der Beiträge nachhaltig beeinflussen. Die Beziehungen zwischen Öffentlichkeit und Wirtschaft setzen nennenswert erst mit dem Buchdruck ein. „Jede Familie, jeder Clan, jede Stadt und jede Kultur hat ihren eigenen Kommunikationsstrom produziert und prozessiert, lange bevor irgendjemand auf die Idee kam mit der Beförderung von Mitteilungen oder mit der Herstellung eigener Mitteilungen Geld zu verdienen." (Hutter 2006, S. 23 f.) (Schrift-)Zeichen technisch zu reproduzieren und in größerer Zahl Medien herzustellen, die der Verbreitung von Mitteilungen dienen, sind Leistungen, die auf das Verhältnis von Aufwand und Ertrag hin beobachtet werden können. Die Erfolgsmedien Aufmerksamkeit und Geld haben historisch relativ spät, aber dafür umso nachdrücklicher zueinander gefunden.

Das gesprochene Wort vereint Produktion und Distribution der Mitteilung in einer Person. Mit dem Druck beginnen Differenzierungen, welche das Herstellen, Speichern, Verbreiten und Rezipieren von Mitteilungen in eine tief gestaffelte Arbeitsteilung auflösen. Letztlich macht sich die Synthese der Kommunikation stets geltend, im Ausüben der einzelnen Tätigkeiten vernebelt der Zusammenhang jedoch bis zur Unkenntlichkeit. Präziser muss man sagen: Es entstehen sich überlagernde und verschränkende Kommunikations- und Arbeitsprozesse. Um aus der ausgewählten Information – sei es, dass sie schon vorlag, sei es, dass sie erst gewonnen (recherchiert) werden musste – eine rezeptionsfähige öffentliche Mitteilung zu machen, müssen technische und organisatorische Voraussetzungen erfüllt werden. Diese Voraussetzungen zu schaffen, wird auch zu einem ökonomischen Problem. „Die eher handwerklich-künstlerische Frühphase des Buchdrucks mit risikoloser Produktion beliebter traditioneller Titel für vermögende Auftraggeber, mit geringen Auflagen (100 bis 200 Exemplare), endete um 1480 mit einer Krise und Umorientierung. Die Drucker mussten sich als Verleger auf niedrigere Preise, überregionalen Absatz und breitere Leserschichten (Kaufleute,

Handwerker, Beamte, Lehrer, Studenten) umstellen, auf deren geringe Vermögenslage und pragmatische Bedürfnisse, auch auf Kleindrucke (Einblattdrucke oder Flugschriften auf wenigen Blättern), auf höhere Auflagen (Anfang des 16. Js. um 1000), auf kleinere, handlichere Formate, einfachere Typographie für Selten- und Langsamleser, auf billigere, stereotype Illustrationen. Die Themen und Textsorten wurden volkstümlicher (Bibeln, Beicht-, Sterbe- und Trostbücher) und weltlicher (Formelbücher, Titelbücher, Fachprosa, Volksbücher, Schwänke, Streitschriften, Beschwerdeschriften, Prophezeiungen, Kalender usw.)." (Polenz 2000, S. 128)

Ob ein Beitrag zu einem Thema publiziert wird, bleibt eine Entscheidung, die prinzipiell einem der drei identifizierten Programme unterliegt – strategische Zwecke, aktuelle Ereignisse, angenehme Erlebnisse. Aber diese Entscheidung kann nicht mehr jenseits der Ökonomie getroffen werden, sobald die Produktion und Distribution öffentlicher Mitteilungen in Organisations-Kontexte eingebettet sind und dabei Bezahlung eine Rolle spielt. Die Bandbreite, in der sich die Entscheidung zu veröffentlichen bewegt, hat jetzt diese beiden Pole: Auf der einen Seite die Zahlungsfähigkeit; solange diese gesichert ist, ist das Wirtschaftsproblem gelöst. Ob die Zahlungsfähigkeit von dem Verlag oder Sender selbst erwirtschaftet werden muss oder ob es andere Finanzierungsquellen gibt, ob die Finanzen als Bilanz oder als Haushalt geführt werden, ist ein anderes Thema (das vor allem aus der Auseinandersetzung über den Sinn des öffentlich-rechtlichen Rundfunks bekannt ist). Auf der anderen Seite: die Rendite; jetzt entscheidet primär die Frage der Wirtschaftlichkeit, ob und was veröffentlicht wird, das heißt, welchem Programm die Veröffentlichungen folgen, orientiert sich an Kriterien der Wirtschaftlichkeit.

Angelehnt an die Stufen der Ökonomisierung, die Uwe Schimank und Ute Volkmann (2008) entwickelt haben, lassen sich die folgenden Unterschiede benennen. Man kann jenseits jeder wirtschaftlichen Überlegung aus religiösen, politischen, ganz persönlichen oder anderen Gründen etwas veröffentlichen wollen. Es mag dafür die unterschiedlichsten Hinderungsgründe geben, etwa rechtliche oder auch technische, es müssen jedenfalls keine wirtschaftlichen sein. Die erste Stufe der Ökonomisierung fordert Kostenbewusstsein als Soll-Erwartung. Von zwei gleichwertigen Publikationsleistungen wird die kostengünstigere gewählt. Sofern Kosten und Nutzen miteinander abgewogen werden, wird mit Blick auf eine mögliche Publikation ein wirtschaftlicher Gesichtspunkt geltend gemacht. Das dürfte der Normalbetrieb von Veröffentlichungen in politischen und religiösen Organisationen sein, die über zuverlässig fließende Geldquellen verfügen.

Auf der zweiten Stufe macht sich Zahlungsfähigkeit als unhintergehbare Grenze geltend. Was nicht bezahlt werden kann, darf auch nicht geleistet werden. Soll mit Publikationen ein großes Publikum erreicht werden, einige tausend, vielleicht sogar einige hunderttausend Personen, müssen die Kosten der Herstellung und

6.3 Domänenspiele

Verbreitung bedacht werden. Für die Leistungssysteme Werbung, Öffentlichkeitsarbeit und Unterhaltung wird ein solches Kostenbewusstsein als Selbstverständlichkeit, als normale Voraussetzung angenommen. Auch für den Journalismus und seine Funktion, wichtige Neuigkeiten aus einer Perspektive der Unabhängigkeit richtig darzustellen, ist auf der Organisationsebene klar: einen Finanzrahmen setzt jeder Sender und jeder Verlag. Wie jede andere Veröffentlichung, deren Rezeption freiwillig ist, hat auch der Journalismus zwei Rücksichten zu nehmen. Erstens eine wirtschaftliche, welche die Zahlungsfähigkeit im Auge behält. Zweitens eine publizistische, welche bei der Auswahl und der Präsentation des Themenangebots *auch* daran denkt, was die Leute lesen, hören und sehen wollen. Beides sind notwendige Rücksichten, welche die Funktion des Journalismus nicht in Frage stellen. Der Zweck bleibt Journalismus, das andere sind Randbedingungen.

Daran ändert auch dieser Umstand nichts: Mit dem Verkauf eines journalistischen Produkts alleine, lässt sich die Zahlungsfähigkeit nicht sicherstellen. Keine Redaktion kann auf Dauer die Kosten für Herstellung und Vertrieb von Qualitätsjournalismus decken. Der Verlag muss andere Geldquellen erschließen. Die klassische Lösung ist der Verkauf von Werbefläche. Der Grundtatbestand bleibt trotz dieses Umstandes auch auf dieser zweiten Stufe der Ökonomisierung erhalten: Es kommt auf den Journalismus an, alles Weitere dient dazu, ihn zu ermöglichen.

Ging es bislang nur um den Erhalt der Zahlungsfähigkeit, so kommt auf der dritten Stufe der Ökonomisierung eine Gewinnererwartung ins Spiel, die als ‚nice to have', aber (noch) nicht als conditio sine qua non geltend gemacht wird. Es ist die Stufe der Kommerzialisierung. Auf dieser Stufe trennen sich in Deutschland auch die privatwirtschaftlichen und öffentlich-rechtlichen Medien, bleiben doch letztere auf der zweiten Stufe der Ökonomisierung stehen. Kostenreduzierung und Einnahmesteigerung sollen bei den privatwirtschaftlichen Medien, zu denken ist hier vor allem an die traditionellen Zeitungsverlage, zusammen wirken und sich in einer gewissen Gewinnmarge niederschlagen. Die Redaktion gerät in die zweite Reihe, bleibt aber unverzichtbar. Die redaktionelle Arbeit muss jetzt nicht nur auf ihre Kosten achten, sie soll auch einen Beitrag dazu leisten, dass sich Verlage und Sender in der Gewinnzone befinden. Das kann je nach Medium, Zielgruppen und Verbreitungsgebiet mit unterschiedlichen Strategien angegangen werden. Ein bekannter Fall ist die Boulevardisierung. Bei der Auswahl und Präsentation des Themenangebots treten die journalistischen Kriterien der Relevanz und der Richtigkeit in den Hintergrund, im Vordergrund stehen: keine kostspieligen Recherchen, sensationsorientierte Darstellung mit starker Personalisierung und Moralisierung und ein attraktiver Mix aus Unterhaltung und Nachricht.

Die vierte Stufe der Ökonomisierung macht den Gewinn, den ‚Ertrag pro Aktie', zum alleinigen Entscheidungskriterium. Ob und inwieweit die Veröffentlichungen, mit denen das Geld verdient wird, journalistische sind, spielt keine Rolle. Natürlich müssen die Veröffentlichungen für das Publikum einen Gebrauchswert haben. Ob das die unabhängige und zutreffende Information über wichtige Neuigkeiten ist, entscheidet sich nicht nach einem demokratischen Bedarf, sondern nach Maßgabe der Unternehmensbilanz. Die Reputation des Journalismus wird vielleicht noch als Feigenblatt für bessere Geschäfte gebraucht, aber die redaktionelle Arbeit ist voll darauf ausgerichtet, dem Unternehmenszweck zu dienen. Wie das am besten geschieht, entscheidet jeder Verlag und jeder Sender in eigener Regie. Wer im Sinne der Vollökonomisierung sozusagen kapitalistisch publiziert, also mit dem alleinigen Zweck, aus Geld mehr Geld zu machen, für den ist Öffentlichkeit nur der Point of Sale, für den wird sie zum Markt. Private Fernsehsender beispielsweise sind in der Bundesrepublik Deutschland der 1980er Jahre als Wirtschaftsunternehmen zur Produktion von Veröffentlichungen mit dem primären Ziel der Gewinnmaximierung gegründet worden. Unter den großen „Medienhäusern" findet sich keines mehr, welches die Transformation Richtung Vollökonomisierung nicht zumindest in Angriff genommen hätte.

Die strukturellen Parallelen zwischen dem Markt der Wirtschaft und der Öffentlichkeit der Gesellschaft legen ohnehin ein Alltagsverständnis nahe, das keine nennenswerten Unterschiede zwischen „dem Warenmarkt und dem Meinungsmarkt" zu sehen vermag. Die sozial generalisierte Wahlfreiheit, über Annahme oder Ablehnung zu entscheiden – der Angebote auf dem Markt, der Mitteilungen in der Öffentlichkeit –, überstrahlt die Unterscheidungsnotwendigkeiten. Wenn dann noch die öffentliche Präsentation der Angebote wichtiger und die Warenförmigkeit der Mitteilungen zur Regel werden, ist der Weg geebnet, die Kaufhandlung am Kiosk zum demokratischen Akt zu stilisieren. Es erscheint als akademischer Luxus, darauf zu bestehen: „Markt und Öffentlichkeit unterscheiden sich." (Steininger 2007, S. 126) Publizistisches Wirtschaftshandeln, das von Gewinnmotiven getrieben wird, und bezahlbare Veröffentlichungen, denen es auf kollektive Information ankommt, laufen auf sehr unterschiedliche Praktiken hinaus. „Abgesehen von der gemeinsamen Fundamentalnorm der Freiheit divergieren die Normensysteme von Ökonomie und Publizistik in zentralen Punkten." (Kiefer 2001, S. 71)

Die Problematik der Ökonomisierung stellt sich für die Leistungssysteme der Öffentlichkeit nicht gleichartig. Die öffentlichen Mitteilungen der Werbung sind immer schon vorab bezahlt. Die Zahlungen, auf welche die Werbung abzielt, können auch Leistungen des Öffentlichkeitssystems betreffen, vor allem aber geht es um Leistungen anderer Funktionssysteme, in erster Linie der Wirtschaft, für welche Käufer gesucht werden. Auch die Öffentlichkeitsarbeit ist in der Regel eine vorab bezahlte Leistung, bei ihren Produkten handelt es sich gerade nicht um käufliche Angebote an das Publikum. Die beiden Übernahme-Kandidaten, von welchen die Wirtschaft sich etwas verspricht, sind der Journalismus und die Unterhaltung. Öffentliche Mitteilungen, die Aktualität oder angenehmes Erleben in Aussicht stellen, können mit zahlungswilliger und zahlungsfähiger Nachfrage rechnen – bis hin zu dem Umschlagpunkt, dass Aktualitäten und Möglichkeiten angenehmen Erlebens von vorneherein so mitgeteilt werden, wie Zahlungen am wahrscheinlichsten erwartet werden können.

Die Erfolgsmedien „Aufmerksamkeit und Geld haben, über alle kritischen Einwände hinweg, Organisationsgeschichte gemacht. Auf keiner organisationalen Kreuzung zweier Funktionssysteme herrscht so anhaltend Rush Hour, kein anderes Funktionssystem hat die strukturelle Kopplung mit der Wirtschaft so gründlich vollzogen wie das Öffentlichkeitssystem. Erst vor dem Hintergrund der zur Gewohnheit gewordenen Symbiose aus Aufmerksamkeit und Geld wird die Überraschung verständlich, mit der Öffentlichkeitsorganisationen auf die Monetarisierungsprobleme reagieren, welche aus der Digitalisierung resultieren" (Arlt 2014, S. 149). Dass Veröffentlichungen aus dem investierten Geld mehr Geld machen sollen, ist für Öffentlichkeitsorganisationen so sehr Normalität geworden, dass das Internet mit der vorwurfsvoll sogenannten Gratis-Mentalität seiner Nutzer zur Provokation wird.

Literatur

Argyris, C., & Schön, D. A. (1979). *Organizational learning: A theory of action perspective.* Reading: Addison Wesley Longman.
Arlt, H.-J. (2014). Die Öffentlichkeitsorganisation als ein Fall von Kommunikationsarbeit. In K. Altmeppen, P. Donges, M. Künzler, M. Puppis, U. Röttger, & H. Weßler (Hrsg.), *Soziale Ordnung durch Kommunikation?* (S. 131–155). Baden-Baden: Nomos.
Arlt, H.-J., & Storz, W. (2010). *Wirtschaftsjournalismus in der Krise. Zum massenmedialen Umgang mit Finanzmarktpolitik.* Frankfurt a. M.: Otto Brenner Stiftung.
Baerns, B. (1985). *Öffentlichkeitsarbeit oder Journalismus? Zum Einfluß im Mediensystem.* Köln: Verlag Wissenschaft und Politik.
BDZV. (2013). Auf allen Kanälen – Deutschland liest Zeitung. http://www.bdzv.de/markttrends-und-daten/reichweiten/artikel/detail/auf_allen_kanaelen_deutschland_liest_zeitung/. Zugegriffen: 10. April 2014.
Bentele, G., & Nothhaft, H. (2004). Das Intereffikationsmodell. Theoretische Weiterentwicklung, empirische Konkretisierung und Desiderate. In K.-D. Altmeppen, U. Röttger, & G. Bentele (Hrsg.), *Schwierige Verhältnisse. Interdependenzen zwischen Journalismus und PR* (S. 67–104). Wiesbaden: VS Verlag für Sozialwissenschaften.
Bernhard, U., & Scharf, W. (2008). „Infotainment" in der Presse. *Publizistik, 52*(2), 231–250.
DiMaggio, P. J., & Powell, W. W. (1983). The iron cage revisited: Instutional isomorphism and collective rationality in organizational fields. *American Sociological Review, 48,* 147–160.

Donges, P. (2008). *Medialisierung politischer Organisationen. Parteien in der Mediengesellschaft*. Wiesbaden: Verlag für Sozialwissenschaften.

Hoffjann, O., & Gusko, J. (2013). *Der Partizipationsmythos. Wie Verbände Facebook, Twitter & Co. nutzen*. Frankfurt a. M.: Otto Brenner Stiftung.

Hutter, M. (2006). *Neue Medienökonomik*. München: Wilhelm Fink.

Jarren, O., & Donges, P. (2002). *Politische Kommunikation in der Mediengesellschaft* (2 Bde). Wiesbaden: Westdeutscher Verlag

Kiefer, M. L. (2001). *Medienökonomik*. München-Wien: Oldenbourg Wissenschaftsverlag.

Kieserling, A. (2003). Die Gesellschaft der Politik? Zum Politismus der Moderne. In S. Lessenich (Hrsg.), *Wohlfahrtsstaatliche Grundbegriffe* (S. 23–40). Frankfurt a. M.: Campus.

Luhmann, N. (1987b). *Soziale Systeme*. Frankfurt a. M.: Suhrkamp.

Luhmann, N. (1997). *Die Gesellschaft der Gesellschaft*. Frankfurt a. M.: Suhrkamp.

Luhmann, N. (2010). *Politische Soziologie*. Frankfurt a. M.: Suhrkamp.

Meffert, H. (2005). *Marketing. Grundlagen marketingorientierter Unternehmensführung. Konzepte, Instrumente, Praxisbeispiele* (9. Aufl.). Wiesbaden: Gabler.

Merten, K. (1999). *Einführung in die Kommunikationswissenschaft. Band 1: Grundlagen der Kommunikationswissenschaft*. Münster: Lit-Verlag.

Meyer, T. (2001). *Mediokratie. Die Kolonisierung der Politik durch die Medien*. Frankfurt a. M.: Suhrkamp.

Münch, R. (1992). *Die Struktur der Moderne*. Frankfurt a. M.: Suhrkamp.

Pöttker, H. (2013). Journalismus in der Krise. Ein differenzierungstheoretischer Erklärungsversuch. In K. Imhof, R. Blum, H. Bonfadelli, & O. Jarren (Hrsg.), *Stratifizierte und segmentierte Öffentlichkeit* (S. 29–46). Wiesbaden: Springer VS.

Polenz, P. von. (2000). *Deutsche Sprachgeschichte vom Spätmittelalter bis zur Gegenwart. Band 1: Einführung. Grundbegriffe. 14. bis 16. Jahrhundert*. Berlin: De Gruyter.

Schimank, U. (2011). Gesellschaftliche Differenzierungsdynamiken – ein Fünf-Fronten-Kamp. In T. Schwinn, C. Kroneberg, & J. Greve (Hrsg.), *Soziale Differenzierung. Handlungstheoretische Zugänge in der Diskussion* (S. 261–284). Wiesbaden: VS-Verlag.

Schimank, U., & Volkmann, U. (2008). Ökonomisierung der Gesellschaft. In: A. Maurer (Hrsg.), *Handbuch der Wirtschaftssoziologie*. Wiesbaden: VS Verlag für Sozialwissenschaften.

Schulze, G. (1992). *Die Erlebnisgesellschaft. Kultursoziologie der Gegenwart*. Frankfurt a. M.: Campus.

Steininger, C. (2007). *Markt und Öffentlichkeit*. München: Wilhelm Fink.

Tacke, V. (1999). Wirtschaftsorganisationen als Reflexionsproblem. Zum Verhältnis von Neuem Institutionalismus und Systemtheorie. *Soziale Systeme, 5*(1), 55–82.

Trebbe, J., & Maurer, T. (2007). „Unterhaltungspublizistik": Journalistische Gratwanderungen zwischen Fernsehinformation und Unterhaltung. In A. Scholl, R. Renger, & B. Blöbaum (Hrsg.), *Journalismus und Unterhaltung. Theoretische Ansätze und empirische Befunde* (S. 211–231). Wiesbaden: VS Verlag für Sozialwissenschaften.

Wienand, E. (2003). *Public Relations als Beruf. Kritische Analyse eines aufstrebenden Kommunikationsberufes*. Wiesbaden: VS Verlag für Sozialwissenschaften.

ZAW. (2013). *Werbung in Deutschland 2013*. Berlin: edition zaw.

Der Extremismus der Online-Öffentlichkeit 7

Neue Medien lösen alte Debatten aus. Sobald sich die Kommunikationsmöglichkeiten auffällig erweitern, setzt eine Kontroverse darüber ein, ob jetzt große Hoffnungen oder schlimme Befürchtungen angebracht seien. Das Bewerten geht leichter als das Begreifen.

Solche Kontroversen dürften unvermeidlich, aber auch sinnvoll sein, weil in der Tat zunächst offen ist, welche Potentiale sich gesellschaftlich realisieren und welche unausgeschöpft bleiben, was dabei gewonnen wird und was dabei verloren geht. Das war in den Durchsetzungsprozessen der Schrift, des Buchdrucks und der Funkmedien auch so. Im aktuellen Fall der Digitalisierung wird die Auseinandersetzung erneut geführt. Die Zukunft der Öffentlichkeit gehört dabei automatisch zu den offenen Fragen, weil sich für Rezipienten wie für Absender mit dem Computernetz Zugänge eröffnen, wie sie vorher kaum vorstellbar, jedenfalls nicht realisierbar waren. Aber zugleich bildet die Zukunft der Öffentlichkeit im Fall der Digitalisierung nur ein Thema unter anderen, weil das Veränderungspotential der Computertechnologie alle Funktionssysteme der Gesellschaft betrifft.

Für die Phase des Durchsetzungsprozesses typisch ist zum einen, dass sich die Kritik wiederholt an der Spaltung zwischen den Gesellschaftsmitgliedern, welche die neuen Medien bereits nutzen können, und den anderen, welche noch keinen Zugang haben. „Digital divide" heißt das Stichwort im Kontext der Computerkommunikation. Zum anderen werden generelle Fragen der Kommunikation wiederentdeckt, allgemeine Kommunikationsprobleme erneut diskutiert, ohne dass immer klar ist, inwieweit tatsächlich Spezifika der neuen Medien erkannt werden. Bekannte Fragestellungen der Kommunikation neu aufzuwerfen, erweist sich im Fall der Computerisierung jedoch auch als berechtigt. Mit dem Computer tritt nicht einfach ein neues Verbreitungsmedium auf den Plan. Die Digitalisierung betrifft vielmehr alle technisch reproduzierbaren Zeichen, Laute, Töne, Buchstaben, Zahlen und Bilder, so dass sich für alle Zeichenträger von Mitteilungen veränderte Voraussetzungen ergeben. Das Auflösungs- und Rekombinationspotential der Digitalisierung ist von einer Radikalität, deren Auswirkungen das bekannte Etikett „neue Unübersichtlichkeit" (Habermas 1985) tatsächlich verdienen: Alte Medien verändern sich, neue Medien entstehen, die Kommunikationsverhältnisse ordnen sich insgesamt anders, jedes Funktionssystem, jede Organisation, letztlich auch jede Person ist davon betroffen. Wirtschaft und Politik, Wissenschaft und Kunst, Familie und Recht müssen mit den Folgen umgehen, Unternehmen müssen sich neu orientieren, Beschäftigte, Kunden, Publika sind aufgefordert dazu zu lernen.

Die Digitalisierung erweitert die Potentiale des Mitteilungshandelns und des Rezeptionserlebens und stellt bisherige Verhaltensweisen in Frage. Die neue Technik ist die eine Dimension, das Entstehen eines neuen Sozialraums, veränderter Kommunikationsverhältnisse ist die andere, weitaus dramatischere Dimension. Zu berücksichtigen ist, dass sich neue Möglichkeiten nur unter den Voraussetzungen alter Strukturen herausbilden. Wie für jede Revolution gibt es auch für die digitale keine Stunde Null. Auch die Onlinekommunikation kennt nicht nur den Zauber des Anfangs, mehr noch hat sie es mit den Mühen des Weitermachens zu tun – wenn auch anders, wenn auch zunehmend unter dann selbst geschaffenen Voraussetzungen.

7.1 Ein Medium für alle Zeichen

Onlinekommunikation als Fortsetzung wie als Start zu verstehen, verweist auf die Schlüsselfrage, was neu begriffen, anders verstanden werden muss. Bleibt es bei der funktionalen Differenzierung als Grundstruktur der Moderne, ändert sich die gesellschaftliche Funktion der Öffentlichkeit, ändert sich deren Leitwert, die kollektive Information, tritt ein anderes Erfolgsmedium an die Stelle der Aufmerksamkeit? Hinweise, dass diese basalen Kategorien nicht mehr greifen würden, überzeugen uns nicht. Aber diese Kategorien sind ja nicht mehr als Sehhilfen, sie leiten die Beobachtung, verraten aber nichts darüber, was wir zu sehen bekommen. *Dass* mehr passiert, als sich im gewöhnlichen Gang der Moderne ohnehin schon ständig verändert, signalisieren die Debatten über Postmoderne, Zweite Moderne und „die nächste Gesellschaft". *Was* passiert, darüber darf gestritten werden

Über unser Thema reicht es weit hinaus, aber es ist schon nicht mehr möglich, über die Digitalisierung der Zeichen zu reden, ohne von der Digitalisierung der Dinge zu sprechen. „Das Verschmelzen des Kommunikationsinternets mit einem

7.1 Ein Medium für alle Zeichen

eben in der Entwicklung begriffenen Energie- und Logistikinternet zu einer nahtlosen intelligenten Infrastruktur des 21. Jahrhunderts – dem Internet der Dinge (Internet of Things) – hat eine Dritte Industrielle Revolution eingeleitet." (Riffkin 2014, S. 24) Die damit angedeuteten Veränderungsdimensionen und die Geschwindigkeit, mit der sie sich entwickeln, haben etwas Atemberaubendes und trotzdem ist es, bezogen auf unseren Untersuchungsgegenstand, nicht die Alles-ist-anders-Formel, die unsere Beobachtungen leitet. Gerade eine systemtheoretisch fundierte Analyse wird die Essentials von Kommunikation und die Funktionslogiken sozialer Systeme wegen der Digitalisierung nicht ins Archiv stellen. Neues im Unterschied zum Alten zu beschreiben, führt folgerichtig dazu, dass die Andersartigkeit hervorgehoben und das Alte im Neuen weniger thematisiert wird, sodass sich der Eindruck aufdrängt, alles sei anders. Allerdings nehmen wir die Digitalisierung als eine Veränderung wahr, durch die vieles anders werden *kann*. Dafür liefert die Empirie der ersten Jahrzehnte ihrer Implementierung Anhaltspunkte, dafür spricht vor allem die theoretische Analyse ihrer Potentiale, der wir uns mit Blick auf Öffentlichkeit jetzt zuwenden.

Unser Fokus ist die öffentliche Kommunikation, aber darin, dass alte Grenzen des Öffentlichen so nicht mehr gelten, liegt gerade eine der Veränderungen. Anknüpfend an die konzeptionellen Vorgaben unserer Analyse fragen wir nach den Folgen der Digitalisierung für die vier Leistungssysteme des Öffentlichkeitssystems und legen dabei die Struktur zugrunde, die uns bislang geleitet hat, die Unterscheidungen zwischen Publikums-, Führungs- und Domänenspielen. In allen drei Hinsichten verändern sich die Voraussetzungen radikal: *Ein* Medium für *alle* Zeichen mit jederzeitigem, situationsunabhängigen Zugang für potentiell jede und jeden in jeder Rolle – das ist die Konstellation der Onlinekommunikation. Auflösungs- und Restrukturierungsprozesse gehen Hand in Hand; es gilt, Projekte auf die Beine zu stellen, Netzwerke zu knüpfen und zu lösen; Orientierung anzubieten, Grenzen zu ziehen, Barrieren zu errichten, Identifizierungen zu verlangen, Benutzernamen und Codewörter zu erfinden wird zu Alltagsanforderungen; die Suchmaschine und der Datenschutz werden zu zentralen Funktionen.

Gehen wir einen Schritt zurück. Die Gleichzeitigkeit von Sprache, Schrift und Buchdruck steht am Beginn der Moderne. Die Mitteilungs- und Rezeptionsmöglichkeiten, die damit gegeben sind, erlauben eine Ausdifferenzierung der Kommunikationsverhältnisse in die mündliche Interaktion zwischen Anwesenden, die zusätzlich auf Schriftlichkeit angewiesene Organisation und die über das Verbreiten von Druckerzeugnissen erreichbare Gesellschaft. Die Ausdifferenzierung und damit der strukturelle wie der semantische Bedeutungszuwachs von Organisation und Gesellschaft geschehen zunächst langsam. Noch am Anfang des 18. Jahrhunderts, konstatiert Luhmann, wird „die Wahrnehmung und Beschreibung gesellschaftlicher Verhältnisse ganz durch die Interaktion unter Anwesenden beherrscht" (Luhmann 2008, S. 97). In der Moderne sind individuell-familiäre, organisationale und gesellschaftsöffentliche Mitteilungen deutlich unterscheidbar geworden. „Man kann die soziokulturelle Evolution beschreiben als zunehmende Differenzierung der Ebenen, auf denen sich Interaktionssysteme, Organisationssysteme und Gesellschaftssysteme bilden [...] Eine vollständige Trennung der Ebenen ist natürlich nicht möglich, da alles soziale Handeln in der Gesellschaft stattfindet und letztlich nur in der Form von Interaktion möglich ist." (Luhmann 1991, S. 13 f.) Aber weder Organisationen noch Gesellschaften lassen sich als Additionen interpersonaler Begegnungen begreifen. Die Ausdifferenzierung dieser drei Grundtypen sozialer Systeme wird nach unserem Eindruck sozialwissenschaftlich unterbewertet. Zu den Folgen dieser Geringschätzung gehört, wie noch zu zeigen sein wird, dass ein wesentlicher Aspekt der Onlinekommunikation nicht zureichend erfasst werden kann.

Was nach der Verbreitung des Buchdrucks an neuen Medien dazukommt, und das ist vom Telefon über das Tonband bis zum Hörfunk und vom Foto bis zu den Bewegtbildern des Films und des Fernsehens eine große Vielfalt, verändert in der privaten, organisationalen und öffentlichen Kommunikation sehr vieles, löst aber diese Grundstruktur nicht auf. Insgesamt nimmt die Produktion von Zeichen und deren mediale Verbreitung so stark zu, dass „der Aufstand der Zeichen" (Baudrillard 1978a) und „die Agonie des Realen" (Baudrillard 1978b) zu einem kritischen Thema werden. Mit dem Funkmedium Fernsehen ist ein Stadium erreicht, das Sprache, Schrift und Bewegtbild in einem einzigen Medium integriert und mit der Live-Sendung die gleichzeitige Übertragung in Echtzeit an ein Massenpublikum realisiert. Damit ist ein hochleistungsfähiges Leitmedium geschaffen, dem eine reichhaltige Auswahl an Printmedien zur Seite steht. Operativ herrscht eine *harte Differenz* zwischen Veröffentlichungen auf der einen Seite, interaktionalen und organisationalen Kommunikationen auf der anderen. Medien, die Mitteilungen massenhaft für die gesamtgesellschaftliche Öffentlichkeit verbreiten können, sind nur mit hohem Aufwand an Ressourcen und professionellen Kompetenzen zu betreiben.

Welche basale technische Voraussetzung aller bisherigen Medienproduktion und -distribution hebt die Digitalisierung auf? Die Kopplung von Zeichen und Medium wird auf eine neue Grundlage gestellt. Die enorme Vielfalt der Print- und Funkmedien täuscht nicht darüber hinweg, sondern beweist gerade: Es ist die Besonderheit der Zeichen, auf welche die Medienproduktion und -distribution *vor der Digitalisierung* Rücksicht nehmen muss. Aus gedruckten Buchstaben und Bildern kann ein Buch, eine Zeitschrift, ein Katalog, ein Plakat werden, aus Bewegtbildern ein Film, aus Tönen eine Schallplatte. Die Medien sind an die Eigenheiten der unterschiedlichen Zeichen gebunden, sie gehen mit ihnen eine feste Kopplung ein.

7.1 Ein Medium für alle Zeichen

Die gleichen Sätze, die gleichen Bilder können in einem anderen Medium nur dann auftauchen, wenn sie noch einmal produziert oder kopiert werden. Die sachliche und soziale Ausdifferenzierung des Mitteilungshandelns wird weitgehend von den Medien getragen. Für jedermann ist ersichtlich, dass eine wissenschaftliche Fachzeitschrift in den Kontext der Wissenschafts-Öffentlichkeit und ein Boulevardblatt zum Funktionssystem Öffentlichkeit gehört. Die bisherige Entwicklung nimmt die existierenden Zeichengattungen – die Laute, Töne, Buchstaben, Zahlen und Bilder – *als Ausgangspunkte*. Für die vorhandenen Zeichen werden immer neue Medienformate gefunden, um auf diese Weise zusätzliches Mitteilungshandeln und Rezeptionserleben zu ermöglichen.

Die Digitalisierung jedoch *geht hinter die bekannten Zeichen zurück* und löst sie in einen universellen binären Code auf, der ihnen eine virtuelle Präsenz ermöglicht, aus der heraus sie wiederhergestellt werden können, neu formiert, in andere Medien transformiert oder in einem einzigen Medium, dem Computer, präsentiert. Man stelle sich vor, in der Natur kämen zunächst nur Schnee, Eiszapfen und Regentropfen vor, aber nicht Wasser. Erst eine geniale Erfindung löse die Formen Schnee, Eis und Regen in das Universalmedium Wasser auf, aus dem sich jetzt die bekannten, aber auch ganz neue Formen bilden ließen, etwa Pfützen, Flüsse und Brunnen, aber auch Seen und Ozeane. Genau diese Extreme, wie sie im Verhältnis zwischen Tropfen und Meer, Kochen und Gefrieren, stehendem Gewässer und Sturzflut dann auftreten können, werden jetzt in der Kommunikation möglich. Extremismus sowohl im Sinne einer Entgrenzung des bislang Machbaren als auch Sinne einer Polarisierung der Optionen in alle Richtungen des Möglichkeitsspektrums scheint die digitalisierten Kommunikationsverhältnisse zuvörderst zu kennzeichnen. Unter der Beobachtungsperspektive des Extremismus erschließen sich bekannte Phänomene der Onlinekommunikation und deuten sich Entwicklungsmöglichkeiten an, über deren Eintrittswahrscheinlichkeiten zu spekulieren nicht unsere Absicht, weil nicht unsere Kompetenz ist.

Die Reproduktions-, Transport- und Speichermöglichkeiten der Zeichen werden durch die Digitalisierung in einer Weise verändert, erleichtert und erweitert, die – aus einer rein technischen Perspektive – Kommunikation grenzenlos erscheinen lassen. Wie im Paradies Milch und Honig so fließen im Cyberspace die Zeichen. Ob sie sich in Daten, Informationen und Wissen verwandeln, ist ein anderes Thema. Für das Wirtschaftssystem hängt daran unabweisbar die Frage: Wem gehören die Daten? Wie sehr sich diese verflüssigten, mit unfassbarer Schnelligkeit und Beliebigkeit form- und wieder auflösbaren Zeichen dem Gefängnis Eigentum verweigern, führt offensichtlich zu schweren Konflikten. Auf den ersten Blick mag der Unterschied marginal erscheinen, denn auch Laute, Töne, Buchstaben und Zahlen existieren nicht eigentumsförmig. Aber sie lassen sich leichter in einer einzelnen medialen Form einsperren, die dann als Eigentum deklarierbar und reproduzierbar ist. Entscheidend ist zweierlei: Die binäre Codierung erlaubt es zum einen, *alle* Zeichen in *einem* einzigen Medium zu versammeln. Sobald der Computer nicht nur als Rarität existiert, sondern vervielfältigt, sogar individualisiert, stationär wie mobil als PC, Laptop, Smartphone, Tablet etc. zur Verfügung steht, ist es zum anderen möglich, dieses All-in-one-Medium zu vernetzen und damit im Prinzip allen – und zwar in beiden Rollen, als Rezipient und als Absender – den Zugang zu allem zu eröffnen.

Online müssen sich nicht nur Eigentum, sondern auch der Unterschied zwischen Fachöffentlichkeiten der Funktionsfelder versus Sachöffentlichkeiten der Leistungssysteme der Öffentlichkeit neu einrichten, sogar die Differenz öffentlich-nichtöffentlich und schließlich selbst die Differenzierung der Funktionssysteme hat sich neu zu finden, die Computer und ihr Netz kennen sie nicht. Ein Medium für alle Zeichen mit jederzeit offenen Zugängen für potentiell Jedermann als Rezipient wie als Absender unter beliebigen Adressen – damit stehen alle Weichen auf Entgrenzung und Entdifferenzierung. Der großen offenen Frage, welche neuen Strukturen der Kommunikation sich etablieren, wollen wir für das Öffentlichkeitssystem nachgehen. Dass sich Strukturen, Regeln, Normen, Werte, herausbilden, steht außer Frage, weil Gesellschaftlichkeit ohne Kultur, ohne irgendeine Begrenzung der Wahlmöglichkeiten nicht reproduktionsfähig ist (vgl. Baecker 2007, S. 147 ff.). Die Alternative zu bestehenden Strukturen heißt andere, nicht keine.

7.2 Polarisierte Potentiale

Um die Potentiale der Computerkommunikation einzuschätzen, ist es von wesentlicher Bedeutung, die Sinndimension des kommunikativen Handelns und Erlebens und deren vielfältige Differenzierungen im Blick zu behalten. Andernfalls sieht man nur die wachsenden technischen Möglichkeiten, die ein Kommunikationsparadies zu versprechen scheinen, in dem Jede mit Jedem jederzeit über alles sich auszutauschen vermag. In der Kommunikation läuft die Technik ohne die Semantik leer.

Weil sie auf geteilten Sinn angewiesen ist, findet Kommunikation als soziales Ereignis oder überhaupt nicht statt, denn ohne geteilten Sinn – es geht nicht um Eindeutigkeit, es genügt irgendein (Miss)Verstehen – kann kein Anschluss hergestellt werden. Obwohl es nicht auf Eindeutigkeit ankommt, bleibt das Risiko, nicht anschlussfähig zu sein, weil Sinn nur als ein aktuell bestimmter, also selektiv funktioniert. „Sinn ist die Ordnungsform menschlichen Erlebens, die Form der Prä-

7.2 Polarisierte Potentiale

missen für Informationsaufnahme und bewusste Erlebnisverarbeitung, und ermöglicht die bewusste Erfassung und Reduktion hoher Komplexität." (Luhmann 1971, S. 61) Der große traditionelle Sinnstifter, die Religion, hat in vormodernen Zeiten auch mit Scheiterhaufen und Kreuzzügen das Risiko klein gehalten, es nicht mit Gleichgesinnten, also mit Ketzern zu tun zu haben. Klagen über Sinnverlust bilden eine typische Begleitmusik für den Eingewöhnungsprozess in plurale, mehrdeutige, dezentrale Sinnstiftungen. Bunt als semantische Grundfarbe hat es schwer, sich gegen die Orientierungskraft von schwarz-weiß durchzusetzen. In der Bezeichnung „Multi-Kulti" spiegeln sich die Versprechungen und die Bedrohungen offener Sinngrenzen, die außer der Sprachbarriere kein Hindernis mehr kennen.

Mannigfaltig sprießende Sozialität und ungeheuere Gleichgültigkeit: Je nach Differenzierungsvielfalt einer Gesellschaft entstehen und vergehen mehr oder weniger Subkulturen. Dabei können ganz unterschiedliche Kategorien den Angelpunkt bilden, wie die Bezeichnungen Arbeiter-, Industrie- oder Jugendkultur signalisieren. Luhmanns Diagnose, wir hätten es mit einer polyzentrischen und polykontexturalen Gesellschaft zu tun, bestätigt sich im Internet in vorher ungeahnten Dimensionen. Das schwer Fass- und Beschreibbare liegt darin, dass wir es einerseits mit dem laufenden Entstehen und Vergehen multipler Subkulturen in den sozialen Netzwerken zu tun haben. „Kleine Treibhäuser der Unterscheidungen" (Faßler 2005, S. 301) lassen sogenannte i-Populationen in ungeahnter Mannigfaltigkeit entstehen. Gleichzeitig aber kann mit gemeinsamen Kontexten von Produktion und Rezeption nicht mehr gerechnet werden. Dekontextualisierung wird zum Normalfall mit der Folge, dass nicht mehr erwartet werden kann, wie Anschlusskommunikationen ausfallen. Toleranz wird zur ersten Tugend eines Publikums, das mit fast allem rechnen muss und fast nichts berechnen kann, Ignoranz seine letzte Rettung. „Moderne Gesellschaften produzieren anscheinend parallel zu einer pluralen soziokulturellen Szenerie deren Anonymität und Diffusität gleich mit. In diesen Fällen wird ein explizit auf die Pluralität ausgerichteter Regelungs- und wechselseitiger Abstimmungsbedarf reduziert respektive gar nicht erst erforderlich. Von außen herangetragene Integrations- oder Konsensforderungen würden hier von den Teilkulturen verlangen, vorher nicht notwendige Außenlegitimierung, Akzeptanzversicherungen, Koordination unterschiedlicher Normen und v. a. Kenntnisse über andere Teilkulturen hervorzubringen." (Sander 1998, S. 69) Friedliche Koexistenz scheint in der digitalisierten Öffentlichkeit wesentlich auf Gleichgültigkeit zu basieren, so dass sich eine mannigfaltig sprießende Sozialität mit einer bunten Beteiligungskultur auf der einen und eine ungeheure Gleichgültigkeit auf der Seite gegenüberstehen.

Unendliche thematische Vielfalt und monothematischer Mainstream: Der Zugang zu öffentlichen Mitteilungen, der offline weitgehend über ein spezielles Medium läuft, das in der Regel verschiedenartige Themen zu bieten hat, geschieht online häufiger über das Thema, für das dann die unterschiedlichsten Beiträge verschiedener spezieller Medien im Angebot sind. Eine solche Zugangsweise fördert das Festhalten an einmal definierten thematischen Prioritäten. Aufmerksamkeit für andere Themen wird keinesfalls verhindert, aber auch nicht nahegelegt wie im Fall von Offline-Medien. Unendliche thematische Vielfalt und monothematischer Mainstream ereignen sich parallel. Das gilt, nebenbei, nicht nur für Themen sondern auch für Dinge. Verhaltensmuster werden ermittelt, den Einzelnen wird vorgeschlagen, auch heute zu wollen, was sie gestern gewollt haben: Es wird ihnen ihr eigener Wille als Endlosschleife aufgedrückt. Eine nie dagewesene Optionenvielfalt und die Einladung, immer nur mehr vom Selben zu wollen, passieren nebeneinander.

Die Auswahl der Beiträge, die von den Suchmaschinen prioritär präsentiert werden, stützt sich auf das vorangegangene Rezeptionsverhalten. Der Aufmerksamkeit wird das empfohlen, was bereits die größte Aufmerksamkeit genießt, und dies in zwei Hinsichten, bezogen auf den individuellen Rezipienten – die angezeigten Inhalte werden individualisiert mit Hilfe der über den User bekannten Informationen – und bezogen auf die Rangliste der allgemeinen Rezeption. Das Starprinzip als eine innere Logik öffentlicher Kommunikation – die Stars sind Themen, die manchmal auch Personen sind – setzt sich in der reinen Form durch, in der sich beispielsweise im Finanzsystem das Kapital-Prinzip realisiert, aus Geld mehr zu machen, oder im Wissenschaftssystem das Wahrheits-Prinzip, das Wissen durch mehr Wissen erweitert oder ersetzt.

Demaskierende Hemmungslosigkeit und idealisierende Selbstinszenierung: Mit dem Web 2.0 ist so etwas wie eine Interaktions-Öffentlichkeit entstanden, die sozialer Disziplinierung von beiden Seiten her entbehrt. Es fehlt die Kontrollfunktion der Anwesenden, die mit ihrer unmittelbaren verbalen oder nonverbalen Reaktion Probleme der Verständlichkeit und Zustimmungsfähigkeit signalisieren und so Konkretisierungen, Einschränkungen, Rücknahmen auslösen. Die Verwandlung der face-to-face in eine interface-to-interface Kommunikation befreit das Mitteilungsverhalten von der sofortigen Wahrnehmung unmittelbarer Reaktionen und damit von Rücksichten auf diese. Es bleibt auch die Selbstkontrolle aus, die mit einer gewissen Automatik einsetzt, sobald man von vorne herein mit öffentlicher Beobachtung rechnet. „Jeden Tag ereignet sich in jeder Timeline ein Schwarmüberfall von Merkwürdigkeiten aller Art, Seltsamkeiten, Fragwürdigkeiten, Übertreibungen; Abwegiges, Ironie, Idiotien, Pathologien, Protest, Empörung, Hass, Täuschung, Manipulation, Störung, Angst, Ablehnung, Paranoia, Verwirrung,

7.2 Polarisierte Potentiale

Abwehr – ein Informationschaos ohne Beispiel." (Kusanowsky 2014) Dieselbe Verringerung sozialer Kontrollmechanismen, die demaskierende Hemmungslosigkeit begünstigt, eröffnet auf der anderen Seite größte Chancen der Selbstinszenierung und -stilisierung. Ein öffentlich zugängliches Selbstbild zu präsentieren, dessen Komponenten am gewünschten Idealbild ausgerichtet sind, ist im Prinzip jetzt jedermann möglich.

Anonymität und durchgängige Beobachtbarkeit: Die Möglichkeiten der Onlinekommunikation, als Teilnehmer anonym zu bleiben beziehungsweise Identitäten zu konstruieren und zu wechseln, haben in den Anfangszeiten des Internet das Bonmot entstehen lassen, „ach wie gut, dass niemand weiß, dass ich ein Hund bin". „Sie wissen alles" ist der Titel eines Buches, das inzwischen, in Zeiten von Big Data, davor warnt: „Als Informationskapitalismus etabliert Big Data die Diktatur von Informationseliten, weil sie über unsere Daten und über Schlüsseltechnologien zu deren Analyse verfügen." (Hofstetter 2014, S. 10) Die Wechselspiele zwischen sich verstecken und sich als dieser oder jener zeigen, zwischen der Beobachtung als einer willkommenen Aufmerksamkeit und der Beobachtung, die nicht beobachtet werden will, weil sie beobachtet, was sich unbeobachtet glaubt, führen zu laufenden Grenzverwirrungen.

Der gesellschaftliche Status der Privatheit, der in der Moderne vor dem Hintergrund von Eigentum und Individualisierung große Bedeutung bekam, war stets gefährdet. Exhibitionismus auf der einen, Kontrollpraktiken und Steuerungsabsichten auf der anderen Seite haben Übergänge und Übergriffe zu ständigen Begleitphänomenen gemacht. Aber private und öffentliche Kommunikation waren medial ziemlich klar getrennt, erstere zum Beispiel durch das Briefgeheimnis rechtlich geschützt. Der Umstand, dass mit dem Internet alle dasselbe Medium nutzen und jede Art von Kommunikation über dieses Medium läuft, macht Identifikationen und Zugangscodes zu Daueraufgaben und zum Dauerrisiko zugleich. Zwischen privat und öffentlich macht immer öfter nur noch das Kriterium der Aufmerksamkeit den Unterschied. Was über den Verwandten- und Freundeskreis hinaus keine Aufmerksamkeit findet, bleibt privat. „Für eine jüngere Generation, die in einer global vernetzten Welt aufwächst, in der eifrig jeder Augenblick des eigenen Lebens gepostet und mit der Welt per Facebook, Twitter, YouTube, Instagram und zahllose andere soziale Medien geteilt wird, hat die Privatsphäre viel von ihrem Appeal verloren." (Riffkin 2014, S. 115)

Jederzeitiges Mitreden über alles und Einfluss auf nichts: Die auffälligste und immer wieder benannte Veränderung auf der Publikumsseite, welche die Onlinekommunikation bewirkt, ist der Abschied von einer weitgehend monologischen

Öffentlichkeit. Die Bestimmung des Artikels fünf des deutschen Grundgesetzes, „Jeder hat das Recht, seine Meinung in Wort, Schrift und Bild frei zu äußern und zu verbreiten", verwandelt sich von einem Grundrecht, dessen praktischer Gebrauch nur eine Minderheit möglich war, in eine allgemeine Praxis – mit welchem Wert? Von großem wirtschaftlichem Wert auf jeden Fall für die Betreiber von Websites, die als soziale Netzwerke funktionieren, deren Content von den Usern bereitgestellt wird. Ob die ursprüngliche Idee politischer Einflussnahme für alle durch das Internet befördert wird, ist sehr umstritten. Skeptiker sehen auch ein beachtliches Entpolitisierungspotential: „Protestaktionen, die ausschließlich im Internet ablaufen und den Beteiligten manchmal nur einen Klick mit der Maus abverlangen, sind – auch wenn es Millionen von Unterstützern geben sollte – nicht besonders eindrucksvoll [...]. So gesehen kann sich ein Hauptvorteil des Internet – die Leichtigkeit der Beteiligung – in das Gegenteil verkehren." (Rucht 2005, S. 10) Die Erfahrung von Ohnmacht hält die Online-Öffentlichkeit für das Publikum jedenfalls nicht weniger bereit als die Chancen der Beteiligung, die sich im „invented space" als bottom-up organisierte Beteiligung entfalten und im „invited space" als top-down initiierte.

Erweitertes Rezeptionspotential und verschärfter Selektionszwang: Der jederzeitige Zugang zu einer Weltbibliothek des Wissens, die als Archiv mit Langzeitgedächtnis und als Newsportal mit Echtzeitinformationen gleichermaßen funktioniert, macht die Rezipienten mächtig, denn sie können sich schneller und breiter informieren als je zuvor. Zugleich war die Differenz zwischen der individuellen Informationskapazität und dem verfügbaren Wissen noch nie so riesengroß. Seinen Grundcharakter als Selektion, als Tropfen im Meer erlebt das individuelle Wissen mit einer Deutlichkeit, die jede andere Reaktion als Bescheidenheit in den Augen der anderen als Größenwahn erscheinen lässt.

7.3 Operativ eigensinnig, kommunikativ verantwortungsvoll

Vorherige Entwicklungsstadien des Funktionssystems Öffentlichkeit waren deutlich gekennzeichnet von Ungleichgewichtigkeit und von Abgrenzungstendenzen der Programme. Die jeweiligen Leitmedien bevorzugten und benachteiligten Programme. So haben beispielsweise die Funkmedien die Öffentlichkeitsarbeit geschwächt, die Werbung und die Unterhaltung gestärkt. Die Reputation der Zeitung wiederum wurde vom Journalismus getragen, während das Internet den Journalismus schon rein quantitativ eher zu einem Randphänomen macht.

7.3 Operativ eigensinnig, kommunikativ verantwortungsvoll

Im Verhältnis der vier Programmformate des Öffentlichkeitssystems untereinander fällt auf, wie sehr die Entwicklung unter den Bedingungen der Digitalisierung sowohl Richtung Autonomie als auch Richtung Integration treibt. Zu beobachten ist, wie sich in einem unabhängigen Nebeneinander jedes Programm profiliert, seine Eigenarten kraftvoll zur Geltung bringt. Die interne Ausdifferenzierung jedes der vier Leistungssysteme in Bindestrich-Variationen, die sich dann in Sparten- und Berufsvielfalt niederschlagen, bekommt durch die Digitalisierung trotz des Wegfallens alter Berufe einen Schub.

Zugleich entwickeln sich in doppelter Hinsicht Integrationstendenzen. Erstens verhält sich das Internet gleichgültig gegenüber den Binnengrenzen des Öffentlichkeitssystems, unterhaltende, Öffentlichkeit bearbeitende, journalistische, werbliche Beiträge stehen auf derselben Seite des Suchergebnisses. Zweitens operieren große Internet-Portale mit Mixturen, welche jeweils die aufmerksamkeitsstärksten Elemente der Programme nutzen ohne Rücksicht auf irgendein „Reinheitsgebot". Man könnte auf die Idee kommen, solchen Mixturen einen eigenen Namen zu geben, etwa Publizismus, weil es hier um die Aufmerksamkeit suchende Veröffentlichung an sich geht, die sich bei den vier Programmen nach Bedarf und Belieben bedient.

Lange vor der Digitalisierung haben viele Öffentlichkeitsorganisationen einen Mix aus den drei Programmformaten Unterhaltung, Journalismus und Werbung produziert unter versuchter Einflussnahme der Öffentlichkeitsarbeit auf Unterhaltung und Journalismus. Dabei war es dem Journalismus immer sehr wichtig darauf zu bestehen, dass er seine Arbeit unbeeinflusst von allen anderen macht. Seit es Funkmedien gibt, präsentieren sich die Veröffentlichungen zudem multimedial in Schrift, Ton und (Bewegt-)Bild. Solche Mixturen der Programmformate und der Medien sind also keine Erfindung des digitalen Zeitalters, der Computer treibt sie jedoch auf die Spitze.

Autonomie und weitergehende innere Ausdifferenzierung jedes der vier Leistungssysteme an einem Pol und am anderen Pol der Eigensinn des Funktionssystems, der nur noch der Aufmerksamkeit Aufmerksamkeit schenkt, so zeigt sich der Extremismus der Online-Öffentlichkeit im Verhältnis der Programme Journalismus, Öffentlichkeitsarbeit, Werbung und Unterhaltung zueinander.

Der Drift zu mehr Selbstbezüglichkeit des Öffentlichkeitssystems ist keine isolierte Erscheinung. An den öffentlichen Debatten ist ablesbar, dass auch andere Funktionssysteme verstärkt ihrer Selbstreferenz folgen. Im Leistungssport besteht die Welt aus der Jagd nach Siegen und Rekorden. In der Wirtschaft erschöpft deren Finanzsystem sich in spekulativer Geldvermehrung. Das Gesundheitssystem beobachtet nichts außer Heilungsbedarf. Dem Wissenschaftssystem ist jenseits ihrer Folgen jede Wahrheit recht. Das Politiksystem versucht trotz oder gerade wegen der hohen demokratierechtlichen Schranken mit seiner Macht mehr Macht zu generieren.

Im Verhältnis der Funktionssysteme zueinander drückt sich wachsender Eigensinn operativ in Instrumentalisierungen aus. Das Wirtschaftssystem sorgt in dieser Hinsicht schon lange für Schlagzeilen, weil es sich die Arbeit in einer Weise seiner Logik unterwirft, die beispielsweise Arbeitslosigkeit als ökonomische Problemlösung praktiziert und damit soziale Existenzprobleme provoziert, die dann sozialstaatlicher Antworten bedürfen. Instrumentalisiert das Öffentlichkeitssystem, auf das wir uns jetzt wieder konzentrieren wollen, seine Umwelt, dann bedeutet dies: Die Auswahl der Themen und die Wahl der Darstellungsformen der Mitteilungen orientiert sich so exklusiv wie möglich am Aufmerksamkeitswert. Rücksichten auf Belange anderer Funktionssysteme, auf politische, wirtschaftliche, wissenschaftliche, familiäre etc. Kriterien werden möglichst nicht genommen.

Eine Pointe ist, dass nicht wenige Öffentlichkeitsorganisationen sich auf diese Weise ein neues Geschäftsmodell schaffen. Sie produzieren Aufmerksamkeit um der Aufmerksamkeit willen, verkaufen aber die so gewonnene Aufmerksamkeit ihres Publikums an die Werbung; und dies dank Big Data immer zielgenauer.

Für die vier Leistungssysteme Journalismus, Unterhaltung, Öffentlichkeitsarbeit und Werbung kommt diese Instrumentalisierung auf je eigene Weise zum Tragen. Sie fällt bei der Werbung am wenigsten auf, weil deren Kampf um Aufmerksamkeit immer schon besonders ausgefeilt sein musste; auch die Schmerzgrenzen der Unterhaltung waren nie so eng. Für den Journalismus und die Öffentlichkeitsarbeit führt eine wachsende Dominanz des Aufmerksamkeitswertes jedoch zu Problemen mit ihren spezifischen Leitwerten der Aktualität bzw. der Überzeugungskraft (siehe Kap. 4 und 5).

Auf der Beobachtungsebene der Funktionssysteme haben wir festzuhalten, dass die Instrumentalisierung keine Einbahnstraße ist. Logischerweise werden Politik, Wirtschaft, Wissenschaft etc. ihrerseits versuchen, das Öffentlichkeitssystem zu instrumentalisieren, also zum Beispiel den Macht-, Geld- und Wahrheitsfragen Aufmerksamkeit nach ihrem Bedarf zu organisieren – mithin Öffentlichkeitsarbeit zu forcieren. Die Expansionstendenzen der Öffentlichkeitsarbeit, die gestiegenen Ansprüche Aufmerksamkeit zu steuern, nach Bedarf auf- und abzublenden, dürften in dieser Instrumentalisierung ihren strukturellen Grund haben. Dass das Internet dafür beste Voraussetzungen bietet, befördert diese Expansion.

In der öffentlichen Kommunikation schlägt sich der Megatrend Selbstreferentialität als Beteuerung des Gegenteils nieder, als Betonung der gesellschaftlichen Verantwortung, der Rücksicht auf künftige Generationen, der ökologischen Nachhaltigkeit. Dass der Verantwortungsdiskurs heute die Selbstdarstellungen dominiert, ist unseres Erachtens nur zu verstehen, wenn er als eine Reaktion darauf gelesen wird, wie sehr die operativen Praktiken dem Eigensinn freien Lauf lassen. Ob das Auseinanderfallen von Worten und Taten an eine Glaubwürdigkeitsgrenze gerät, die auf der Organisationsebene aus Gründen der Selbsterhaltung dazu zwingt, die Praktiken den Selbstdarstellungen ein Stück weit anzupassen, ist wahrscheinlich; wie weit es trägt, jedoch eine andere Frage. Diese Ausprägungen des Extremismus reichen über das Öffentlichkeitssystem weit hinaus.

Literatur

Baecker, D. (2007). *Studien zu nächsten Gesellschaft*. Frankfurt a. M.: Suhrkamp.
Baudrillard, J. (1978a). *Kool Killer oder Der Aufstand der Zeichen*. Berlin: Merve.
Baudrillard, J. (1978b). *Die Agonie des Realen*. Berlin: Merve.
Faßler, M. (2005). *Erdachte Welten. Die mediale Evolution globaler Kulturen*. Wien: Springer.
Habermas, J. (1985). *Die Neue Unübersichtlichkeit*. Frankfurt a. M.: Suhrkamp Verlag.
Hofstetter, Y. (2014). *Sie wissen alles: Wie intelligente Maschinen in unser Leben eindringen und warum wir für unsere Freiheit kämpfen müssen*. München: Bertelsmann.
Kusanowsky, K. (2014). *Die Immunreaktion der Lernverweigerung*. http://www.carta.info/72286/die-immunreaktion-der-lernverweigerung/. Zugegriffen: 10. Jan. 2015.
Luhmann, N. (1971). Sinn als Grundbegriff der Soziologie. In J. Habermas & N. Luhmann (Hrsg.), *Theorie der Gesellschaft oder Sozialtechnologie – was leistet die Systemforschung?* (S. 25–100). Frankfurt a. M.: Suhrkamp.
Luhmann, N. (1991). *Soziologische Aufklärung 2* (4. Aufl.). Opladen: Westdeutscher Verlag.
Luhmann, N. (2008). *Ideenevolution*. Frankfurt: Suhrkamp.
Riffkin, J. (2014). *Die Null-Grenzkosten-Gesellschaft: Das Internet der Dinge, kollaboratives Gemeingut und der Rückzug des Kapitalismus*. Frankfurt a. M.: Campus.
Rucht D. (2005). *Cyberprotest – Möglichkeiten und Grenzen netzgestützter Proteste*. Überarbeiteter Vortrag. http://www.wzb.eu/sites/default/files/zkd/zcm/rucht05_cyberprotest.pdf. Zugegriffen: 10. Jan. 2015.
Sander, U. (1998). *Die Bindung der Unverbindlichkeit. Mediasierte Kommunikation in modernen Gesellschaften*. Frankfurt a. M.: Suhrkamp.

The manufacturer's authorised representative in the EU is Springer Nature Customer Service Centre GmbH, Europaplatz 3, 69115 Heidelberg, Germany. If you have any concerns regarding our products, please contact ProductSafety@springernature.com

Printed and bound by CPI Group (UK) Ltd, Croydon, CR0 4YY
23/03/2026
02076458-0007